清 史 論 集

(六)

莊 吉 發 著

文 史 哲 學 集 成

文史哲出版社印行

國家圖書館出版品預行編目資料

清史論集 / 莊吉發著. -- 初版. -- 臺北市：文
史哲，民 86 –
　　冊；　公分. -- (文史哲學集成 ；388–)
　　含參考書目
　　ISBN 957-549-110-6(第一冊：平裝) .--ISBN957-549-
111-4(第二冊：平裝) .--ISBN957-549-166-1 (第三冊：
平裝) .--ISBN957-549-271-4 (第四冊：平裝) .-- ISBN
957-549-272-2(第五冊：平裝) .--ISBN957-549-325-7
(第六冊：平裝) .--ISBN957-549-326-5(第七冊：平裝)
.--ISBN957-549-331-1(第八冊：平裝) .--ISBN957-
549- 421-0(第九冊：平裝) .--ISBN957-549-422-9(第十
冊：平裝).--ISBN957-549-512-8(第十一冊：平裝).-- ISBN
957-549-513-6(第十二冊：平裝) .--ISBN957-549-551-9 (
第十三冊：平裝) .--ISBN957-549-576-4(第十四冊：平裝) --
ISBN957-549-605-1(第十五冊：平裝)　ISBN957-549- 671-x
(第十六冊：平裝) ISBN978-957-549-725-5(第十七冊：平裝)
ISBN978-957-549-785-9(第十八冊：平裝)

1.中國-歷史-清(1644-1912) -論文，講詞等

627.007　　　　　　　　　　　　　　　　8601591

文史哲學集成　　549

清 史 論 集 (六)

著　　者：莊　　　　吉　　　　發
出 版 者：文　史　哲　出　版　社
　　　　　http://www.lapen.com.tw
登記證字號：行政院新聞局版臺業字五三三七號
發 行 人：彭　　　　正　　　　雄
發 行 所：文　史　哲　出　版　社
印 刷 者：文　史　哲　出　版　社
　　　　　臺北市羅斯福路一段七十二巷四號
　　　　　郵政劃撥帳號：一六一八〇一七五
　　　　　電話886-2-23511028・傳真886-2-23965656

實價新臺幣四五〇元

中華民國九十七年（2008）四月初版

ISBN 978-957-549-785-9

清 史 論 集

(廿)

目 次

諸羅簫壠社原住民圖像

清史論集

出版說明

　　我國歷代以來，就是一個多民族的國家，各民族的社會、經濟及文化方面，雖然存在著多樣性及差異性的特徵，但各兄弟民族對我國歷史文化的締造，都有直接或間接的貢獻。滿族以非漢部族入主中原，建立清朝，參漢酌金，一方面接受儒家傳統的政治理念，一方面又具有滿族特有的統治方式，在多民族統一國家發展過程中有其重要的地位。在清朝長期的統治下，邊疆與內地逐漸打成一片，文治武功之盛，不僅堪與漢唐相比，同時在我國傳統社會、政治、經濟、文化的發展過程中亦處於承先啓後的發展階段。蕭一山先生著《清代通史》敘例中已指出原書所述，爲清代社會的變遷，而非愛新一朝的興亡。換言之，所述爲清國史，亦即清代的中國史，而非清室史。同書導言分析清朝享國長久的原因時，歸納爲二方面：一方面是君主多賢明；一方面是政策獲成功。《清史稿》十二朝本紀論贊，尤多溢美之辭。清朝政權被推翻以後，政治上的禁忌，雖然已經解除，但是反滿的清緒，仍然十分高昂，應否爲清人修史，成爲爭論的焦點。清朝政府的功過及是非論斷，人言嘖嘖。然而一朝掌故，文獻足徵，可爲後世殷鑒，筆則筆，削則削，不可從闕，亦即孔子作《春秋》之意。孟森先生著《清代史》指出，「近日淺學之士，承革命時期之態度，對清或作仇敵之詞，既認爲仇敵，即無代爲修史之任務。若已認爲應代修史，即認爲現代所繼承之前代。尊重現代，

必不厭薄於所繼承之前代，而後覺承統之有自。清一代武功文治、幅員人材，皆有可觀。明初代元，以胡俗爲厭，天下既定，即表章元世祖之治，惜其子孫不能遵守。後代於前代，評量政治之得失以爲法戒，乃所以爲史學。革命時之鼓煽種族以作敵愾之氣，乃軍族之事，非學問之事也。故史學上之清史，自當占中國累朝史中較盛之一朝，不應故爲貶抑，自失學者態度。」錢穆先生著《國史大綱》亦稱，我國爲世界上歷史體裁最完備的國家，悠久、無間斷、詳密，就是我國歷史的三大特點。我國歷史所包地域最廣大，所含民族份子最複雜。因此，益形成其繁富。有清一代，能統一國土，能治理人民，能行使政權，能綿歷年歲，其文治武功，幅員人材，既有可觀，清代歷史確實有其地位，貶抑清代史，無異自形縮短中國歷史。《清史稿》的既修而復禁，反映清代史是非論定的紛歧。

歷史學並非單純史料的堆砌，也不僅是史事的整理。史學研究者和檔案工作者，都應當儘可能重視理論研究，但不能以論代史，無視原始檔案資料的存在，不尊重客觀的歷史事實。治古史之難，難於在會通，主要原因就是由於文獻不足；治清史之難，難在審辨，主要原因就是由於史料氾濫。有清一代，史料浩如煙海，私家收藏，固不待論，即官方歷史檔案，可謂汗牛充棟。近人討論纂修清代史，曾鑒於清史範圍既廣，其材料尤夥，若用紀、志、表、傳舊體裁，則卷帙必多，重見牴牾之病，勢必難免，而事蹟反不能備載，於是主張採用通史體裁，以期達到文省事增之目的。但是一方面由於海峽兩岸現藏清代滿漢文檔案資料，數量龐大，整理公佈，尚需時日；一方面由於清史專題研究，在質量上仍不夠深入。因此，纂修大型清代通史的條件，還不十分具備。近年以來因出席國際學術研討會，所發表的論文，

多涉及清代的歷史人物、文獻檔案、滿洲語文、宗教信仰、族群
關係、人口流動、地方吏治等範圍，俱屬專題研究，題為《清史
論集》。雖然只是清史的片羽鱗爪，缺乏系統，不能成一家之
言。然而每篇都充分利用原始資料，尊重客觀的歷史事實，認眞
撰寫，不作空論。所愧的是學養不足，研究仍不夠深入，錯謬疏
漏，在所難免，尙祈讀者不吝教正。

二〇〇八年六月　莊吉發

乾隆皇帝像

傳統與創新——清朝國史館暨民初清史館纂修列傳體例初探

一、前　言

　　清朝是我國歷代以來最後一個朝代，清史的纂修就是我國歷代正史紀傳體中的最後一個階段。歷代修史，講求體例。《遼史》簡略，《宋史》繁蕪，《元史》草率，《金史》雅潔可觀，惟其完善，不如《明史》。清朝國史館暨民初清史館在纂修《明史》的基礎上仿《明史》纂修清史，有傳承，也有創新，是再造，也是衍義。

　　清朝國史館纂修歷朝本紀，採長編體，一帝一紀，自成系統，條理井然，帝紀卷首，詳列凡例，可以窺知本紀體例，以本紀為綱，志傳為目，於帝紀內但載大綱，其詳俱分見各志傳，不敢略，亦不敢繁，以從國史體例。黃綾本帝紀俱譯成滿文本，不失為清朝國史中特色。

　　易代之際，曲筆不免，國史館纂修清朝國史之失，在於忌諱太深。建州為清朝祖先始封衛名，其設衛經過，詳載《明實錄》、《朝鮮實錄》。《金史》於本紀之前，先列世紀，又作世紀補，附於本紀之後，俱係追諡之帝，是新創體例。《元史》、《明史》將追尊之帝冠於列傳之首，最合體裁。清史館纂修《建州表》，上、下共二冊，詳載建州三衛設置經過。已刊《清史稿》取清太祖未起兵前建州二衛事蹟可考見者，以阿哈出、土呆

爲之綱，並附同時並起者，著於篇，亦冠於列傳之首，頗合體裁。

《明史》志七十五卷，爲目十五，一從舊例。曆志增以圖，藝文志著述以明人爲斷，稍變舊例。國史館纂修清史志書，沿襲《明史》舊例，惟以「曆」字避清高宗弘曆御名諱，改曆志爲時憲志，藝文志惟載清人著述。清史館改五行志爲災異志，併儀衛志於輿服志，另增交通、邦交、國語等志。國語志的纂修最能凸顯清史的特色。

《明史》表十三卷，爲目凡五，諸王表五卷，功臣表三卷，外戚表一卷，宰輔表二卷，俱從舊例。七卿表二卷，爲新創體例。清朝國史館纂修宗室王公功績表傳、外藩蒙古王公表傳、國史貳臣表傳等，有表有傳，俱屬創新體例。凡以軍功始封之王公，皆人自爲篇，篇首有題，題則名爵並載，題下有注，注則襲替兼書。外藩蒙古回部王公表傳，以一部落爲一表傳，其有事實顯著王公，即於部落表傳之後每人立一專傳，並以清、漢、蒙古字三體合繕成帙。凡建功之端委，傳派之親疏，皆可按籍而稽。

史家類傳之名，儒林、循吏、遊俠、貨殖，創由司馬遷，黨錮、獨行、逸民、方術，仿自範曄，其後沿名隸事，標目繁多，然而歷代以來，二十二家之史，從未有以貳臣爲表傳者。乾隆年間，國史館奉命將曾仕明朝降清後復膺官爵諸臣，別樹專門，另立貳臣表傳，釐爲甲乙二編，各分上中下，以修史體例褒貶人物，史無前例。清史館纂修清史稿，淡化處理降人，廢貳臣等名目，以人物生卒先後，列事作傳。貳臣傳中李永芳入甲編中，馬光遠入乙編上。已刊《清史稿》將李永芳、馬光遠入於大臣列傳十八，與佟養性、石廷柱、李思忠、金玉和等並列，傳末論贊謂皆蒙寵遇，各有賢子，振其家聲云云，堪稱公允。探討紀、志、

表、傳體例，有助於了解國史館暨清史館纂修清史的得失，本文僅就列傳體例作初步探討。清朝國史館暨民初清史館纂修列傳，皆繼承歷代正史體例，彙傳固然以類相從，即大臣列傳，亦採以類相從的體例纂輯，藉以反映列傳人物在歷史舞臺上所扮演的腳色。從各類列傳的記載，可以顯露當時的社會概況，以及歷史發展的過程。

二、勳猷茂著——開國功臣立傳以事蹟先後定次第

列傳的意義，就是列事作傳，將其人一生事實臚列作傳，年經月緯，有系統的記載，以傳於後世。康熙年間（1662~1722），清國史館已開始為開國功臣立傳。康熙四十四年（1705）十月，清聖祖頒降諭旨，將開國元勳，凡王公侯大臣等生平事實交翰林院掌院學士撰敘著滿洲、漢軍翰林官將所存檔子蘇完扎爾固齊先行彙輯成編，繕呈進覽。其後又將費英東扎爾固齊清文列傳、五大臣傳、弘毅公額亦都達爾漢轄、何和里額駙、順科洛巴圖魯清文列傳陸續進呈①。康熙四十五年（1706）六月，清聖祖諭修國史諸臣云：

> 開國功臣傳。當因其事蹟先後，以定次第。若視功績分次第，或有本人功績少，而子孫功績多者，反置子孫於前列可乎？今應分別太祖、太宗、世祖三朝功臣，以何人居首，請旨定奪。至逮事三朝功臣，各於本人傳內，通行開載事蹟，其子孫有立功者，附載於下，俟作傳畢，可錄出分給其子孫各一通，令藏於家②。

前引諭旨指出，纂修開國功臣列傳的體例，當因功臣事蹟先後，以決定次第，不當視其功績分次第。清聖祖命國史館應分別太祖、太宗、世祖三朝功臣，至於以何人居首，必須請旨定奪。

雍正元年（1723）九月，清世宗諭國史館編輯功臣列傳云：

　　著將國初以來文武諸臣內立功行間，誠敬任事卓越之才有
　　應傳述者，行文八旗，將諸王貝勒貝子公，以及文武大臣
　　之冊文、誥勅、碑記、功牌、家傳等項，詳加查核，暨有
　　顯績可紀者，亦著詳察，逐一按次彙成文冊，悉付史館，
　　刪去無稽浮夸之詞，務採確切事實，編成列傳，如此可以
　　垂之後世，庶爲國家宣力有功之大臣，不致泯沒，特諭
　　③。

　　爲功臣立傳，除實錄、內閣紅本外，其冊文、誥勅、碑記、
功牌、家傳等項，也是重要史料。根據可信度較高的史料，採集
確切事實，編成列傳，始可垂之後世。雍正三年（1725），清世
宗又命國史館將太祖、太宗、世祖三朝實錄粘貼功臣世職名籤進
呈，欽定功臣一百一十人，後來又續定七十六人。乾隆元年
（1736）三月，禮部左侍郎徐元夢爲纂修國史，奏請將雍正年間
（1723～1735）諸王文武臣工的譜諜、行述、家乘、碑誌、奏
疏、文集，在京文職五品以上，武職三品以上，外任官員司道總
兵以上，身後具述歷官治行事蹟，勅令八旗直省查明申送國史
館，以備採錄傳述。經總理事務王大臣議准者，亦應錄送，作爲
志傳副本④。國史館纂修的列傳，已由開國功臣擴大至文武職臣
工。同年十月，國史館總裁官鄂爾泰等進呈《太祖高皇帝本
紀》。鄂爾泰等原欲俟四朝本紀纂修完成後始將表志列傳等項次
第排纂。清高宗恐曠日持久，成書太遲，故諭令一面辦理本紀，
一面排纂表志列傳，國史館遵旨辦理。乾隆十二年（1747），國
史館將五朝本紀清漢各四十六卷及功臣一百一十人列傳清漢各九
卷，陸續進呈。同年十月，國史館將續纂功臣七十六人列傳清漢
各六卷繕寫裝潢進呈御覽。乾隆十三年（1748）閏七月十五日，

國史館總裁官張廷玉具奏，功臣列傳編纂完成。宗室列傳，因未經奏明，故尚未編輯。

因史書體例有年表，國史館監修總裁官傅恒等以國史記載五朝事實，凡宗室受封、功臣宣力及簡任宰輔、七卿等官，非立年表，不無遺漏之處，故奏請補序年表。一方面將各朝本紀、志、傳等書，詳細校閱，一方面咨取宗室王公大臣事實，各立年表。乾隆十四年（1749）十二月，傅恒等奏請將五朝宗室王公及滿漢大臣著有勞績未經立傳者，先期行文取具事實彙齊移送國史館，開列名單，請旨定奪，續纂列傳。國史館總裁官等員自乾隆十五年（1750）六月起開始校閱宗室王公列傳及功臣列傳，有應增改之處，即粘簽進呈。可據總裁官具奏內容了解其校閱進呈傳目及卷數。乾隆十六年（1751）五月，校閱宗室王公列傳五卷，功臣列傳七卷。同年九月，校閱功臣列傳十二卷。乾隆十七年（1752）五月，五朝功臣大臣列傳續修告竣進呈御覽者凡二百三十四人。各旗直省陸續送到事實清冊，經國史館檢查考訂，可以立傳者，凡二百五十人，繕寫清單，奏請欽定。奉旨續修大臣列傳。同年十二月，國史館將都統孫塔等四十六人纂成清漢列傳各四本，先行進呈御覽。其未經編輯的傳表，仍陸續編輯。乾隆十八年（1753）四月，國史館將續修大臣列傳二十三卷先行進呈外，又將第二十四卷至二十九卷清漢各六卷進呈御覽。同年七月，國史館續修大臣列傳第三十卷至第三十七卷止，每卷一冊，清漢各八卷八冊進呈御覽。同年十一月初八日，國史館監修總裁官傅恒等具奏時指出，陸續進過宗室王公傳五卷外，又將宗室王公傳第六卷起至第九卷止清漢各四卷，大臣列傳第三十八卷起至第四十九卷止清漢各十二卷，大臣年表清漢各十八卷，俱已及期完竣。因卷帙繁多，未便一併進呈，所以先將大臣列傳第三十八

卷起至第四十三卷止清漢各六卷進呈御覽。十一月十四日，國史
館將宗室王公傳第六卷起至第九卷止清漢各四卷，大臣列傳第四
十四卷起至四十九卷止清漢各六卷進呈御覽。十二月初四日，國
史館將大臣年表清漢各十八卷進呈御覽。所以續修各項史書，業
已告竣，經粘簽更正後，另繕正本奏請移送內閣交皇史宬尊藏。
其中宗室王公列傳，共計九卷。國立故宮博物院現存《大清國史
宗室列傳》五卷，就是國史館纂修的朱絲欄原輯本，是進呈本的
未定稿。原輯本卷一詳列凡例如下：

　　一列聖諸子，無論有無封爵，及得罪削爵除籍，俱按名立
　　　傳。

　　一凡列聖諸子之子孫，其襲封者，自王以下，至輔國將軍
　　　以上，無論有功，及得罪，俱附於祖父傳後，彷世家
　　　體，各爲立傳。

　　一凡列聖諸子之子孫，其支庶有官至一品，及顯樹功烈
　　　者，亦附傳於祖父傳後，餘則第於宗室表中見之，概不
　　　立傳。

　　一凡宗室王貝勒以下至輔國將軍，其順治年間封授者，俱
　　　按名先行立傳。至康熙年間授封者，俟恭進訖，再查明
　　　具奏，續行立傳⑤。

　　由前引凡例內容，可以了解宗室表、傳兩種體例，皇帝諸
子，諸子之子孫自王以下至輔國將軍以上襲封者，子孫支庶官至
一品及顯樹功烈者，各爲立傳，諸子之子孫立傳者，俱立附傳，
附於祖父傳後，彷世家體裁。其餘子孫支庶一品以下及未樹功績
者，則見於宗室表中。

三、表傳並列——宗室王公區分軍功與恩封

乾隆二十九年（1764）奉勅纂修的《宗室王公功績表傳》，表一卷，傳五卷，共六卷。乾隆四十六年（1781）奉勅撰的《欽定宗室王公功績表傳》釐為十二卷，包括表二卷，卷三至卷十二為傳，共十卷。清高宗曾對表傳的體例作了說明，節錄一段諭旨內容如下：

> 立表之式，固當如定官階為限制，仍應於各姓氏下，註明有傳無傳，使覽者於表傳並列者，即可知某某之媺惡瑕瑜，而有表無傳者，必其人無足置議；有傳無表者，必其人實可表章，則開卷瞭然，不煩言而其義自見⑥。

表傳並列者，可知其人的善惡瑕瑜。有表無傳者，乃因其人無足置議。有傳無表者，乃因其人有事蹟實可表彰者。清國史館纂修的《宗室王公功績表傳》、《欽定宗室王公功績表傳》是輯錄王公勳蹟，凡以軍功封爵者，自王以下，公以上，包括親王、郡王、貝勒、貝子、鎮國公、輔國公、以罪黜宗室貝勒。其以親封的王公，雖忠孝夙稱，勳猷茂著，但功非戰伐，例不備書。凡以軍功受封，後被削奪者，仍一體纂輯，以示存功著罪之意。表傳中凡以軍功始封的王公，皆人自為篇，篇自有題，題則名爵並載。題下有注，注則襲替兼書。父子各有承襲，如卷三傳一和碩禮親王代善（1583～1648）與其子多羅克勤郡王岳託（？～1638），父子分帙，不復彙附，「庶見封建之典，不以親私；箕裘之綿，非資世及。」⑦王公承襲世系，既詳於篇，復人立世表一通，列之簡首，則傳派親疏，按圖可考。國史館纂修《宗室王公功績表傳》，首據實錄，兼採國史、八旗通志，間考各王公封冊碑文，其可信度較高。

　　國立故宮博物院現藏清國史館纂修宗室王公功績表傳包括乾隆二十九年（1764）奉勅纂修《宗室王公功績表傳》凡五卷，目錄一卷，世表一卷，朱絲欄寫本及英武殿刊本各七冊；乾隆四十六年（1781）勅撰《欽定宗室王公功績表傳》凡十二卷，朱絲欄寫本共十二冊，文淵閣四庫全書本共七冊，嘉慶二年（1797）武英殿刊本共六冊，嘉慶間朱絲欄寫本共十二冊。乾隆二十九年（1764）勅撰《宗室王公功績表傳》將原封和碩睿親王多爾袞以罪黜宗室置於第五卷。乾隆四十六年（1781）勅撰《欽定宗室王公功績表傳》，因多爾袞業經平反，而移置卷四即傳二。舊纂《宗室王公功績表傳‧多爾袞》傳末記載一段內容云：

　　　八年二月，蘇克薩哈等，首告多爾袞薨時，其侍女吳爾庫尼將殉，呼近侍羅什、博爾惠等，告以多爾袞曾製八補黃袍等衣物，令潛置棺內。羅什等如其言以殮。又多爾袞欲於永平圈房，率眾移駐，與何洛會、羅什等密議已定，特以出獵，稽遲未行。事聞，世祖令王大臣等質訊，乃以多爾袞私製黃袍等服飾，欲駐永平謀纂，及肆行僭妄，挾制中外諸罪案，昭示天下，籍其家，追削爵，黜宗室⑧。

　　多爾袞在順治八年（1651）以罪削爵，黜宗室，立傳時遂與莽古爾泰等人同置於舊纂表傳第五卷。清高宗指出多爾袞被定罪除封，當時清世祖尚在沖齡，未嘗親政，以致搆成冤獄。平反昭雪後，復還封號，國史館遵旨增補原纂《宗室王公功績表傳》，以昭彰闡宗勳之意。多爾袞冤獄平反昭雪，就成為重修《宗室王公功績表傳》的一個重要原因。舊纂《宗室王公功績表傳》卷五以罪黜宗室原封大貝勒莽古爾泰原傳，奉敕重修《欽定宗室王公功績表傳》雖然仍置末卷即卷十二與和碩貝勒德格類等同入以罪黜宗室傳內，惟其內容與原傳頗有出入，節錄原傳天命年間事蹟

如下：

> 莽古爾泰，太祖高皇帝第五子也。壬子年十月，從太祖征
> 烏喇，其主布占泰，悉眾距河守。莽古爾泰同諸貝勒渡河
> 擊之，墮六城，進至伏爾哈河。布占泰窮蹙，以子及大臣
> 子出質。乃於烏喇河建木城，留兵守之而還。天命元年，
> 太祖命為大貝勒。四年三月，明總兵杜松等，率師六萬，
> 出撫順關，進至董鄂。太祖率諸貝勒迎擊，至界凡山，設
> 伏撒爾湖谷口。明兵至，伏兵邀擊，敗之。時大軍營吉林
> 崖，明兵據撒爾湖山，以兵二萬攻吉林。莽古爾泰分兵衛
> 吉林，自率諸貝勒攻撒爾湖山，破之，又破明兵於尚間
> 崖。是役也，大軍再獲全勝，軍威丕振，關內震動。明總
> 兵劉綎出師寬甸口，略董鄂。李如柏又由清河犯虎欄。莽
> 古爾泰與大貝勒代善等禦之。綎悉精銳，出瓦爾喀什林
> 中，我軍擊殲之，綎力戰死，李如柏遁。五年八月，攻明
> 瀋陽，以精銳百人，擊明兵，敗之。六年七月，鎮江守將
> 叛投明將毛文龍，同代善帥師遷金州民於復州。十年正
> 月，明發卒萬人，駐旅順口。莽古爾泰進攻，殲其眾，毀
> 城而還。是時察哈爾林丹汗兵擾科爾沁。太祖命往援之，
> 軍至農安塔，林丹汗望風遁，解科爾沁圍。十一年四月，
> 太祖親統大軍征蒙古五部，先命諸貝勒略西拉木輪。諸貝
> 勒不能進，莽古爾泰獨領甲士、乘夜渡河攻之，俘獲無算
> ⑨。

　　前引天命年間，莽古爾泰事蹟，簡單扼要，其內容主要取材
於實錄。奉勅重修《欽定宗室王公功績表傳・和碩貝勒莽古爾泰
傳》也是取材於實錄，惟詳略不同，為了便於比較，僅就天命年
間莽古爾泰事蹟節錄如下：

莽古爾泰，太祖高皇帝第五子，歲壬子九月，從上征烏
拉，克城六。莽古爾泰等請渡水擊。上止之曰：我且削其
外城，無僕無以爲主；無民無以爲君，遂燬所得六城，移
駐富勒哈河。越日，於烏拉河建木城，留兵千守。天命元
年，授和碩貝勒，以齒序，莽古爾泰爲三貝勒。四年三
月，明總兵杜松等率師六萬，出撫順關。上親總師迎擊。
莽古爾泰從至界藩，設伏薩爾滸谷口。明兵過將半，尾擊
之。我師據界藩之吉林崖。明兵營薩爾滸山，以二萬眾來
攻吉林。莽古爾泰同大貝勒代善等以兵千衛吉林，復合力
攻薩爾滸山，破之。又破明兵于尚間崖。時明總兵劉綎出
寬甸，略棟鄂。上命同代善等禦之，至瓦爾哈什窩集，擊
敗明兵二萬，陣斬綎，事詳禮烈親王傳。八月，從上征葉
赫，圍其城。其貝勒布揚古及弟布爾杭古降，葉赫平。五
年八月，上征明，由懿路蒲河進。明兵出瀋陽城者，各引
退。諭莽古爾泰領本部追之。莽古爾泰遂率健銳百人追殺
總兵李秉誠、副將趙率教兵越瀋陽城東至渾河始返。六年
七月，鎮江城降將陳良策叛投明總兵毛文龍，同代善遷金
州民於復州。十年正月，明茸城守旅順口，攻克之，殲其
眾。十一月，率師援科爾沁，解其圍。十一年四月，上征
喀爾喀巴林部，命代善諸貝勒，略西拉木倫。諸貝勒以馬
乏不能進。莽古爾泰獨領兵夜渡擊之，俘獲無算⑩。

　　對照舊纂《宗室王公功績表傳》與重修《欽定宗室王公功績
表傳》所載莽古爾泰傳的內容後可知重修本頗多增補。舊纂本記
載莽古爾泰於壬子年相當萬曆四十年（1612）十月從太祖征烏
拉，渡河擊之，墮六城，實錄所載相同，重修本繫於是年九月。
舊纂本記載天命元年（1616），太祖命莽古爾泰爲「大貝勒」，

重修本改為「授和碩貝勒，以齒序，莽古爾泰為三貝勒。」天命
元年（1616）四月，代善、阿敏、莽古爾泰、皇太極封授「和碩
貝勒」，以齒序列，代善（1583～1648）為大貝勒，阿敏
（1586～1640）為二貝勒，莽古爾泰（1587～1632）為三貝勒，
皇太極（1592～1643）為四貝勒，都是天命年間（1616～1626）
同參國務的四大貝勒。舊纂本以莽古爾泰為大貝勒，與以齒為序
的大貝勒代善易致混淆，不合體例。實錄詳載天命四年（1619）
八月清太祖征葉赫部，命四大貝勒率護軍圍布揚古經過。舊纂本
不載征葉赫之役，重修本則載「八月，從上征葉赫，圍其城，其
貝勒布揚古及弟布爾杭古降，葉赫平。」⑪所載內容，與實錄相
合。舊纂本記載「五年八月，攻明瀋陽，以精銳百人，擊明兵，
敗之。」⑫重修本據實錄增補後改為：「五年八月，上征明，由
懿路蒲河進，明兵出瀋城者引退。諭莽古爾泰領本部追之。莽古
爾泰遂率健銳百人追殺總兵李秉誠、副將趙率教兵，城瀋陽城
東，至渾河始返。」⑬所載內容與實錄相合，莽古爾泰奉命率領
精銳護軍追擊明兵，過瀋陽城東，抵渾河始還。天命十一年
（1626）四月，舊纂本記載清太祖親統大軍征蒙古五部，先命諸
貝勒略西拉木輪，諸貝勒不能進云云。諸貝勒為何不能進？語焉
不詳。重修本記載「諸貝勒以馬乏不能進」，與實錄所載內容相
合。《欽定宗室王公功績表傳》重修本確實優於《宗室王公功績
表傳》舊纂本。

　　《恩封宗室王公表》與《宗室王公功績表傳》互為表裏。清
朝宗室諸王襲爵制度，有軍功與恩封之分。由軍功封晉者，世襲
罔替，國史館遵旨纂修《宗室王公功績表傳》，各立專傳。恩封
親王襲次遞減至鎮國公，郡王襲次遞減至輔國公。乾隆三十九年
（1774）十二月十五日，清高宗頒降諭旨指出「其由恩封而得

者，雖不比軍功之各立專傳，亦應列入表內。」⑭故命軍機大臣
會同宗人府一併詳悉查明，妥議具奏。經軍機大臣會同宗人府議
准宗室王公等由恩封而得者，均應列入表內，編定進呈。乾隆二
十九年（1764）奉勅纂修《宗室王公功績表傳》時將宗室中以軍
功封授王公者，裒集表傳，其以親封之王公非由功績者，例不備
書。國史館遵旨纂修《恩封宗室王公表》，將宗室王公曾被恩封
者，無論有無襲次，俱纂入表內，以資考證。王公敘次先後，是
以當時有襲者爲正表，無襲者爲附表。功績王公各有專傳，故其
表內但書封襲，不列年月。恩封表有表無傳，故詳晰年月。表中
凡始封王公，人自爲篇，綱則書名，目則書爵，注則書封襲卒
替，封者原委畢書，襲者繼承有緒。

　　乾隆四十年（1775）十二月十八日，大學士舒赫德、于敏中
具奏進呈《恩封王公表》，其內容如下：

> 臣等前經奉旨纂輯《恩封王公表》，現俱纂輯完竣，自親
> 王起至不入八分輔國公止，現有襲次及未經承襲者共三十
> 二頁，現無襲次及無嗣者共四十四頁，恩賜品級者共十
> 頁，謹繕錄漢表四本，併酌擬凡例、目錄一本，恭呈御
> 覽，伏候欽定。所有繙寫清文，臣等即交國史館滿纂修等
> 官敬謹辦理，再行進呈，謹奏。查博爾忠鄂之曾祖準達，
> 原係歲滿封授貝子。再寧盛額之高祖額爾圖，原係恩封鎮
> 國公，均非功績所得，前經將此二人敘入功績表內，臣等
> 已於本年二月初七日會同宗人府奏明，俱應遞降承襲在
> 案，今擬改載入恩封表，其從前載入功績表傳及原板，俱
> 應請旨刪改，謹奏。（此夾片交票簽發抄⑮）

　　大學士舒赫德等原奏內已指出纂輯完成的《恩封王公表》已
繕寫漢字表四本，凡例、目錄一本，合計五本，根據漢字表繙寫

滿文的工作,亦交國史館滿纂修等官辦理。原奏附夾片交由票籤處發抄。乾隆二十九年(1764)奉勅撰《宗室王公功績表傳》原載太祖高皇帝曾孫固山貝子準達初次襲,永齊降襲輔國公,二次襲蘇爾禪,三次襲廣齡,四次襲博爾忠鄂。顯祖宣皇帝子原封固山貝子溫齊子額爾圖降封鎮國公,初次襲愛音圖,降襲輔國公,二次襲吉存,三次襲特通額。大學士舒赫德等原奏所附夾片指出經查明準達原係歲滿封授貝子,額爾圖原係恩封鎮國公,均非功績所得,二人俱應遞降承襲,不應敘入功績表內,業經奏明改載恩封表內,並將舊纂《宗室王公功績表傳》及其原板一併刪改。乾隆四十一年(1776)十一月初八日,大學士舒赫德等具奏,清字《恩封王公表》已繕寫完竣,與漢字本一併進呈。欽定發下後,即移交武英殿刊刻。《國立故宮博物院善本舊籍總目》記載國立故宮博物院典藏《恩封宗室王公表》不分卷,乾隆四十一年(1776)武英殿刊滿文本,共五冊;乾隆四十九年(1784)武英殿刊漢字本,共五冊;嘉慶間內府朱絲欄寫本,共三冊。乾隆四十二年(1777)三月初五日,大學士舒赫德等具奏請旨稱:

> 臣等恭修《恩封王公表》業經恭呈御覽,並請交武英殿刊刻等因,奉旨知道了欽此,欽遵在案。查現在清漢刻本尚未完竣,今本年二月初二日奉上諭綿德著封為鎮國公前往泰陵、泰東陵侍奉,欽此,應請旨一併添入《恩封王公表》內刊刻,臣等謹將正本粘貼黃籤,恭呈御覽⑯。

由引文內容可知《恩封宗室王公表》遲至乾隆四十二年(1777)三月,滿漢文刻本仍未完竣,封授鎮國公綿德請旨添入表內刊刻。乾隆四十一年(1776)是國史館將《恩封宗室王公表》移交武英殿刊刻的年分。

《恩封宗室王公表》的人物,自親王起至不入八分輔國公

止，依次爲和碩親王、多羅郡王、多羅貝勒、固山貝子、鎭國公、輔國公、不入八分輔國公。大學士舒赫德等原奏現有襲次及未經承襲者共三十二頁，現無襲次及無嗣者共四十四頁，恩賜品級者共十頁。武英殿刊本，頁數略有不同。刊本現有襲次及未經承襲者共三十四頁，現無襲次者共二十一頁，無嗣者共二十二頁，現無襲次及無嗣者共四十三頁。標列始封王公，人自爲篇。其中和碩親王包括清世祖章皇帝第二子和碩裕親王福全、第五子和碩恭親王常寧，聖祖仁皇帝第二子追封和碩理親王允礽、第五子和碩恒親王允祺、第七子和碩淳親王允祐、第十二子和碩履親王允祹、第十三子和碩怡親王允祥、第十七子和碩果親王允禮、第二十四子和碩誠親王允祕，世宗憲皇帝第五子和碩和親王弘晝，高宗純皇帝第一子追封和碩定親王永璜、第五子和碩榮親王永琪。爲便於說明，先將世祖章皇帝第二子福全、聖祖仁皇帝第二子允礽漢文、滿文表分別影印如下：

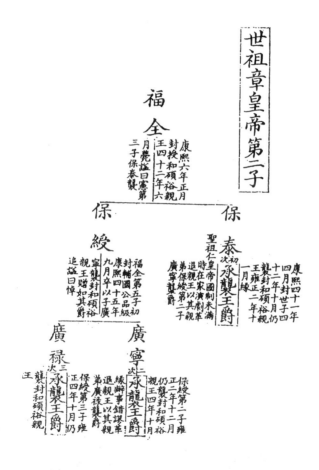

和碩裕親王福全漢字表

《恩封宗室王公表》武英殿刊本

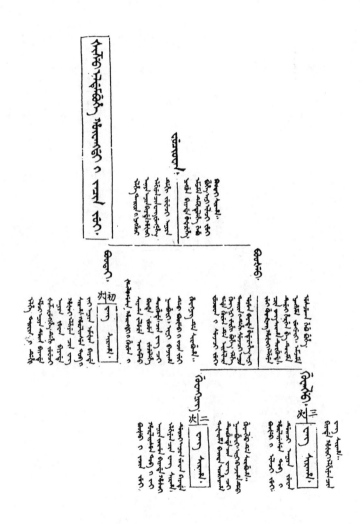

和碩裕親王福全清文表

《恩封宗室王公表》武英殿刊本

　　清世祖章皇帝生有八子，第二子福全（fuciowan）。順治十八年（1661）正月初九日，第三子玄燁（hiowan ye）即皇帝位，改翌年為康熙元年。康熙六年（1667）正月，福全封授和碩裕親王（hošoi elgiyen cin wang）。康熙四十二年（1703）十月，福全第三子保泰（bootai）初次承襲王爵，仍襲封和碩裕親王。雍正二年（1724）十一月，因聖祖國制未滿，保泰在家演劇，革退親王。同年十二月，以保泰親弟保綬第二子廣寧（guwangning）二次承襲王爵，仍襲封和碩裕親王。雍正四年（1726）十月，廣寧辦事錯謬，革退親王，以廣寧親弟保綬第三子廣祿（guwanglu）三次承襲王爵，仍襲封和碩裕親王。福全始封和碩裕親王，第三子保泰初次襲，福全第五子保綬第二子廣寧二次襲，保綬第三子廣祿三次襲。恩封王公因有表無傳，所以書明封襲年月。

　　清聖祖仁皇帝生三十五子，皇二子胤礽（in ceng），皇后赫舍里氏生，康熙十四年（1675）十二月，立為皇太子。《恩封宗室王公表》標列聖祖仁皇帝第二子。清世宗即位後，避御名諱，「胤」作「允」，表中胤礽名，據玉牒改書允礽（yūn ceng）。康熙四十七年（1708）九月，以允礽秉性乖戾廢黜。四十八年（1709）三月，允礽復立為皇太子。五十一年（1712）十月，復以允礽怙惡不悛廢黜。雍正二年（1724）十二月，允礽薨於咸安宮幽禁處，追封和碩理親王（hosoi giyangga cin wang），諡號密（kimcikū）。允礽第二子弘晳（hung si）於雍正八年（1730）五月晉封和碩理親理。乾隆四年（1739）十月，弘晳以行止不端削爵，本身黜宗室，改名四十六。以親弟允礽第十子弘曣初次承襲王爵，襲封多羅理郡王。由《恩封宗室王公表》的記載，可知允礽是死後追封的，其事蹟據事直書，皇太子再立廢，不入《宗

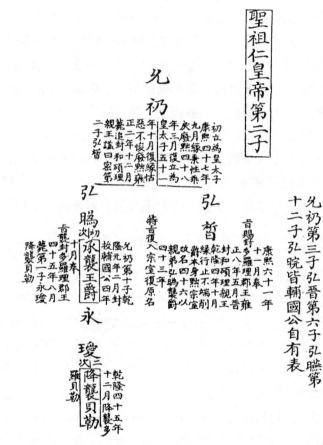

聖祖仁皇帝第二子

允礽第三子弘晉第六子弘曣第十二子弘晥皆輔國公自有表

追封和碩理親王允礽漢字表
《恩封宗室王公表》武英殿刊本

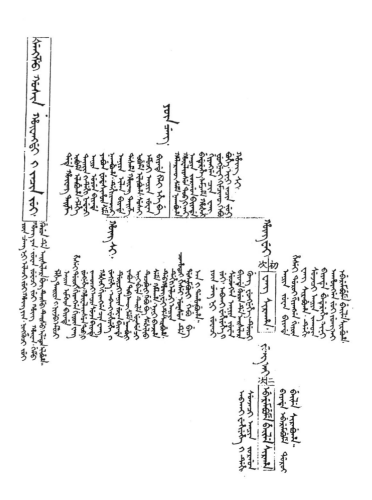

追封和碩理親王允礽清文表
《恩封宗室王公表》武英殿刊本

室王公功績表傳》。此外，清高宗第一子永璜（1728～1750）追封和碩定親王，第三子永璋（1735～1760）追封多羅循郡王，因係死後追封，俱非以軍功封爵，故不入功績表傳。

　　清國史館纂修國史，多詳列凡例，義例嚴明，皇帝諸子無論有無封爵，或得罪削爵除籍，俱按名立傳，纂修《宗室王公傳》。皇帝諸子之子孫凡宗室襲封者自王貝勒以下至輔國將軍以上，無論有功及得罪，俱附於祖父傳後，彷世家體按名各為立傳。其支庶有官至一品及顯樹功烈者，亦附傳於祖父傳之後，其餘祇於宗室表中見之，概不立傳。《宗室王公功績表傳》係因輯錄王公勳蹟而纂修，凡以軍功封爵，自王以下，公以上者，俱載於表傳中，亦即輯錄因軍功而受封的宗室王公。其以軍功受封，後經降削者，亦一體編輯，並題書「原封某爵」字樣，一方面以示「存功著罪，法戒斯昭」之意；一方面可知入纂緣由，以符合全書體例。宗室中親封王公，雖忠孝夙稱，但因功非戰伐，例不纂入王公功績表傳。《恩封宗室王公表》係因輯錄親封王公而纂修，宗室王公凡曾被恩封無論有無襲次，俱按名纂入，以資考證。因表中祇載王公，故自鎮國將軍以下非由王公降襲者，俱不纂入。對照《欽定宗室王公功績表傳》和《恩封宗室王公表》，可知舊纂功績王公表內有固山貝子溫齊之子鎮國公額爾圖，但因額爾圖實係恩封，本無功績，國史館請旨後從功績王公表內撤出，改列《恩封宗室王公表》，目錄標明「顯祖宣皇帝四世子鎮國公額爾圖，初次襲愛音圖，降襲輔國公，二次襲吉存，三次襲特通額，四次襲寧盛額，降為不入八分輔國公」等字樣，《欽定宗室王公功績表傳》表二祇記載原封溫齊所立爵，而不列鎮國公額爾圖之名。又如貝子準達原收入功績王公表內，但因準達係歲滿例封貝子，後征勦吳三桂時因疏報軍機遲誤，降為鎮國公，亦

經國史館請旨改入《恩封宗室王公表》。表中標列「太祖高皇帝
三世孫固山貝子準達，初次襲永齊，降襲輔國公，二次襲蘇爾
禪，三次襲廣齡，四次襲博爾忠鄂」等字樣。由此可知《宗室王
公功績表傳》與《恩封宗室王公表》是兩種不同的體例，因人立
傳，不可混淆。

四、追闡成勞——蒙古回部王公按照部落纂立表傳

　　《外藩蒙古回部功績王公表傳》，又稱《蒙古回部功績表
傳》，或稱《蒙古回部王公表傳》。乾隆四十四年（1779）七月
二十九日，清高宗頒降諭旨，略謂「我國家開基定鼎，統壹寰
區，蒙古四十九旗及外扎薩克喀爾喀諸部，咸備藩衛，世篤忠
貞，中外一家，遠邁前古。在太祖、太宗時，其抒誠效順，建立
豐功者，固不乏人，而皇祖、皇考及朕御極以來，蒙古王公等之
宣猷奏績，著有崇勳者，亦指不勝屈。因念伊等各有軍功事實，
若不為之追闡成勞，裒輯傳示，非獎勳猷而昭來許之道。」⑰於
是命國史館會同理藩院將各蒙古扎薩克事蹟譜系，詳悉採訂，以
一部落為一表傳。其有事實顯著之王公等，即於部落表傳後，每
人立一專傳，「則凡建功之端委，傳派之親疏，皆可按籍而稽，
昭垂奕世。」清高宗命國史館總裁等選派纂修各員詳慎編輯，以
清、漢、蒙古字三體合繕成帙，陸續進呈，經清高宗閱定成書
後，即同《宗室王公表傳》以漢字錄入《四庫全書》，其各部落
並將所部之表傳專傳，以三體合書，頒給一冊，俾其子孫益知觀
感奮勵。因回部各城伯克等自投誠以後，即在軍營宣力勤勞，晉
封王貝勒貝子者，亦復不少，理宜與蒙古王公一體施恩，纂立表
傳。乾隆四十四年（1779）九月初二日，清高宗又命國史館將回
部王公一體纂立表傳，以示一體優恤回臣之意。

　　國史館爲承修蒙古回部功績表傳，即照錄原奉諭旨交理藩院行文宣示各部落，令其造具譜系事蹟清册，送館辦理。國史館總裁福隆安即選派纂修各員，會同理藩院派出官員查考編輯，按照部落，各立三合字體表傳，其有事實顯著之王公等仍立專傳，以便同《宗室王公表傳》以漢字錄入四庫全書。但因蒙古四十九旗、外扎薩克、喀爾喀諸部以及回部宣力人員軍功事蹟册檔浩繁，所有已派各員檢查音譯，辦理三合字體，人不敷用。乾隆四十四年（1779）十二月初十日，國史館總裁福隆安等奏准依照趕辦無圈點老檔之例，於八旗候補中書、筆帖式等官及生監人員內擇其繙譯清順字畫端楷者，考取繙譯十六名，譯漢十二名，校對八名，謄錄二十四名，令其自備資斧，在館効力。理藩院陸續送到事實顯著王公等旗册後，國史館即上緊繙譯校對，並將辦出册檔交漢纂修官纂輯漢字表傳。成篇之後即需漢謄錄校對繕寫，因國史館額設漢謄錄十名，人不敷用，國史館總裁程景伊等於乾隆四十五年（1780）三月二十七日奏准於吏部考取候補漢謄錄內移取十名，亦令其自備資斧，在館額外行走。同年十一月十四日，國史館總裁阿桂等面奉諭旨：「蒙古王公表傳著照滿大臣列傳之例辦理。」⑱滿蒙一體，《蒙古王公表傳》依照滿洲大臣列傳之例纂輯，事半功倍。

　　國史館纂修《蒙古回部功績王公表傳》是按照部落各立三合字體表傳，先修漢字本，進呈御覽，經欽定發下後，繙譯清文，繕寫正本，與漢字本進呈御覽，清文本經欽定發下後，再繙譯蒙古文，繕寫正本，然後與漢字本、清文本一併進呈御覽，從國史館進呈三合字體表傳的過程，有助於了解蒙古、回部表傳纂修完成的時間。國史館首先完成的是漢字本表傳，乾隆四十五年（1780）十一月三十日，國史館將纂就內扎薩克科爾沁部王公表

一篇，總傳一篇，奧巴列傳、巴達禮列傳、沙津列傳各一篇，繕寫漢字本進呈御覽。國史館同時奏明俟欽定漢字本表傳，再將清文本表傳、蒙古文表傳，另行繕寫正本陸續進呈。乾隆四十六年（1781）六月二十四日，國史館將科爾沁部王公表一篇，總傳一篇，奧巴列傳、巴達禮列傳、沙津列傳各一篇，繙譯清文，繕寫正本，與漢字本王公表一篇置卷之一，即表第一之首，標作「科爾沁部表」。科爾沁部總傳，置卷之十七，即傳第一之首，總傳後爲土謝圖汗奧巴列傳，附多羅貝勒沙津列傳，巴達禮列傳並未錄入，而僅見於表第一。奧巴係元太祖弟哈布圖哈薩爾之裔，天命九年（1624），科爾沁部歸附清太祖。天命十一年（1626），初封奧巴爲土謝圖汗，天聰六年（1632），奧巴卒。巴達禮爲奧巴長子，天聰七年（1633），授濟農，襲土謝圖號。崇德元年（1636），封扎薩克和碩土謝圖親王，詔世襲罔替。康熙十年（1671），卒。表第一科爾沁部表標明奧巴初封、巴達禮一次襲等字樣。奧巴事實顯著，仍立專傳，置傳第一之首，並將巴達禮次子沙津列傳作爲奧巴列傳之附傳，有表有傳，巴達禮因事實並不顯著，未立專傳。

　　國史館纂辦《蒙古回部功績王公表傳》陸續進呈，於乾隆五十三年（1788）告竣，隨後即接辦三體畫一表傳，於乾隆六十年（1795）完竣，另繕樣本各一分，交武英殿刊刻刷印，共三百六十卷，一百八十本，裝潢成帙，進呈御覽，頒發各部落。《蒙古回部功績王公表傳》自乾隆年間成書後，歷經多年，頗有應行增輯之處。嘉慶十五年（1810），國史館滿、漢、蒙古提調、總纂、纂修等官悉心蒐討，詳愼編輯。嘉慶十九年（1814）二月，增輯告竣，包括《蒙古回部功績王公表傳》清文本、漢字本共四十八卷，蒙古文本共二十四卷，將表傳滿、蒙、漢三體書另行照

例繕寫副本移交武英殿刊刻。道光、咸豐等朝續纂《蒙古回部功
績王公表傳》，包括朱絲欄寫本及武英殿刊本。

五、進退無據──貳臣類傳以甲乙上中下分編

貳臣表傳的纂修是清朝國史的創新體例，也是爭議性很大的
體例。在乾隆年間（1736～1795），貳臣表傳的人物，是最受責
難的變節者。王成勉撰〈清史中的洪承疇〉一文已指出：

> 從清史中對於洪承疇的記載及論述，我們首先可以看出歷
> 史解釋的時代性。可以說有關洪承疇的記載與討論一直受
> 到政治的影響。在官方的態度上，因爲清初官方對洪承疇
> 是持肯定的態度，不談他在明朝之功與叛明經過，只是企
> 圖壓抑他在征明與輔佐清室的功勞，以強調滿人統治和征
> 服的地位。在這環境之下，民間的寫作呈現兩極化，遺民
> 色彩的作品對洪氏是採批評與抹黑的寫法，而方志或同是
> 貳臣的人士，就會注意到洪承疇的貢獻。到盛清時期，由
> 於清朝地位業已穩固，不必再爲貳臣的行爲有所掩飾與申
> 辯，自然態度轉爲嚴峻，這也使得方志與民間人士都不敢
> 照實述說洪承疇的貢獻⑲。

盛清時期，對待貳臣的態度，是嚴峻的。乾隆三十四年
（1769）六月初六日，清高宗頒降諭旨，略謂：

> 錢謙益本一有才無行之人，在前明時，身躋膴仕，及本朝
> 定鼎之初，率先投順，游陟列卿，大節有虧，實不足齒於
> 人類。朕從前序沈德潛所選《國朝詩別裁集》，曾明斥錢
> 謙益等之非，黜其詩不錄，實爲千古立綱常名教之大閑。
> 彼時未經見其全集，尚以爲其詩自在，聽之可也。今閱其
> 所著《初學集》、《有學集》，荒誕背謬，其中詆謗本朝

之處，不一而足。夫錢謙益果終為明臣，守死不變，即以
筆墨騰謗，尚在情理之中，而伊既為本朝臣僕，豈得復以
從前狂吠之語，刊入集中，其意不過欲借此以掩其失節之
羞，尤為可鄙可恥，錢謙益業已身死骨朽，姑免追究。但
此等書籍，悖理犯義，豈可聽其流傳，必當早為銷毀，著
各該督撫等將《初學》、《有學》二集於所屬書肆及藏書
之家，諭令繳出，彙齊送京，（下略）⑳。

　　清高宗以《初學集》、《有學集》詆謗清朝，而痛斥錢謙益
有才無行，大節有虧，不足齒於人類。乾隆四十一年（1776）十
二月初一日，清高宗以《國朝詩別裁集》將身事兩朝有才無行之
錢謙益居首，有乖千秋公論，而命內廷翰林為之精校去留㉑。同
年十二月初三日，內閣奉上諭，略謂：

　　我朝開創之初，明末諸臣，望風歸附，如洪承疇以經略喪
師，俘擒投順；祖大壽以鎮將懼禍，帶城來投。及定鼎
時，若馮銓、王鐸、宋權、謝陞、金之俊、党崇雅等在明
俱曾躋顯秩，入本朝仍忝為閣臣。至若天戈所指，解甲乞
降如左夢庚、田雄等，不可勝數。蓋開創大一統之規模，
自不得不加之錄用，以靖人心，而明順逆。今事後平情而
論，若而人者，皆以勝國臣僚，乃遭際時艱，不能為其主
臨危授命，輒復畏死偷生，靦顏降附，豈得復謂之完人？
即或稍有片長足錄，其瑕疵自不能掩。若既降復叛之李建
泰、金聲桓，及降附後，潛肆詆毀之錢謙益輩，尤反側奸
邪，更不足比於人類矣！此輩在《明史》既不容闌入，若
於我朝國史，因其略有事蹟，列名敘傳，竟與開國時范文
程，承平時李光地等之統一無疵者，毫無辨別，亦非所以
昭襃貶之公。若以其身事兩朝，概為削而不書，則其過

蹟，轉得藉以揜蓋，又豈所以示傳信乎？朕思此等大節有
虧之人，不能念其建有勳績，諒於生前，亦不能因其尚有
後人，原於既死。今爲準情酌理，自應於國史內另立貳臣
傳一門，將諸臣仕明及仕本朝各事蹟，據實直書㉒。

　　清高宗認爲「勝國」臣僚遭際時艱，不能爲其主臨危授命，
輒復畏死偷生，靦顏降附，豈得復謂之完人？倘若以其身事兩
朝，概爲刪削而不書，則其過蹟，轉得藉以揜蓋。因此，命國史
館將身事兩朝大節有虧文武諸臣另立貳臣傳一門，以示傳信。洪
承疇降清後頗樹勞伐，李永芳屢立戰功。至於錢謙益降清後竟於
詩文內陰行詆毀，進退無據。龔鼎孳曾降闖賊，受其僞職，旋又
降清，再仕以後毫無事蹟足稱，若與洪承疇等同列貳臣傳，不示
差等，又何以昭彰癉。乾隆四十三年（1778）二月二十四日，清
高宗命國史館總裁於應入貳臣傳諸人詳加考覈，分爲甲乙二編，
「俾優者瑕瑜不掩，劣者斧鉞凜然，以傳信簡編，而待天下後世
之公論。」㉓

　　國史館遵旨另立貳臣傳一門，分爲甲乙二編，將明季文職自
庶吉士、給事中、御史、郎中、寺丞、府丞、知府以上，武職自
指揮僉事、都督僉事、協守、參將、分守遊擊以上諸人降順清朝
後蹟列顯秩及有世襲爵職者，俱查核事實，次第纂輯，進呈御
覽。

　　國史館將纂就貳臣傳分入甲編或乙編，並繕寫正本進呈御
覽。例如乾隆四十三年（1778）九月初三日，國史館將纂就應入
甲編的李永芳、洪承疇二傳繕寫正本進呈御覽。同日，發下李永
芳、洪承疇二傳，諭令大學士于敏中等將東州、瑪根丹二處於
《盛京輿圖》粘簽呈覽。大學士于敏中等遵旨粘貼黃簽進呈御
覽。但輿圖內作「瑪哈丹」，而在李永芳傳內作「瑪根丹」，于

敏中等即交國史館將「根」字更正。乾隆四十七年（1782）三月
二十一日，國史館進呈貳臣傳甲編孫得功一傳，乙編田維嘉、沈
惟炳、謝啓元、張鳳翔、苗胙土五傳。三月二十二日，軍機處奉
旨：「國史館所進貳臣甲編孫得功傳內有大清二字，於體例不
合，著用本朝字樣，嗣後各傳內有似此者，俱著遵照改正，欽
此。」列傳內「大清」二字，不合體例，國史館遵旨改正爲「本
朝」字樣。乾隆五十七年（1792）七月，貳臣表傳，纂輯告竣，
先後所頒諭旨冠於卷首，遵照甲乙編次，國史館加撰按語，傳內
諸臣應追奪美諡者，粘簽聲明，另開清單，一併進呈御覽。國史
館認爲貳臣傳的纂輯爲萬世史家所未有，清高宗指出貳臣傳可補
前世史傳所未及。《欽定國史貳臣表傳》卷首記載史臣按語，略
謂：

> 臣等謹按史家類傳之名，儒林、循吏、游俠、貨殖，創由
> 司馬，黨錮、獨行、逸民、方術，昉自蔚宗。厥後沿名隸
> 事，標目實繁。顧四千餘年，二十二家之史，從未有以貳
> 臣類傳者㉔。

二十二史，既未以貳臣類傳，清朝國史館奉命以貳臣類傳，
藉修史體例褒貶人物，就是一種創新。

貳臣傳甲編上共 9 人，甲編中共 10 人，甲編下共 34 人，乙
編上共 23 人，乙編中共 18 人，乙編下共 29 人，合計共 123 人。
其籍貫分佈，遼東、遼陽、錦州、廣寧、開原共 28 人，約佔百
分之二十三，山東共 20 人，約佔百分之十六，陝西共 15 人，約
佔百分之十二，直隸共 15 人，約佔百分之十二，河南共 10 人，
約佔百分之八，江南、山西各 8 人，各約佔百分之七，其餘福
建、甘肅、雲南、浙江、四川、廣東、湖廣、安徽、江西合計
19 人，約佔百分之十六。貳臣表傳是以仕明時「內而翰詹科道，

外而道府參遊，陟清班而膺壇事者爲斷。」但就表中原職分佈而
言，包含文武職大員人數頗多，包括大學士、尙書、司業、少
卿、侍郞、郞中、庶吉士、御史、副都御史、僉都御史、給事
中、少詹事、編修、修撰、侍講、檢討、中允、總督、巡撫、道
員、都督、都指揮使、監軍、將軍、總兵、副將、參將、遊擊及
王、侯、伯等，其中侍郞共 14 人，約佔百分之十，御史、副都
御史、僉都御史共 10 人，約佔百分之八，總兵、副將各共 20
人，各約佔百分之十七。就投誠年分而言，在天命、天聰、崇德
年間歸順者共 22 人，約佔百分之十八，在順治元年（1644）歸
順者共 51 人，約佔百分之四十一，在順治二年（1645）歸順者
共 39 人，約佔百分之三十一，投誠人數集中在順治元年、二年，
合計約佔百分之七十二強。貳臣中安揷漢軍各旗者共三十五人，
約佔百分之二十九。貳臣表傳釐爲甲乙二編，次爲兩等，部各三
門，位有差等。其中明臣投順淸朝後遇難殉節而能沒王事者，列
甲編之上，如遼東人劉良臣原仕明爲遊擊，天聰五年（1631），
投順皇太極，後隸漢軍鑲黃旗，以軍功授三等輕車都尉世職，累
官甘肅總兵，回人米喇印作亂時，劉良臣遇害，入祀昭忠祠。明
臣投順淸朝後顯有勳績者，如遼東人李永芳原仕明爲遊擊，天命
三年（1618），投順努爾哈齊，累官總兵，以軍功授三等子爵，
後隸漢軍正藍旗，列甲編之中。明臣投順淸朝後，略有勞效者，
如遼陽人祝世昌原仕明爲遊擊。天命六年（1621），投順努爾哈
齊，累官山西巡撫，後隸漢軍鑲紅旗，列甲編之下。明臣投順淸
朝後，無功績可紀者，如遼東人孫得功，原仕明爲遊擊，天命七
年（1622），投順努爾哈齊後仍賜原官，授三等男爵，子孫隸漢
軍正白旗，列乙編之上。明臣投順淸朝後，曾經獲罪者，如順天
涿州人馮銓，原仕明爲大學士，被劾論徒，贖爲民。順治元年

（1644），投順清朝後，仍官大學士。順治八年（1651），以曾被劾私受叛賊姜瓖賄，致仕。十年（1653），復起用，尋乞休，列乙編之中。明臣曾經從賊，後來投順清朝，以及初為賊黨，降明後又投順清朝者，如直隸正定人梁清標原仕明為庶吉士，降於流賊李自成。順治元年（1644），投順清朝，官至大學士，所向稱臣，列乙編之下。

《欽定國史貳臣表傳》纂修告成後，國史館進呈御覽。清高宗披覽後指出，貳臣傳分為甲乙二編，其中有歸順之後，又去而從唐、桂、福、潞各王者，雖其人反側無定，然唐、桂、福、潞各王究為明朝宗支，諸臣繫懷故主，列入乙編，尚不至於有乖史例。而乙編內薛所蘊、張炘二人，俱曾順從流賊，復降清朝。嚴自明暨經投誠，復從尚之信謀叛，其後又與尚之信同降，反覆無常，進退無據，俱於立傳之例，大為不協。此外如馮銓、龔鼎孳、金之俊等人，其行蹟亦與薛所蘊等人相仿，皆靦顏無恥。而錢謙益既經臣事清朝，復敢肆行誹謗，其居心行事，尤不可問。乾隆五十四年（1789）六月初六日，國史館奉命將貳臣傳乙編內馮銓、龔鼎孳、薛所蘊、錢謙益等人，詳細查明，概行奏聞撤去，不必立傳，僅為立表，排列姓名，摘敘事蹟，「俾天下萬世共知，似此行同狗彘之徒，既不得炳丹青之列，仍不能逃斧鉞之誅。」㉕

> 易曰：「天尊地卑，乾坤定矣；卑高以陳，貴賤位矣。」貴賤位而後君臣之分定，君臣之分定而後天地和，天地和而後萬化成。五帝三王之治，用此道也。三代而降，臣殺其君者有之，子弒其父者有之。孔子作《春秋》以寓王法，誅死者於前，懼生者於後，其慮深遠矣。歐陽修作《唐書》，創《逆臣傳》，蓋亦《春秋》之意也。㉖

　　君臣之分已定，臣弒其君是亂臣賊子。孔子作《春秋》，亂臣賊子已死者難逃斧鉞之誅，生者無不知懼。《唐書‧逆臣傳》的纂修，即本《春秋》之意。亂臣賊子肆其叛逆，以致亂亡，「有國家者，可不深戒乎！」

　　《金史》列傳共七十三卷，內含《逆臣傳》一卷，包括秉德等十人。《逆臣傳》序云：「昔者孔子作《春秋》而亂臣賊子懼，其法有五焉：微而顯，志而晦，婉而成章，盡而不汙，懲惡而勸善。夫懲惡乃所以勸善也，作逆臣傳。」㉗《逆臣傳》的纂修，其目的在懲惡而勸善，亦即孔子作《春秋》而亂臣賊子懼之意。當清國史館奉命將貳臣傳乙編內馮銓等人撤出，僅為立表後，清高宗認為仍然不足以示懲戒。「今思此等偷生嗜利之徒，進退無據，實為清議所不容，若僅於表內略摘事蹟，敘述不詳，使伊等醜穢之行不彰後世，得以倖逃訾議，轉不足以示懲戒。」㉘乾隆五十四年（1789）十二月初九日，命國史館詳悉查明，將貳臣傳乙編內吳三桂、耿精忠、李建泰、姜瓖、王輔臣、薛所蘊、張炘等人，特立《逆臣傳》，另為一編。若與洪承疇、李永芳等人一同編列，轉乖轉例。其目的為「庶使叛逆之徒，不得與諸臣並登汗簡，而生平穢蹟，亦難逃斧鉞之誅。」㉙清高宗特創《貳臣傳》新體例，又按遼、金、元三史舊例，另立《逆臣傳》，其目的都是為了勸善懲惡，而且是不同程度的懲戒。《欽定國史逆臣列傳》上、下二卷，由國史館劉樹屏、李岳瑞合辦，乾隆五十七年（1792）七月十四日，國史館將纂就《逆臣傳》二卷繕寫正本，進呈御覽。卷上逆臣包括吳三桂、馬寶（王屏藩附）、李本深、張國柱、曹申吉（羅森、陳洪明、吳之茂附）、王輔臣、譚洪（子譚天秘、鄭蛟麟附）、祖澤清、耿精忠、曾養性、劉進忠。卷下包括尚之信、嚴自明、孫延齡、馬雄（子馬承

麐、郭義附）、線國安、姜瓖、李建泰、金聲桓、章于天、李成棟（袁彭年附）、鄭芝龍、劉澤清、馬逢知。松居士排字本《逆臣傳》釐為四卷。清史館傳稿，改《逆臣傳》為《叛臣傳》。已刊《清史稿》不立《逆臣傳》、《叛臣傳》。

　　貳臣表傳甲乙二編所錄貳臣共一二三人，其中見於已刊《清史稿・列傳》者，共五十八人，可列對照表如下：

清史貳臣表傳與《清史稿》大臣列傳對照表

清史貳臣表傳姓名		《清史稿》大臣列傳姓名	
傳別	姓　　名	傳次	姓名
甲編中 乙編上	李永芳 孫得功、馬光遠	列傳十八	佟養性、孫國強、李永芳、石廷柱、馬光遠、李思忠、金玉和、王一屏、孫得助、張士彥、金礪
甲編下	鮑承先	列傳十九	希福、范文程、甯完我、鮑承
甲編上 甲編中 甲編下	孔有德 祖可法、尚可喜 祖大壽、祖澤潤、祖澤洪、耿仲明、全節、祖澤溥	列傳二十一	孔有德、全節、耿仲明、尚可喜、沈志祥、祖大壽、祖澤潤、祖澤溥、祖澤洪、祖可法
甲編中 乙編中	孟喬芳、張存仁、洪承疇 夏成德	列傳二十四	洪承疇、夏成德、孟喬芳、張文衡、張存仁
甲編下 乙編上 乙編下	宋權 謝陞、金之俊、胡世安、王永吉 党崇雅、衛周祚、高爾儼、張端	列傳二十五	蔣赫德、額色赫、車克、覺羅巴哈納、宋權、傅以漸、呂宮、成克鞏、金之俊、謝陞、胡世安、王永吉、党崇雅、衛周祚、高爾儼、張端
甲編下	祝世昌	列傳二十六	沈文奎、李棲鳳、馬鳴佩、馬國柱、羅繡錦、羅繪錦、雷興、王來用、丁文盛、祝世昌

甲編中	劉武元、李國英	列傳二十七	李國英、劉武元、庫禮、胡全才、申朝紀、馬之先、劉宏遇、于時躍、蘇宏祖、吳景道、李日芃、劉清泰、佟岱、秦世禎、陳錦
甲編中	劉芳名	列傳三十	沙爾虎達、安珠瑚、劉之源、吳守進、巴山、張大猷、喀喀木、梁化鳳、劉芳名、胡有陞、楊名高、劉光弼、劉仲錦
甲編下 乙編中	張煊 魏琯	列傳三十一	趙開心、楊義、林起龍、朱克簡、成性、王命岳、李森先、李呈祥、魏琯、李裀、季開生、張煊
乙編中 乙編下	馮銓、李若琳、孫之獬、陳之遴、劉正宗 陳名夏、張縉彥	列傳三十二	剛林、祈充格、馮銓、孫之獬、李若琳、陳名夏、陳之遴、劉正宗、張縉彥
甲編上 甲編下 乙編上 乙編下	徐勇、郝効忠、馬得功 張天祿、張天福、盧光祖、田雄 左夢庚、許定國、劉良佐 孫可望、白文選	列傳三十五	許定國、劉良佐、左夢庚、郝効忠、徐勇、盧光祖、田雄、馬得功、張天祿、張天福、趙之龍、孫可望、白文選
甲編中	張勇	列傳四十二	張勇、趙良棟、王進寶、王萬祥、孫思克、馬進良
甲編下	陳世凱	列傳四十四	趙國祚、許貞、周球、徐治都、胡世英、唐希順、李麟、趙應奎、趙賴、李芳述、陳世凱、許占魁
甲編下	王宏祚	列傳五十	王弘祚、姚文然、魏象樞、朱之弼、趙申喬
甲編下 乙編上 乙編中 乙編下	曹溶 吳偉業 錢謙益 龔鼎孳	列傳二七一 （文苑一）	魏禧、侯方域、申涵光、吳嘉紀、錢謙益、龔鼎孳、吳偉業、曹溶、宋琬、施閏章、王士祿、陳恭尹、萬斯同、戴名世等

資料來源：《欽定國史貳臣表傳》、已刊《清史稿》列傳。

　　由前列簡表可知已刊《清史稿》將部分貳臣散列於大臣傳及文苑傳中，其中貳臣表傳甲編中李永芳（d.1634），乙編上孫得功、馬光遠（d.1663）三人，與烏眞超哈（ujen cooha）昂邦章京（amban janggin）佟養性（d.1632）、石廷柱（1599～1661）、梅勒額眞（meiren i ejen）李思忠（1595～1657）等人同列於已刊《清史稿》列傳十八，傳末論曰：

> 養性、廷柱先世本滿洲，懷舊來歸，中以婚媾。永芳歸附最先，思忠爲遼左右族，皆蒙寵遇，各有賢子，振其家聲。光遠初佐養性，後與廷柱分將漢軍，罷而復起。玉和戰死。同時諸降將有績效，賞延於世，或其子顯者，得以類從。後先奔走，才亦盛矣㉚。

　　李永芳、孫得功、馬光遠歸附後，頗有績效，俱蒙寵遇。李永芳有子九人，漢軍旗制定，隸正藍旗漢軍。次子李率泰，自有傳。三子剛阿泰，順治初，官宣府總兵。五子巴顏，襲父爵，爲漢軍正藍旗固山額眞。李永芳有賢子振其家聲。馬光遠以所部降，後隸正藍旗漢軍，授梅勒額眞。初佐佟養性，後與石廷柱分將漢軍。李永芳、馬光遠、孫得功與佟養性、石廷柱、李思忠等俱隸漢軍、遂以類從，已刊《清史稿》的客觀立傳，可以肯定。

　　清太祖時，儒臣未置官署。太宗天聰三年（1629），始設文館，命儒臣分兩直。崇德改元，設內三院，希福（d.1652）、范文程（1597～1666）、鮑承先及剛林授大學士，是爲命相之始。希福兼通滿、漢、蒙古字。范文程少好讀書，與其兄范文寀並爲瀋陽縣學生員，太宗即位，召直左右。寧完我（d.1665）通文史，奉召直文館。鮑承先以寧完我薦，令直文館。清朝國史館纂修貳臣表傳，將鮑承先歸入甲編下，已刊《清史稿》將鮑承先與希福、范文程、寧完我等同入列傳十九，以類相從，肯定其歷史

地位。傳末論贊中指出，「希福屢奉使，履險效忱，撫輯屬部；
文程定大計，左右贊襄，佐命勳最高；完我忠讜耿耿，歷挫折而
不撓，終蒙主契；承先以完我薦直文館，而先完我入相，參預軍
畫，間除敵帥，皆有經綸。草昧之績，視蕭、曹、房、杜，殆無
不及也。」㉛所論公允。

　　貳臣表傳將孔有德歸入甲編上，祖可法、尙可喜歸入甲編
中，祖大壽、祖澤潤、祖澤洪、耿仲明、全節、祖澤溥歸入甲編
下，已刊《清史稿》移置列傳二十一，與沈志祥等並列。傳末論
曰：

　　　　有德、仲明，毛文龍部曲，可喜東江偏將，志祥又文龍部
　　　　曲之餘也。文龍不死，諸人者非明邊將之良歟？大壽大凌
　　　　河既敗，錦州復守，相持至十年。明兵能力援，殘疆可盡
　　　　守也。太宗撫有德等，恩紀周至，終收績效。其於大壽，
　　　　不惟不加罪，並謂其「能久守者，讀書明理之效」。推誠
　　　　以得人，節善以勵眾，其諸爲興王之度也歟㉜！

　　孔有德等皆明邊良將，祖大壽讀書明理，清太宗推誠以待
之，得眾得國。清朝入關，洪承疇（1593～1665）再出經略，勘
定江南、湖廣、滇黔。孟喬芳（1595～1654）、張存仁（d.
1652）二人皆明將，孟喬芳撫綏隴右，在當日疆臣中，樹績頗
多。崇德元年（1636），始設都察院，以張存仁爲承政。張存仁
洞達政本，頗有建樹。清朝國史館將孟喬芳、張存仁、洪承疇列
於貳臣表傳甲編中，夏成德列於乙編中，已刊《清史稿》俱改列
於大臣列傳二十四，以其建樹而並列。已刊《清史稿》列傳二十
五論曰：

　　　　世祖既親政，銳意求治，諸臣在相位，宜有闊規碩畫足以
　　　　輔新運者。如蔣赫德請懲貪蠹，權首請田賦循萬歷〔曆〕

舊額,並罷祖軍、民壯,永吉議清兵額、恤災傷,痛陳投旗之害,之俊、崇雅鄭重斷獄,可謂能舉其大矣。若巴哈納以細事塞明問,以漸、宮以巍科處特擢,及額色赫、車克輩,皆鮮所建白。要其謹身奉上,亦一代風氣所由始也㉝。

　　引文中蔣赫德於天聰三年(1629)以儒生俊秀選入文館。崇德元年(1636),授秘書院副理事官。順治二年(1645),擢國史院學士。十一年(1654),擢國史院大學士。十二年(1655),詔諸大臣條陳時務,蔣赫德疏請嚴懲貪官蠹吏。宋權(1598~1652),順天巡撫,順治三年(1646),擢國史院大學士。宋權以明朝軍需浩繁,暗徵私派,民困已極,首請田賦循照萬曆初年為正額,其加派,悉予蠲免。尋又疏請罷除祖軍、民壯之害。金之俊(1593~1670),兵部侍郎,調吏部侍郎。順治五年(1648),擢工部尚書。八年(1651),調兵部。十年(1653),調左都御史。十五年(1658),改中和殿大學士,兼吏部尚書。金之俊疏陳審擬盜犯,請用正律。党崇雅,戶部侍郎。順治元年(1644),調刑部。五年(1648),擢尚書。八年(1651),調戶部。十一年(1654),授國史院大學士。党崇雅疏陳鄭重斷獄,請凡罪人,照例區別,以昭欽恤。王永吉(d. 1659),薊遼總督。順治二年(1645),以順天巡撫宋權推薦,授大理寺卿。四年(1647),擢工部侍郎。八年(1651),授戶部侍郎。十年(1653),擢兵部尚書。十一年(1654),擢秘書院大學士,十二年(1655),授國史院大學士。王永吉先後疏請清兵額、恤災傷,痛陳王大臣濫收人投旗之害。諸臣在相位,能舉施政得失之大端,足以輔新運。國史館將宋權列貳臣表傳甲編之下,謝陞、金之俊、王永吉等列乙編之上,党崇雅等列乙編之

下，已刊《清史稿》以類相從，與蔣赫德等並列於大臣列臣二十五。

　　明臣投順清朝後遇難沒王事者，不乏其人。順治初年，降將徐勇屢立戰功，南明桂王遣白文選驅象爲陣，徐勇巷戰死之。郝効忠降清後隸漢軍正白旗，率師克黎平，孫可望兵驟至，郝効忠力戰被執不屈見殺。馬得功降清後隸漢軍鑲黃旗。康熙二年（1663），清軍進攻廈門，馬得功克烏沙後，以舟師出海，鄭軍乘南風進擊，馬得功沒於陣。《欽定國史貳臣表傳》將徐勇、郝効忠、馬得功列甲編上，已刊《清史稿》將甲編上徐勇等人，甲編下張天祿等人，乙編上左夢庚等人，乙編下孫可望等人因時代相近，俱入列傳三十五。張勇（1616～1684），陝西咸寧人，善騎射，仕明爲副將。順治二年（1645），英親王阿濟格師次九江，張勇投降，授遊擊。趙良棟（1621～1697），甘肅寧夏人。順治二年（1645），清軍定陝西，趙良棟應募，署潼關守備。王進寶（1626～1685），甘肅靖遠人，精騎射。順治初，從孟喬芳討定河西回，授守備。孫思克（1628～1700），康熙二年（1663），擢甘肅總兵，駐涼州。張勇、趙良棟、王進寶、孫思克，清初並稱河西四將，而以張勇爲冠，忠勇篤誠，清高宗許爲古名將。國史館將張勇列甲編之中，已刊《清史稿》將張勇與趙良棟、王進寶、孫思克等人列爲列傳四十二，河西四將並列，最爲允當。

　　順治年間（1644～1661），撫定諸省後，設提鎮，署營汛，於是有綠營。康熙中，三藩之役，即以綠營當大敵，建戡定之績。陳世凱，湖廣恩施人，初附永曆帝，爲忠州副總兵。順治十六年（1659），降清，授副將銜。康熙十三年（1674），耿精忠反，陳世凱破耿精忠將周彪，敘功，授溫州總兵。陳世凱勇敢善

戰，所向有功，軍中呼爲陳鐵頭。國史館將陳世凱列貳臣表傳甲
編之下，已刊《清史稿》將陳世凱列入列傳四十四，與趙國祚、
許貞、唐希順、趙應奎、李芳述、許占魁並列，以示其有功於平
定三藩之亂。王弘祚，避清高宗弘曆御名諱作王宏祚，明崇禎舉
人，自薊州知州遷戶部郎中。順治元年（1644），降清，授岢嵐
兵備道。二年（1645），以總督李鑑薦，仍授戶部郎中。中原初
定，圖籍散佚。王宏祚習掌故，戶部疏請修賦役全書，以王宏祚
主其事。國史館將王宏祚列入貳臣表傳甲編之下，已刊《清史
稿》將王宏祚與姚文然、魏象樞、朱之弼、趙申喬並列，爲列傳
五十，傳末論曰：

> 宏祚定賦役，文然修律例，皆爲一代則，其績效鉅矣。象
> 樞廉直謇謇，能規切用事大臣，尤言人所難言。之弼意主
> 於愛民，凡所獻替，皆切於民事。申喬名輩差後，清介絕
> 流輩，慷慨足以任國之重。貞元之際，自據亂入昇平，開
> 濟匡襄，諸臣與有力焉㉟。

清初自據亂世進入昇平世，王宏祚等用事大臣，貢獻極大，
功不可沒。王宏祚與姚文然等諸臣並列，亦以類相從。

清代學術，超漢越宋。清史館取詩文有名能自成家者，彙爲
一編，作文苑傳，以著有清一代文學之盛。吳偉業（1609～
1672），學問博贍，詩文工麗，蔚爲一時之冠。著有《春秋地理
志》、《氏族志》、《綏寇紀略》、《梅村集》。錢謙益
（1582～1664），爲文博贍，諳悉朝典，詩尤擅其勝，家富藏
書。乾隆三十四年（1769），其自爲詩文《牧齋集》、《初學
集》、《有學集》雖奉詔毀版，然傳本至今不絕。龔鼎孳
（1616～1673），降清後授吏科給事中。康熙初，起用左都御
史，遷刑部尙書。龔鼎孳天才宏肆，千言立就。自錢謙益卒後，

在朝有文藻負士林之望者，首推龔鼎孳，著有《定山堂集》。國
史館將吳偉業列入貳臣表傳乙編之上，錢謙益列入乙編之中，龔
鼎孳列入乙編之下。已刊《清史稿》將吳偉業、錢謙益、龔鼎孳
三人列入列傳二七一，即文苑傳一，與魏禧、侯方域等人並列。
文苑傳序文謂「明末文衰甚矣，清運既興，文氣亦隨之而一振。
謙益歸命，以詩文雄於時，足負起衰之責，而魏侯申吳，山林遺
逸，隱與推移，亦開風氣之先。」㉟「魏侯申吳」即魏禧、侯方
域、申涵光、吳偉業。已刊《清史稿》以學術貢獻，詩文自成一
家者列入文苑傳，以類相從，不以貳臣表傳貶之，符合修史體
例。

六、瑕瑜並列——大臣畫一傳歸類分卷

　　清高宗向聞魏象樞在漢大臣中頗有名望，但當他閱讀《世祖
章皇帝實錄》記載大學士寧完我劾奏陳名夏原疏有陳名夏與魏象
樞結爲姻黨一款。清高宗即取閱國史館所纂修的魏象樞列傳，書
中祇稱「以事降調」，而不詳其參劾本末。如此後人亦何由知其
眞實事蹟？又如何加以論定？清高宗指出，向來國史館所輯列
傳，原係擇滿漢大臣中「功業政績素著者於史冊，以彰懿娥。其
無所表見及獲罪罷斥者，概屏弗與。第國史所以傳信，公是公非
所關，原不容毫釐假借，而瑕瑜並列，益足昭衡品之公，所謂據
事直書，而其人之賢否自見。若徒事鋪張誇美，甚或略其所短，
暴其所長，則是有襃而無貶，豈春秋華袞斧鉞之義乎？」㊱清高
宗認爲人臣立傳，傳信後世，公是公非，不容假惜。必須瑕瑜並
列，據事直書。清高宗在諭旨中指出：

　　　前命廷臣編纂宗室王公功績表傳，現已告成，事實釐然可
　　考。因思大臣之賢否，均不可隱而弗彰。果其事功學行，

卓卓可紀,自應據實立傳,俾無溢美。若獲罪廢棄之人,
其情罪允協者,固當直筆特書,垂為炯戒,即當日彈章過
於詆毀,吏議或未盡持平,亦不妨因事並存,毋庸曲為隱
諱。從前國史編纂時,原係彙總進呈,未及詳加確核,其
間秉筆之人,或不無徇一時意見之私,抑揚出入,難為定
評。今已停辦年久,自應開館,重事輯修,著將國初以來
滿漢大臣,已有列傳者,通行檢閱,核實增刪考正。其未
經列入之文武大臣,內而卿貳以上,外而將軍督撫提督以
上,並宜綜其生平實蹟,各為立傳,均恭照實錄所載,及
內閣紅本所藏,據實排纂,遮幾淑慝昭然傳示來茲,可存
法戒㊲。

　　清高宗以國史館舊纂國史大臣列傳祇有褒善,未能據實立
傳,難為定評。因此,降旨開館重修,一方面將國初以來滿漢大
臣列傳,通行檢閱,增刪改正;一方面將未經列入的文武大臣,
綜其生平實蹟,各為立傳。於是特派公正大臣為國史館總裁,以
董司其事,並令詳議條例以聞。乾隆三十年(1765)九月十五
日,國史館遵旨詳議章程具奏請旨,其要點如下:

　　一、立傳大臣宜定以官階。查從前國史內凡功臣、大臣有
　　　　表有傳,表以記爵秩年月,傳以載功罪事蹟。今旗員
　　　　請自副都統以上,文員自副都御史以上,及外官之督
　　　　撫提督等大員,果有功績學行可採,及有獲罪廢棄原
　　　　委,俱為分別立傳。其中或世職襲替,或歷任未久,
　　　　無功罪事蹟可擇,恭照實錄記注,通為立表,而不著
　　　　傳。

　　二、室宗覺羅,行文宗人府;旗員,行文八旗;蒙古,行
　　　　文理藩院;文員,行文吏部;武員,行文兵部,將各

該員姓氏、旂分、籍貫、出身、歷任、身故年月等
項，并旂員、武員出兵打仗次數，及罷斥之人獲罪緣
由，總造履歷清冊送館，以憑查核，並轉行各省，將
名宦鄉臣祠內現祀副都御史以上，及將軍、督撫、提
督等大員，令各省抄錄原案，造冊由部送館，以憑採
擇。

三、纂修各傳俱遵諭旨內實錄所載，紅本所藏，據事排
纂。其確有冊檔官案可憑者，亦一併採入。實錄、國
史、紅本因尊藏內閣，由國史館派員查閱。其各省通
誌及應行查考各書應交各省督撫查送到館，以憑考
核。凡各傳事實，總以官書為斷，而爵里、姓氏、生
卒年月，詳考旗籍官冊，以備始末㊳。

　　國史館纂修國史大臣列傳的範圍包括宗室覺羅、旗員、蒙
古、文員、武員，其中旗員自副都統以上，文員自副都御史以
上，外任官員包括將軍、總督、巡撫、提督等大員，凡有功績學
行可採，以及有獲罪廢棄原委者，俱分別立傳。其中無功罪事蹟
可擇者，則通為立表而不立傳。列傳體例，國史館所擬章程係定
以官階。列傳中詳載里居爵秩，行文查取，頗需時日，國史館奏
明將現有列傳中應行考核增刪者，先行訂正，繕寫清文即滿文本
及漢字本，並將原本粘簽進呈御覽，其餘未經列入的大臣，隨查
隨辦，陸續進呈，俟各傳纂修完竣，進呈御覽，欽定發下後，國
史館再加編次，總繕清、漢正本進呈御覽。

　　清高宗以國史館所議章程，尚未詳備，國史館纂修滿漢大臣
表傳，定以官階，清高宗頗不以為然。乾隆三十年（1765）九月
十五日，清高宗頒降諭旨，說明纂修列傳的體例，節錄一段諭旨
於下：

據該總裁等議奏開館事宜內稱，滿漢大臣，定以官階，分立表傳。旗員自副都統以上，文員自副都御史以上，及外官督撫提督等，果有功績學行及獲罪廢棄原委，俱為分別立傳等語，所議尚未詳備。列傳體例，以人不以官，大臣中如有事功學術足紀，及過蹟罪狀之確可指據者，自當直書其事，以協公是公非。若內而部旗大員，循分供職，外而都統巡撫之歷任未久，事實無所表見者，其人本無足重輕，復何必濫登簡策，使僅以爵秩崇卑為斷，則京堂科道中之或有封章建白，實裨國計民生者，轉置而弗錄，寧非缺典。且如儒林，亦史傳之所必及，果其經明學粹，雖韋布之士不遺，又豈可拘於品味？使近日如顧棟高輩，終於湮沒無聞耶？舉一以例其餘，雖列女中之節烈卓然可稱者，亦當覈實兼收，另為列傳。諸臣其悉心參考，稽之諸史體例，折衷斟酌，定為凡例，按次編纂，以備一代信史。至立表之式，固當如所定官階為限制，仍應於各姓氏下，註明有傳無傳，使覽者于表傳並列者，即可知某某之媺惡瑕瑜。而有表無傳者，必其人無足置議，有傳無表者，必其人實可表章，則開卷瞭然，不煩言而其義自見㊴。

　　清高宗重視修史體例，列傳體例，以人不以官。表傳並列，有表無傳，有傳無表，體例不同，開卷瞭然，則其義自見。國史館遵旨稽考諸史體例，將太祖、太宗、世祖、康熙、雍正五朝國史列傳，詳加重修，與國史原本逐一核對。其原有列傳者，據實增刪，另繕新本，仍附原本於後，粘簽聲明，其從前未立傳者，酌量補立，進呈御覽。可將國史館遵旨重修滿漢大臣列傳經過，列出簡表如下：

乾隆年間國史館纂修滿漢大臣列傳簡表

進呈時間	增刪舊傳篇數		補立新傳篇數		合計
31 年 5 月 25 日	費英東、額亦都、范文程、洪承疇	4	祁充格、陳名夏、孫承澤	3	7
31 年 7 月初 3 日	扈爾漢、楊古利、魏象樞	3	馮銓	1	4
31 年 7 月 26 日	安費揚古、何和里、圖海	3	劉正宗	1	4
31 年 8 月 12 日	穆克譚、剛林、寧完我	3	金之俊	1	4
31 年 9 月初 3 日	武訥格、圖爾格、鮑承先	3	陳之遴	1	4
31 年 9 月 18 日	圖賴、伊勒慎、覺羅巴哈納	3	龔鼎孳	1	4
31 年 10 月 10 日	西喇巴、楞額禮、索海	3	党崇雅	1	4
31 年 10 月 27 日	巴篤理、車爾格、和碩圖	3	胡全才	1	4
31 年 11 月 11 日	納穆泰、薩穆什喀、都爾德	3	宋權	1	4
31 年 11 月 29 日	吉思哈、武賴、張存仁	3	祝世昌	1	4
31 年 12 月 15 日	吳巴海、葉臣、譚泰	3	李建泰	1	4
31 年 12 月 24 日	圖魯什、揚善、希福	3	王永吉	1	4
32 年 2 月初 3 日	巴奇蘭、伊遜、李永芳	3	成克鞏	1	4
32 年 2 月 21 日	洪尼雅、喀達海、陳泰	3	沈文奎	1	4
32 年 3 月 14 日	庫爾禪、李率泰、巴顏	3	劉昌	1	4
32 年 3 月 28 日	阿什達爾漢、俄爾岱、蘇納	3	李鑑	1	4
32 年 4 月 14 日	勞薩、噶達渾、阿哈尼堪	3	李若琳	1	4
32 年 5 月初 2 日	雅賴、伊爾德、準塔	3	馬鳴珮	1	4
32 年 5 月 18 日	覺羅拜山、阿山、葉克舒	3	吳惟華	1	4
32 年 6 月 20 日	恩格圖、索尼、陳錦	3	林起龍	1	4
合　　計	增刪舊傳篇數	61	補立新傳篇數	22	83

資料來源：《清國史館奏稿》（北京：全國圖書館文獻縮微複興中心，2004 年 6 月），第一冊，頁 97～140。

　　纂修國史是清國史館纂修諸公的重要功課，由前列簡表可知，纂修滿漢大臣列傳的功課，包括增刪舊傳與補立新傳兩大項。國史館所增刪的舊傳，是將康熙、雍正兩朝及乾隆初年所纂

修的原纂進呈本粘貼黃簽刪略或改纂，平均每月進呈五至六篇，補立新傳，每月進呈二篇，乾隆三十一年（1766）五月二十五日，國史館進呈洪承疇等人列傳。在洪承疇傳內奉有折角三處，國史館遵旨詳細查改，另繕正本粘貼黃簽。同年七月初三日，國史館總裁傅恒等夾單奏請訓示。其夾單內容如下：

> 臣等謹按黃道周就擒一事，詳查明史，併恭閱實錄、紅本所載，實係自徽州擒獲，後解至江寧正法，並未解至京師。臣等謹遵實錄，於洪承疇傳內擒道周下增「諭降不從」四字。至明季諸王查係明史表傳開載有據者，遵旨不加偽字，其餘假托宗支自稱為王者，仍加偽字，以昭分別，恭候欽定⑩。

《貳臣傳甲編・洪承疇傳》記載「擒黃道周於婺源，先後解至江寧，諭降不從，斬之。」⑪婺源屬安徽徽州府，「諭降不從」等字樣，就是乾隆三十一年（1766）國史館增修洪承疇列傳時所加的。是年十月二十七日，國史館補立胡全才列傳，進呈御覽，奉有折角一處。國史館遵旨將胡全才補蝗一疏，詳加檢閱庫貯紅本，並無此件，於是將實錄原文一條繕寫夾片，於同年十一月十一日，進呈御覽。其夾片內容云：

> 順治四年十月丙申，寧夏巡撫胡全才，捕蝗有法，境內田禾獲全，因以捕法上聞，並請傳示各省，永絕蝗蘆，章下所司⑫。

夾片內容是據《世祖章皇帝實錄》原文繕寫的，文字相合。國史大臣列傳，習稱臣工列傳，從康熙年間開館纂輯，繕寫正本移送皇史宬尊藏。乾隆三十年（1765），清高宗命國史館將皇史宬舊藏各傳重加編輯，是第一次覆纂。嘉慶十六年（1811），國史館奏准覆纂，是第二次覆纂，並聲明以後每屆十年辦理一次。

第三次覆纂係截至道光十五年（1835）止。道光十六年（1836）以後進呈過清漢文臣工列傳累積至一千二百餘篇，必須覆纂，以便繕寫正本，移藏皇史宬。同治九年（1870）四月，國史館奏請自道光十六年（1836）起至咸豐十一年（1861）止，將業經進呈各傳作爲第四次覆纂，以歸畫一。國史館纂修臣工列傳陸續進呈，御覽發下後，仍暫存國史館。因纂輯非出一人之手，體例參差。又因每傳各爲一冊，未分卷帙，必須覆加檢輯，斟酌畫一，使體例一致。

國史館所辦滿漢文武大臣畫一列傳，包括正編一九二卷，次編一一四卷，續編一六○卷，後編一五八卷。國立故宮博物院典藏史館檔含有《欽定國史滿漢文武大臣畫一列傳》目錄，嘉業堂鈔本《清國史·國史滿漢文武大臣畫一列傳》各編目錄大致相合㊸。滿漢文武大臣畫一列傳，係以類相從，歸類分卷。文職係以品學政績相類者爲卷帙次第。譬如理學係以魏象樞、湯斌、陸隴其等人同入大臣畫一傳正編卷五十八。魏象樞（1617～1687），山西蔚州人，明崇禎舉人。清世祖順治三年（1646），進士，選庶吉士，官至刑部尚書，著有《寒松堂集》。湯斌（1627～1687），河南睢州人。順治九年（1652），進士，由庶吉士授國史院檢討。康熙十七年（1678），詔舉博學鴻儒，魏象樞薦湯斌學有淵源，躬行實踐。副都御史金鋐薦湯斌文詞淹雅，品行端醇，召試一等，授翰林院侍講，同編修彭孫遹等纂修《明史》。康熙二十三年（1684）二月，擢內閣學士。著有《洛學編》、《睢州補志》、《潛菴遺稿》等書。陸隴其（1630～1693），浙江平湖人。康熙九年（1670），進士。康熙十七年（1678），工部主事吳源起薦陸隴其理學純深，文行無愧。著有《問學編》、《三魚堂文集》、《舊本四書大全》、《四書講義》、《困勉

錄》、《戰國策去毒》、《讀禮志疑》、《讀書隨筆》、《松陽
講義》等書。

　　大臣畫一傳文學亦以類相從，譬如徐乾學、高士奇、王鴻緒
等人同入正編卷七十二。徐乾學（1631～1694），江南崑山人，
康熙九年（1670），一甲三名進士，授編修。二十二年
（1683），充《明史》總裁官，尋直南書房，擢內閣學士，遷刑
部尚書。著有《憺園集》、《讀禮通考》等書。高士奇
（1645～1703），浙江錢塘人。由監生充書寫序班，供奉內廷。
康熙十九年（1680），清聖祖以高士奇學文淹通，居職勤慎，供
職有年，特授額外翰林院侍講。二十二年（1683），補侍讀，充
日講起居注官。二十三年（1694），命大學士於翰林院官員內奏
舉長於文章學問超卓者。大學士王熙、張玉書等薦徐乾學、王鴻
緒及高士奇，奉召入京，直南書房。高士奇累官至禮部侍郎。著
有《經進文稿》、《天祿識餘》、《讀書筆記》、《扈從日
錄》、《隨輦集》、《城北集》、《苑西集》、《清吟堂集》、
《春秋人地名考》、《左傳國語輯注》等書。王鴻緒
（1645～1723），江南婁縣人。康熙十二年（1673），一甲二名
進士，授編修。十六年（1677），充日講起居注官。十八年
（1679），遷翰林院侍講。二十二年（1683），擢戶部侍郎。二
十六年（1687），擢左都御史。三十八年（1699），授工部尚
書。四十二年（1703），充經筵講官。四十七年（1708），調戶
部尚書。徐乾學、王鴻緒、高士奇三人，皆以文章學問超卓而同
列一卷，亦即以類相從。

　　已刊《清史稿》將魏象樞與趙申喬等同入列傳五十，傳末論
贊稱魏象樞廉直謇謇，趙申喬清介絕流輩。湯斌、陸隴其與張伯
行（1652～1725）同為五十二卷，傳末論曰：

清世以名臣從祀孔子廟，斌、隴其、伯行三人而已，皆以
外吏起家，蒙聖祖恩遇。隴其官止御史，而廉能清正，民
愛之如父母，與斌、伯行如一，其不爲時所容，而爲聖祖
所愛護也亦如一。君明而臣良，漢、唐以後，蓋亦罕矣。
斌不薄王守仁，隴其篤守程、朱，斥守仁甚峻，而伯行繼
之。要其躬行實踐，施於政事，皆能無負其所學，雖趨嚮
稍有廣隘，亦無所軒輊焉㊹。

湯斌、陸隴其、張伯行三人，都是從祀孔子廟名臣，同是理
學家，躬行實踐，施於政事，無負所學，以類相從，名副其實。
已刊《清史稿》將徐乾學、王鴻緒、高士奇三人同入列傳五十
八，也是以類相從。傳末論曰：

儒臣直內廷，謂之書房，存未入關前舊名也。上書房授諸
皇子讀，尊爲師傅；南書房以詩文書畫供卿，地分清切，
參與密切。乾學、士奇先後入直，鴻緒亦以文學進。乃憑
藉權勢，互結黨援，納賄營私，致屢遭彈劾，聖祖曲予保
全。乾學、鴻緒猶得以書局自隨，竟編纂之業，士奇亦以
恩禮終，不其幸歟㊹。

徐乾學、高士奇、王鴻緒三人，無戰陣之功，而聖祖待之甚
厚，以其裨益聖祖學問甚大之故。清史館從國史館舊例，將三人
同列一卷，即以三人文學優長，同蒙聖祖曲予保全，以類相從，
符合體例。

大臣畫一傳武職人員是以同征伐一處者分卷。譬如蔡毓榮與
鄂善等人同入大臣畫一傳正編卷四十六。蔡毓榮（1633～
1699），漢軍正白旗人。康熙九年（1670），授四川湖廣總督，
駐荆州。康熙十二年（1673）十二月，吳三桂叛。十三年
（1674），分設四川總督，蔡毓榮專督湖廣，統領綠旗步兵進剿

吳三桂。鄂善，滿洲鑲黃旗人。康熙九年（1670），補授陝西巡撫。十一年（1672），擢陝西總督。十二年（1673）九月，增設雲南總督，調鄂善任之。十二月，鄂善抵湖廣，值吳三桂叛，陷雲貴，詔鄂善暫留湖廣，與湖廣總督蔡毓榮共籌剿禦。已刊《清史稿》將蔡毓榮、鄂善等人同入列傳四十三，即從國史館舊例，以類相從。

大臣傳與忠義傳兩處互見者，即將二品以上者，歸大臣傳，三品以下者，則歸忠義傳。其人官階雖在二品以上而無別樣事蹟不能成專傳者，仍歸忠義傳。滿漢大臣子孫附傳中，其事蹟多者，各為立傳，於其祖父傳末書明「子某、孫某別有傳」等字樣。其事蹟少者，乃附敘傳末。乾隆三十年（1765），清高宗雖命國史館重輯國史列傳，但各冊並未分別次序釐定卷數，而且列傳的編纂，非出一手，體例參差。大臣畫一傳既分別次序，釐定卷數，同時也整齊了體例。

七、分門別類——纂輯彙傳以類相從

《金史》彙傳，含《循吏列傳》一卷。《明史》列傳，亦各從其類，義例允當，其諸臣列傳，首列《循吏列傳》一卷。纂修列傳，門類必須詳備。循吏一門，雖為史冊所必載，但乾隆三十年（1765）續開國史館時，並未議及循吏一門。嘉慶十二年（1807）七月十三日，湖廣道監察御史徐國楠奏請敕交國史館纂辦《循吏列傳》。原奏指出嘉慶年間編纂列傳，較開館之初，尤易於稽覈，分門別類，皆當以實錄為據，而參之《欽定四庫全書》、《大清一統志》、各直省通志，並內閣存貯紅本及一切記載，足資採擇者，核實兼收。自藩臬以下，守令以上，不在大臣傳之列者，採其政績卓著，增纂《循吏列傳》，裒輯成編。國立

故宮博物院現存《循吏列傳》包括《國史循吏傳》稿本，共十六冊。《國史循吏傳》朱絲欄寫原纂進呈本二卷，《循吏傳》朱絲欄寫本四卷，《國史循吏傳》朱絲欄寫本四卷。《國史循吏傳》朱絲欄寫原纂進呈本劉煦傳記載，劉煦是山西趙城人，由拔貢生，於道光十七年（1837）朝考引見，以知縣分發省分試用，籤掣直隸。二十一年（1841），署鹽山縣知縣。咸豐七年（1857），劉煦辦團出力，經總督桂良保奏，得旨以知府升用。同治元年（1862）十月，劉煦以積勞病卒。二年（1863），大學士祁寯藻以劉煦歷任直隸守令，樸誠廉敏，有守有為，民情愛戴，請旨飭查該故員生前政績，宣付史館，編入《循吏列傳》。詔如所請行。又如劉大紳傳記載，劉大紳是雲南寧州人，乾隆三十七年（1772），舉進士。四十八年（1783），選授山東新城縣知縣。道光八年（1828）卒。同治二年（1863），大學士祁寯藻採訪循吏，以劉大紳聞。奉上諭曰：「原任同知劉大紳，於乾隆年間歷任山東新城等縣，捕蝗辦賑，深得民心，教士以朱子撫學為本，成就甚多，著國史館咨行山東巡撫詳摭該故員生前政績，編入《循吏列傳》，以資觀感。」國史館朱絲欄寫本李仁元傳記載，李仁元是河南濟源人，道光二十七年（1847），進士，以內閣中書用，呈請改歸知縣。咸豐元年（1851），選授江西樂平縣。居官勤職，以廉能稱。三年（1853），暫攝鄱陽縣知縣，太平軍犯縣城，城陷，李仁元之父等不屈死，李仁元贈知府銜。光緒三年（1877），江西巡撫劉秉璋具奏，「仁元治行稱最，遺愛在民，請將歷官政績，宣付史館，列入循吏傳。」奉旨允准。守令上，藩臬以下，不在大臣傳之列，而政績卓著者，由督撫或大學士奏准宣付史館後，國史館即遵旨纂輯《循吏列傳》。李仁元傳中因有「光緒三年」等字樣，故可推知朱絲欄寫四卷本纂修

時間當在晚清光宣年間。嘉業堂鈔本《清國史・循吏傳》，共十一卷，朱絲欄寫本《國史循吏循》卷一黃輔辰，卷二李朝儀，卷三雲茂琦、沈衍慶、李仁元，卷四桂超萬、徐台英等傳，俱見於《清國史・循吏傳》卷八。朱絲欄寫本卷一鐘謙鈞，卷二林達泉等傳，俱見於《清國史・循吏傳》卷九。朱絲欄寫本卷一毛隆輔傳，見於《清國史・循吏傳》卷十。兩書各傳內容，頗有出入。例如《清國史・循吏傳》卷八《李仁元傳》所載內容如下：

> 李仁元，河南濟源人。道光二十七年，進士，以內閣中書用。呈改知縣。咸豐元年，選授江西樂平縣。樂平民俗剽悍，以禮讓化之，民多感悟。有素習械鬥者，仁元曰：民不畏死，然後可以致死。今天下多事，正此輩效順之時也。募驍健得六百人，日加訓練，土匪皆畏之。三年，髮逆圍南昌，鄱陽縣知縣沈衍慶奉檄助剿，仁元移攝鄱陽。初，衍慶宰鄱陽，治行爲江西最，及仁元攝縣事，政聲與之埒，時人以漢召信臣杜詩方之。未幾，賊東竄，衍慶馳歸，仁元以瓜代請。衍慶曰：鄱陽之在君，猶在我也。既因仁元父母妻子皆在樂平，亟從索印，趣仁元回。仁元曰：賊旦夕且至，臨敵易令，是謂我不成丈夫也。印不可得。衍慶爭之力，靳不予，議併力戰守，乃予之。饒州府城被水衝坍，無險可據，於是審度地勢，衍慶軍南門，仁元守北門，爲犄角勢。經營一晝夜，而賊帆大至。官軍然巨礮，碎賊艦，斃賊數十。賊繞而東，登岸入城，衍慶迎擊之，賊稍卻，又繞而北。仁元率樂平勇巷戰，頗有斬獲，辛以眾寡不敵，爲賊所困。仁元猶張空弮奮擊，髮指眥裂，勇氣百倍。適一賊橫衝而過，矛刺其背，刃出於胸，遂踣地，群賊臠割之。樂平勇猶與賊戰，踰時死者過

半,卒得仁元屍以出。初樂平土匪度仁元去必復來,伏不
敢發。及聞殉難,賊又將至,乃倡議迎賊。仁元母顧謂其
婦女曰:禍將及矣,曷早自計,皆死之。城陷,仁元父及
弟並遇賊不屈死。事聞,得旨,加贈知府銜,賜卹如例,
賞雲騎尉世職,襲次完時,以恩騎尉世襲罔替,並准於樂
平縣建立專祠,仁元父予墀,母陳氏、妻金氏、弟誠元、
妹三人,妾楊氏及使女僕婦等均得旨,准其附祀㊻。

李仁元在樂平、鄱陽知縣任內頗有政聲,但記載簡略,爲便
於比較,可將朱絲欄寫本《國史循吏傳・李仁元傳》內容照錄如
下:

李仁元,河南濟源人。道光二十七年,進士,以內閣中書
用,呈請改歸知縣。咸豐元年,選授江西樂平縣,居官勤
職,以廉能稱。樂平民俗剽悍,以禮讓化之,隨在耳提面
命,勸導諄誠,民多感悟。有素習械鬥者,仁元曰:民不
畏死,然後可以致死,今天下多事,正此輩效順之時也。
募驍健得六百人,日加訓練,用以剿捕,土匪皆避之。三
年,賊圍南昌,鄱陽縣知縣沈衍慶,奉檄助剿,以仁元暫
攝縣事。初,衍慶宰鄱陽,政治爲通省冠,及仁元抵署
任,政聲與衍慶後先媲美,時人方之漢召信臣杜詩。未
幾,賊東竄,衍慶馳歸,仁元乃請交代期。衍慶曰:鄱陽
之在君,猶在我也。既而因仁元親皆在樂平,亟從索印,
趣仁元回本任。仁元曰:賊旦夕且至,臨敵易令,是謂我
不成丈夫也,避難苟免,君子恥之。印不可得,衍慶爭之
力,仍靳不予,定議並力戰守,乃予之。饒州府城被水衝
坍,無險可據,乃審度地勢,衍慶軍南門,仁元守北門,
爲犄角勢,經營一晝夜,而賊帆大至。官軍然巨礮碎賊

艦，斃賊數十。賊繞而東，登岸入城，衍慶迎擊之，賊稍
卻，又繞而北，仁元率樂平勇巷戰，頗有斬獲，卒以眾寡
不敵，為賊所困。仁元猶強張空拳奮擊，髮指眥裂，勇氣
百倍。適遇一賊橫衝而過，矛刺其背，刀出於胸，遂踣
地，群賊臠割之，體無完膚。樂平勇猶與賊戰踰時，死者
過半，卒得仁元屍以出。初樂平土匪度仁元去必復來，伏
不敢發。比聞已殉難，賊又將至，乃倡議迎賊。仁元母顧
謂其婦及其女曰：禍將及矣，曷早自計，皆死之。城陷，
仁元父及弟並遇賊不屈死。事聞，得旨加贈知府銜，下部
從優議卹。尋賜卹如例，賞雲騎尉世職，襲次完時，以恩
騎尉世襲罔替，並准於樂平縣建立專祠，仁元父李予墀，
母陳氏、妻金氏、弟誠元、妹三人，妾楊氏，及使女僕婦
等，均得附祀。光緒三年，江西巡撫劉秉璋奏言仁元治行
稱最，遺愛在民，請將歷官政績，宣付史館，列入循吏
傳。從之㊼。

　　對照朱絲欄寫本後，可知《清國史‧循吏傳》卷八李仁元傳
所載內容較簡略，並非定本，「居官勤職，以廉能稱」，「隨在
耳提面命」，「避難苟免，君子恥之」，「光緒三年，江西巡撫
劉秉璋奏言仁元治行稱最，遺愛在民，請將歷官政績，宣付史
館，列入循吏傳。從之」等句，俱不見於嘉業堂鈔本《清國史‧
李仁元傳》。現藏清國史館纂輯藍格本李仁元傳，包括纂修官駱
成驤覆輯本；總纂官陳秉和纂輯、纂修官潘衍桐覆輯本；協修官
秦綬章校輯本三種，朱絲欄寫本係據秦綬章校輯本繕寫正本進呈
御覽，傳末記載劉秉璋奏准「列入循吏傳」字樣，嘉業堂《清國
史》則據駱成驤覆輯本鈔錄，傳末未載「列入循吏傳」字樣。已
刊《清史稿》則將李仁元列入忠義傳。

　　《宋史‧道學列傳》四卷，凡二十四人。《儒林列傳》八
卷，凡七十一人。《宋史》為表彰道學，特創《道學列傳》，並
仿《史記‧仲尼弟子列傳》，以程、朱上接仲尼，又分別程、朱
二氏門人，以別於《儒林列傳》。〈宋史述要〉一文已指出，
《道學列傳》的義例，為前史所無，其意以洛、閩諸大儒，講明
性道，自謂直接孔孟之傳，是以凡言性理者，別立《道學列
傳》，談經術者，入之於《儒林列傳》。又以同乎洛、閩者進之
於《道學列傳》，異者入之於《儒林列傳》，彷彿經術為粗，性
理為密；程、朱為正學，楊、陸為異端，隱寓軒輊進退之意。後
之論者，皆認為《儒林列傳》可以統《道學列傳》，而《道學列
傳》不足以概《儒林列傳》⑱。誠然，周、程、張、朱五子可以
合為一卷，入之於《儒林列傳》，不必別立《道學列傳》。阮元
撰〈擬國史儒林傳序〉有一段評論云：

　　　宋史以道學、儒林分為二傳，不知此即周禮師儒之異，後
　　人創分而闇合周道也。元明之間，守先啟後，在於金華，
　　泊乎河東姚江，門戶分歧，遞興遞滅，然終不出朱、陸而
　　已。終明之世，學案百出，而經訓家法，寂然無聞，揆之
　　周禮，有師無儒，空疏甚矣。然其間臺閣風厲，持正扶
　　危，學士名流，知能激發，雖多私議，或傷國體，然其正
　　道，實拯世心，是故兩漢名教，得儒經之功。宋明講學，
　　得師道之益，皆於周孔之道，得其分合，未可偏譏而互誚
　　也⑲。

　　師以德行教民，儒以六藝教民，分合同異，周初已然。孔子
以王法作述，道與藝合，兼備師儒。阮元纂修《國史儒林傳》，
並不主張區分門迳。〈擬國史儒林傳序〉的敘述，有助於了解
《國史儒林傳》的纂修義例。〈擬國史儒林傳序〉又云：

我朝列聖道德純備，包涵前古，崇宋學之性道，而以漢儒
經義實之。聖學所指，海內嚮風，御纂諸經，兼收歷代之
說。四庫館開，四氣益精博矣。國初講學，如孫奇逢、李
容等，沿前明王薛之派；陸隴其、王懋竑等，始專守朱
子，辨偽得真；高愈、應撝謙等，堅若自持，不愧實踐；
閻若璩、胡渭等，卓然不惑，求是辨誣；惠棟、戴震等，
精發古義，詁釋聖言。近時孔廣森之於公羊春秋，張惠言
之於孟虞易說，亦專家孤學也。且我朝諸儒好古敏求，各
造其域，不立門戶，不相黨伐，束身踐行，闇然自脩，鳴
呼周魯師儒之道，我皇上繼列聖而昌明之，可謂兼古昔所
不能兼者矣。綜而論之，聖人之道譬若宮牆，文字訓詁，
其門逕也，門逕苟誤，跬步皆岐，安能升堂入室乎？學人
求道太高，卑視章句，譬猶天際之翔，出於豐屋之上，高
則高矣，戶奧之間，未實窺也。或者但求名物，不論聖
道，又若終年寢饋於門廡之間，無復知有堂室矣！是故正
衣尊視，惡難從易，但立宗旨，即居大名，此一蔽也；精
校博考，經義確然，雖不踰閑，德便出入，此又一蔽也。
臣等備員史職，綜輯儒傳，未敢區分門逕，惟期記述學
行，自順治至嘉慶之初，得百數十人，仿明史載孔氏於儒
林之例，別為孔氏傳，以存史記孔子世家之意。至若陸隴
其等，國史已入大臣傳，並不載焉⑩。

阮元纂修《國史儒林傳》，惟期記述諸儒學行，並未區分門
逕，師儒並列，擺脫了漢宋之分的爭議。《宋史》纂修諸臣以
「道學」為宋代儒學之主流，《明史》纂修諸臣則確立「儒
林」，為明代儒學之主流，是故只立《儒林傳》。從現藏國史館
所纂修的《儒林傳》稿本義例，可以窺見纂修諸臣調和漢宋的努

力。其中《清史儒林傳》藍格寫本，包括目錄一卷，上卷凡三十二卷，下卷凡四十一卷，共計七十四冊。嘉業堂鈔本《清國史‧儒林傳》上、下卷，即據國史館《儒林傳》藍格寫本鈔繕成編⑤。藍格寫本《清史儒林傳》由總纂官陳伯陶輯，提調官惲毓嘉校輯，提調官余堃覆校輯。上卷以理學諸儒為主，正傳七十八人，附傳一五二人，共二三九人；下卷以漢學諸儒為主，正傳一一九人，附傳一六五人，共二八四人，上、下卷合計五二三人。其中孫奇逢（1585～1675）、刁包（1603～1669）、沈國模（1575～1656）等人同列上卷之卷一。顧炎武（1613～1682）、黃宗羲（1610～1695）、錢澄之等人同列下卷之卷一。清代理學以孫奇逢等人為開端，清代漢學則以顧炎武等人為開端，分別於上、下卷各列首卷，即卷一。

　　清國史館纂修《儒林傳》，除藍格寫本外，還有朱絲欄寫本八卷，將顧炎武、黃宗羲、孫奇逢、李容等人同列卷一，將清代漢學與理學的開端諸儒，俱同列首卷，頗有調和漢宋的意味。至於陸隴其等人因已入《國史滿漢文武大臣畫一傳》，所以《清史儒林傳》不再重複記載。已刊《清史稿‧儒林傳》，凡四卷，《儒林一》小序係本阮元〈擬國史儒林傳序〉稍作刪改而成。孫奇逢、黃宗羲等人同列《儒林一》，顧炎武、胡渭、閻若璩等人同列《儒林二》，足以反映《清國史‧儒林傳》漢宋並列的立傳義例。

　　正史中所立文苑傳，係取文人薈萃之義，以類相從，並記博學能文之士。《後漢書》列傳八十，內含彙傳凡十一，沿襲前史者有循吏、酷吏、儒林三傳，獨創者有黨錮、宦者、文苑、獨行、方術、逸民、列女七傳。此外，有四夷傳。東漢文風極盛，詞采壯麗，特創文苑傳，其後諸史多因之。《南齊書》、《梁

書》、《陳書》、《隋書》、《南史》改文苑為文學,《金史》
改作文藝。已刊《清史稿‧文苑一》小序云:

> 清代學術,超漢越宋。論者至欲特立「清學」之名,而文
> 學並重,亦足於漢、唐、宋、明以外別樹一宗,嗚呼盛
> 已!明末文衰甚矣!清運既興,文氣亦隨之而一振。謙益
> 歸命,以詩文雄於時,足負起衰之責;而魏、侯、申、
> 吳,山林遺逸,隱與推移,亦開風氣之先。康、乾盛治,
> 文教大昌。聖主賢臣,莫不以提倡文化為己任。師儒崛
> 起,尤盛一時,自王、朱以及方、惲,各擅其勝。文運盛
> 衰,實通世運。此當舉其全體,若必執一人一地言之,轉
> 失之隘,豈定論哉?道、咸多故,文體日變。龔、魏之
> 徒,乘時立說。同治中興,文風又起。曾國藩立言有體,
> 濟以德功,實集其大成。光、宣以後,支離龐雜,不足言
> 文久矣。茲為文苑傳,但取詩文有名能自成家者,彙為一
> 編,以著有清一代文學之盛。派別異同,皆置勿論。其已
> 見大臣及儒林各傳者,則不復著焉[52]。

　　清史文苑傳的纂輯,主要在反映有清一代文學之盛。《清史
稿‧文苑傳》的纂輯,也是屬於彙傳的一種體例,將詩文著名能
自成一家的文人彙為一編,以類相從,而不論其派別的異同。至
於已見大臣及儒林等傳者,則不重複列入文苑傳。清國史館纂輯
《清史文苑傳》不分卷,計八冊,係朱絲欄進呈本。嘉業堂鈔本
《清國史‧文苑傳》,計七十四卷,係據清國史館提調官惲毓嘉
校輯、提調官余堃覆校藍格本鈔錄而成。清史館纂輯文苑傳三
卷,見已刊《清史稿》列傳二七一至二七三。為了便於說明,可
將朱絲欄寫本《清史文苑傳》、《清國史‧文苑傳》、已刊《清
史稿‧文苑傳》目錄列出簡表如下:

清史文苑傳對照表

朱絲欄寫本文苑傳		清國史	清史稿
第一冊	谷應泰傳	卷七	
	宋琬傳	卷七	列傳二七一
	施閏章傳	卷八	列傳二七一
	（高詠附）	卷八	列傳二七一
	李來泰傳	卷九	列傳二七一
	王士祿傳	卷一〇	列傳二七一
	（王士祐附）	卷一〇	列傳二七一
	（徐夜附）	卷一〇	列傳二七一
	秦松齡傳	卷一〇	列傳二七一
	（倪燦附）	卷一〇	列傳二七一
	（嚴繩孫附）	卷一〇	列傳二七一
第二冊	汪琬傳	卷一一	列傳二七一
	梅清傳	卷一二	列傳二七一
	（梅庚附）	卷一二	列傳二七一
	計東傳	卷一三	列傳二七一
	申涵光傳	卷七	列傳二七一
	柴紹炳傳	卷三	列傳二七一
	陸葇傳	卷一六	列傳二七一
	（從子奎勳附）		列傳二七一
第三冊	喬萊傳	卷一七	列傳二七一
	葉燮傳	卷一一	列傳二七一
	趙執信傳	卷二二	列傳二七一
	（馮廷櫆附）	卷二二	列傳二七一
	陳維崧傳	卷一九	列傳二七一
	（吳綺附）	卷一九	列傳二七一
	汪楫傳	卷二〇	列傳二七一
	（汪懋麟附）	卷二〇	列傳二七一
第四冊	毛奇齡傳	（儒林傳下卷）	（儒林傳二）
	朱彝尊傳	卷一九	列傳二七一
	（譚吉璁附）	卷一九	列傳二七一
	潘耒傳	卷二一	列傳二七一
	（徐釚附）	卷一〇	列傳二七一
	尤侗傳	卷二〇	列傳二七一

第五冊	龐塏傳	卷一八	列傳二七一
	（邊連寶附）	卷一八	列傳二七一
	孫枝蔚傳	卷二一	列傳二七一
	（李念慈附）	卷二一	列傳二七一
	吳雯傳	卷二一	列傳二七一
	（傅山附）	卷二一	（遺逸二）
	顧景星傳	卷一五	
	（葉封附）	卷一四	
	黃虞稷傳	卷二一	列傳二七一
	馮景傳		列傳二七一
	邵長蘅傳	卷二二	列傳二七一
第六冊	吳嘉紀傳	卷二二	列傳二七一
	（陶季附）	卷二二	列傳二七一
	史申義傳	卷二三	列傳二七一
	（周起渭附）	卷二三	列傳二七一
	姜宸英傳	卷二四	列傳二七一
	嚴漢惇附	卷二四	列傳二七一
	查慎行傳	卷二五	列傳二七一
	（弟嗣瑮附）	卷二五	列傳二七一
	（族子查昇附）	卷二五	列傳二七一
	陳儀傳	卷二八	
第七冊	陳之遴傳		
	（胡天游附）		列傳二七二
	張鵬翀傳	卷三〇	（藝術三）
	（孫致彌附）	卷三〇	
	陳兆崙傳		（列傳九二）
	趙青藜傳	卷三八	列傳二七二
	（汪越附）	卷三八	列傳二七二
	沈廷芳傳		列傳二七二
	劉大櫆傳	卷三三	列傳二七二
	（吳定附）	卷三三	列傳二七二

第八冊	厲鶚傳	卷二九	列傳二七二
	（商盤附）	卷三一	
	李鍇傳	卷三六	列傳二七二
	朱仕琇傳	卷四〇	列傳二七二
	（魯九皋附）	卷四〇	列傳二七二
	蔣士銓傳	卷四二	列傳二七二
	姚鼐傳	卷四五	列傳二七二
	（姚範附）	卷四五	

資料來源：國史館朱絲欄寫本《清史文苑傳》；嘉業堂鈔本《清國史‧文苑傳》；
《清史稿校註‧文苑傳》。

　　由前列簡表可知國史館朱絲欄寫原纂進呈本《清史文苑傳》
不分卷，第一冊包括谷應泰等十一人；第二冊包括汪琬等八人；
第三冊包括喬萊等八人；第四冊包括毛奇齡等六人；第五冊包括
龐塏等十一人；第六冊包括吳嘉紀等十人；第七冊包括黃之雋等
十人；第八冊包括厲鶚等八人，合計七十二人，分別散見於嘉業
堂鈔本《清國史‧文苑傳》卷七至卷四十五之中，已刊《清史
稿》則集中於列傳二百七十一至二百七十二之中。錢謙益，博學
工詞章，龔鼎孳，有文藻，千言立就。吳偉業，學問博贍，詩文
工麗。清國史館遵旨將錢謙益入貳臣傳乙編中，龔鼎孳入貳臣傳
乙編下，吳偉業入貳臣傳乙編上，因已見貳臣傳，故不復著文苑
傳。已刊《清史稿》因不立貳臣傳，故將錢謙益、龔鼎孳、吳偉
業等人編入文苑傳。朱絲欄寫本第七冊陳兆崙，浙江錢塘人，雍
正八年（1730），進士，累官至太僕寺卿。陳兆崙精六書之學，
為詩文澹泊精遠。已刊《清史稿》已見大臣傳，文苑傳不復著。
朱絲欄寫本第四冊毛奇齡，蕭山人，康熙十八年（1679），薦舉
博學鴻儒科，試列二等，授翰林院檢討，充明史纂修官。毛奇齡
淹貫群書，以經學自負。嘉業堂鈔本《清國史》入儒林傳下卷之

四，已刊《清史稿》入儒林二，因已見儒林傳，故文苑傳不復著。朱絲欄寫本第七冊張鵬翀，江蘇嘉定人，雍正五年（1727）進士，入翰林，官至詹事府詹事。張鵬翀詩畫援筆立就，已刊《清史稿》入藝術傳，文苑傳不復著。

　　文苑傳是正史彙傳的一種體裁，清國史館取詩文有名自成一家的學者，彙編文苑列傳，以反映清代文學的盛況。宋琬，萊陽人，順治四年（1647）進士，累遷吏部郎中，擢按察使。宋琬少即能詩，其詩格合聲諧，明靚溫潤。施閏章，宣城人，順治六人（1649）進士。康熙十八年（1679），召試鴻博，授翰林院侍講，纂修明史。施閏章善詩古文辭，與同邑高詠友善，皆工詩，時號「宣城體」。施閏章為文意樸而氣靜，其詩與宋琬齊名。王士禎愛其五言詩，嘗以施閏章與宋琬相況，目為「南施北宋」。李來泰，臨川人，順治九年（1652）進士。試詞科，授侍講。古文博奧，詩以和雅稱。王士祿，濟南新城人，順治九年（1652）進士。少工文章，詩尤閎滄幽肆。其弟王士祜、王士禎從之學詩，王士禎遂為詩家大宗。當時山左詩人除王氏兄弟外，尚有徐夜等人，皆知名。秦松齡，無錫人，順治十二年（1655）進士，官檢討。專治毛詩，著《毛詩日箋》六卷。倪燦，上元人，書法詩格秀出一時，撰〈藝文志序〉，與姜宸英〈刑法志序〉並推傑搆。嚴繩孫，無錫人，善畫工詩，授檢討，撰《明史‧隱逸傳》。文苑傳，按時代先後，以類相從，彙為一編，濟濟多士，文運成衰，實通世運，文苑傳的纂緝，頗具時代意義。

　　古代「方技」，泛指醫、卜、星、相之術。新、舊《唐書》都有方技傳。《晉書》彙傳，改方技傳為藝術傳。「藝術」一詞，也是泛指各種技術、技能。射、御、書、數，都是屬於「藝」的範疇；醫、方、卜、筮，則是屬於「術」的範疇。《晉

書‧藝術傳》小序云：

> 藝術之興，由來尚矣。先王以是決猶豫，定吉凶，審存
> 亡，省禍福。曰神與智，藏往知來，幽贊冥符，弼成人
> 事；既興利而除害，亦威眾以立權，所謂神道設教，率由
> 於此。然而詭託近於妖妄，迂誕難可根源，法術紛以多
> 端，變態諒非一緒，真雖存矣，偽亦憑焉。聖人不語怪力
> 亂神，良有以也。逮丘明首唱，敘妖夢以垂文，子長繼
> 作，援龜策以立傳，自茲厥後，史不絕書。漢武雅好神
> 仙，世祖尤耽讖術，遂使文成、五利逞詭詐而取寵榮，尹
> 敏、桓譚由忤時而嬰罪戾，斯固通人之所蔽，千慮之一失
> 者乎！詳觀眾術，抑惟小道，棄之如或可惜，存之又恐不
> 經。載籍既務在博聞，筆削則理宜詳備，晉謂之乘，義在
> 於斯。今錄其推步尤精、伎能可紀者，以爲藝術傳，式備
> 前史云㊾。

序文已指出，眾術雖屬小道，但載籍務在博聞，筆削理宜詳
備。推步，即推算天文曆法之學，伎能，同技能。《晉書》將精
於推步，擅長技能，足以紀載者，列入藝術傳。譬如歷陽人陳
訓，少好秘學，天文、算曆、陰陽、占候無不精通，尤善風角占
候，以知吉凶。《晉書》爲陳訓立傳，列入藝術傳。

推步之學，由疏漸密，明末清初，西學東漸。盛清時期，中
西薈萃，推步之法，日臻邃密。嘉慶初年，阮元集清代天文律算
諸家撰《疇人傳》。史家體例，特重列傳，其門類尤須詳備。乾
隆年間，雖然續開國史館，議及列女傳，但迄未纂辦，至於藝
術、疇人等傳，並未議及。民初清史館纂輯藝術、疇人、醫術等
傳，門類較詳備。已刊《清史稿‧藝術傳》小序云：

> 自司馬遷傳扁鵲、倉公及日者、龜策，史家因之，或曰方

技，或曰藝術。大抵所收多醫、卜、陰陽、術數之流，間及工巧。夫藝之所賅，博矣眾矣，古以禮、樂、射、御、書、數爲六藝，士所常肄，而百工所執，皆藝事也。近代方志，於書畫、技擊、工巧，並入此類，實有合於古義。聖祖天縱神明，多能藝事，貫通中、西歷算之學，一時鴻碩，蔚成專家，國史躋之儒林之列。測繪地圖，鑄造槍礮，始仰西法。凡有一技之能者，往往召直蒙養齋。其文學侍從之臣，每以書畫供奉內廷。又設如意館，制倣前代畫院，兼及百工之事。故其時供御器物，雕、組、陶埴，靡不精美，傳播寰瀛，稱爲極盛。沿及高宗之世，風不替焉。欽定醫宗金鑑，薈萃古今學說，宗旨純正。於陰陽、術數家言，亦有協紀辨方一書，頒行沿用，從俗從宜，隱示崇實黜虛之意，斯徵微尚矣。中葉後，海禁大開，泰西藝學諸書，灌輸中國，議者以工業爲強國根本，於是研格致，營製造者，乘時而起。或由舊學以擴新知，或抒心得以濟實用，世乃愈以藝事爲重。採其可傳者著於篇，各以類爲先後。卓然成家者，具述授受源流；兼有政績、文學列入他傳者，附存梗概；凡涉荒誕俳諧之說，屏勿載。後之覽者，庶爲論世之資云㉞。

由序文可知清國史館將貫通中西歷算之學的鴻碩專家，列入儒林傳。清史館沿襲舊例，將醫、卜、陰陽、術數、書畫、技擊、工巧、器物等藝事，各以類爲先後，別立藝術傳。

國立故宮博物院現藏清史館黃翼曾輯《醫術列傳》，計三冊。第一冊由馬駿良繕寫，列傳人物包括：張璐、張志聰、薛雪、陸以恬、陸懋修等人。第二冊由徐廷樑繕寫，列傳人物包括：喻昌、傅山、胥秉哲、李蒔、張序晟、章祖緒、柯琴、尤

怡、陳念祖、何世仁、郭宏翥、席上錦等十二人。第三册由毓良繕寫，列傳人物包括：葉桂、王士雄、章楠、吳瑭等四人。其中傅山等人見於已刊《清史稿・遺逸傳》，但詳略不同。張璐、張志聰、薛雪、陸懋修、喻昌、柯琴、尤怡、陳念祖、葉桂、王士雄、章楠、吳瑭等人見於已刊《清史稿・藝術傳》，內容頗有出入。已刊《清史稿・藝術傳》所載張璐傳內容如下：

> 張璐，字路玉，自號石頑老人，江南長洲人。少穎悟，博貫儒業，專心醫藥之書。自軒、岐迄近代方法，無不搜覽。遭明季之亂，隱於洞庭山中十餘年，著書自娛，至老不倦。倣明王肯堂證治準繩，彙集古人方論、近代名言，薈萃折衷之，每門附以治驗醫案，爲《醫歸》一書，後易名《醫通》。璐謂仲景書衍釋日多，仲景之意轉晦。後見尚論、條辨諸編，又廣搜祕本，反覆詳玩，始覺向之所謂多歧者，漸歸一貫，著《傷寒纘論緒論》。纘者，祖仲景之文；緒者，理緒家之紛紜而清出之，以翼仲景之法。其注本草，疏本經之大義，並系諸家治法，曰本經逢源；論脈法大義，曰診宗三昧，皆有心得。又謂唐孫思邈治病多有奇異，逐方研求藥性，詳爲疏證，曰千金方釋義，並行於世。璐著書主博通，持論平實，不立新異。其治病，則取法薛己、張介賓爲多。年八十餘卒。聖祖南巡，璐子以柔進呈遺書，溫旨留覽焉(55)。

張璐傳，已刊《清史稿》列入藝術傳，清史館未刊傳稿列入醫術傳，內容較詳。清聖祖多次南巡，張璐之子張以柔進呈遺書年分，已刊《清史稿》並未詳載。張璐診脈、治病的方法，已刊《清史稿》也是記載簡略。據黃翼曾輯《醫術列傳・張璐傳》記載，康熙四十四年（1705），歲次乙酉，清聖祖南巡，張璐之子

監生張以柔進呈遺書，包括：《醫通》十六卷，《本經逢源》四卷，《診宗三昧》一卷，《傷寒纘論緒論》四卷。現藏清史館未刊黃翼曾輯《醫術列傳·張璐傳》，主要是依據張以柔進呈《醫通》疏、朱彝尊撰《序古今醫案》等資料纂修成編。

　　現藏清史館藝術傳稿，共十六本，除《清史稿》刊印本外，還有未刊稿本，分別由夏孫桐、黃翼曾、史恩培、駱成昌等人纂輯，由陳金如、于吉誠、徐廷樑、魯謙光、隆鋆、胡蘭石等人繕寫。其中史恩培纂輯藝術列傳包括：程正揆、項聖謨、吳偉業、王鐸、張漣、黃甲雲、方式玉，及駱成昌纂輯藝術列傳包括：張辛、張際亮等列傳稿，並未刊印。譬如程正揆列傳稿內容如下：

> 程正揆，字瑞伯，號鞠陵，湖廣孝感人。崇禎辛未進士，名正葵，選翰林。甲申後卜居於江寧之青谿，自號青谿道人。仕清，改正揆，官至工部侍郎，敏而多能，善屬文，工書畫，意有所到，援筆立成，若風雨集而江河流也。時推董其昌，風雅師儒，正揆虛心請益，其昌雅重愛之，凡書訣畫理，傾心指授，若傳衣缽焉。書法李北海，而丰韻蕭然，不爲所縛。唐宋元明以來，士大夫詩畫兼者，代不數人。正揆晚出，兩俱擅長，詩與畫皆登逸品。順治丁酉，掛冠後，優遊於棲霞、牛首之間，時以詩畫自遣。嘗論畫云，北宋人千兵萬壑一筆不減；元人枯枝瘦石無一筆不繁，其論甚精㊏。

　　順治十二年（1655）十月初四日，程正揆補工部右侍郎。順治十三年（1656）七月十五日，程正揆免工部侍郎。程正揆善屬文，工書畫，詩畫兼擅，爲程正揆立傳，對研究清初藝術史可提供重要參考資料。程正揆對書畫的研究，多向董其昌虛心請益，舉凡書訣畫理，董其昌無不傾心指授，若傳衣缽，探討董其昌畫

派，不能忽略程正揆等人的藝術成就。項聖謨列傳也是由史恩培
纂輯。項聖謨，字孔彰，浙江秀水人。他的畫，初學文徵明，其
後擴於宋，而取韻於元，所繪花草松竹木石，尤爲精妙，董其昌
曾爲其畫册作跋，盛讚其畫册衆美畢臻，所畫山水，兼有元人氣
韻。吳偉業，字駿公，號梅村。他是江南太倉人，崇禎四年
（1631）進士，廷試一甲二名。清初，官至祭酒。據史因培纂輯
吳偉業列傳稱，吳偉業博學工詩，所畫山水得董黃法，清疏韶
秀。吳偉業與董其昌、王時敏諸人友善，曾作畫中九友歌。已刊
《清史稿》藝術列傳，人數有限，可以就清史館所修藝術列傳稿
本作補充。

　　江湖傳說江寧人甘鳳池號稱「江南第一俠」，《國朝耆獻類
徵初編》將甘鳳池列入方技傳，爲王友亮所撰，已刊《清史稿》
列入藝術傳。清史館所纂甘鳳池傳稿，即據王友亮所撰《甘鳳池
小傳》略加增刪而成編。已刊《清史稿・藝術傳》所載甘鳳池傳
內容，與清史館傳稿出入不大，僅將「某王邸」改爲「京師貴
邸」；「以帛約身則頓小」改爲「則頓小」等等。江湖傳說江南
大俠甘鳳池的拳法，兼內外兩家秘訣，彈指落梅，徒手搏牛，擅
用飛刀，能取人首級於百步之外。

　　臺北國立故宮博物典藏宮中檔雍正朝硃批奏摺，對甘鳳池被
捕經過奏報頗詳。雍正年間，江南閩浙地方有符咒惑衆案件，浙
江總督李衛遵旨密訪查拏要犯。雍正七年（1729）十一月間，李
衛訪知甘鳳池曾拜張雲如爲師，傳習符籙，收授門徒，有上元縣
監生于璉自首，並繳出符籙。據于璉供稱，「甘鳳池煉氣精勁，
武藝高強，各處聞名，聲氣頗廣，張雲如以相命坐功，文武筆
籙，邪術符法，收授門徒甚多。」⑤李衛以張雲如、甘鳳池二人
旣已煉成功夫，不畏刑法，未可輕舉妄動，於是一面訪尋甘鳳

池，託言李衛之子欲學弓力武藝，設法將甘鳳池父子羅致署中，一面分行飭拏各犯。其後，甘鳳池父子及張雲如等俱被設計拏獲。張雲如又名張雲谷，自稱能於坐功時為人觀相，傳說將軍伊立布之子易服往訪，為張雲如識出，從此聲名大噪。其後，杭州滿洲城內旗人，與張雲如往來日眾。張雲如門徒眾多，自稱俠士豪傑，平日精通拳棒，熬煉壯藥，聚徒行教，或以賣卦六壬為名，造作奇門符咒，以招引徒黨；並假稱貿易，借端出洋，交通聲氣，潛匿隱僻之所，陰謀不軌，各府俱有首要數人暗通線索，其行叵測，李衛遂決心剷除此腹心之患。李衛親自盤問甘鳳池，將其父子隔離，以好言安慰，套問其子甘述，使其高興誇耀。甘述不覺將其父平日實情說出。李衛將所得實情攙入別犯供詞內，給與甘鳳池觀看，甘鳳池見無法隱瞞，始吐實情。甘鳳池年少，曾因一念和尚案，遭牽連夾訊，兩次經人開脫。而甘鳳池的同門周崑來，原名璋，自稱明朝周王之後。另有張曉夫，原名天球，兩人原名皆寓有尋王、求王之意，同門眾多，約定數年後舉事。甘鳳池等人遂以謀逆重罪，俱遭誅戮。已刊《清史稿‧藝術傳》謂「世宗於此獄從寬，未盡駢誅。或云鳳池年八十餘，終於家。」⑤⑧甘鳳池傳記載，不足採信。已刊《清史稿‧藝術傳》記載的範圍，除書畫、器物外，還包括醫術、方技人物。清史館未刊傳稿，已另立醫術、方技等傳。已刊《清史稿》將醫術、書畫、方技、工巧並入藝術傳，雖合於古義，但清代精於書畫、器物卓然成家者，濟濟多士，改纂符合後世概念的藝術傳，是有意義的。

八、結　語

修史，應繼承傳統修史體例。我國歷史悠久，是因為我國有

體例完備的二十四史。二〇〇二年四月二十日,《文匯報》上刊載了〈「官修正史」可以休矣〉一文。同年八月十三日,《光明日報》刊載揚帆撰〈也談清史纂修——與「官修正史」可以休矣一文作者商榷〉一文提出質疑。其中關於二十四史的評價,〈「官修正史」可以休矣〉一文的作者認同「實在不覺得二十四史在林林總總的史籍中有什麼特別的不一樣。」揚帆指出,「這一斷語,未免過於輕率。眾所周知,中國是世界上歷史記載連續不斷的惟一國家,中華文明也是世界上從古至今傳承未絕的惟一文明。在這舉世公認的、無數炎黃子孫為之驕傲和自豪的兩個「惟一」中,二十四史無疑占有極為重要的地位。以魏晉南北朝歷史為例,正是因為有了《三國志》、《晉書》、《宋書》、《齊書》、《梁書》、《陳書》、《魏書》、《北齊書》、《周書》、《隋書》、以及《南史》、《北史》,我們才得以了解這一時期紛繁複雜的社會狀況以及政治、經濟、文化等各方面的情形。而這些史書,都是二十四史的組成部分。如果沒有二十四史,中國古代歷史的發展就會出現盲點,中華民族文明的傳承也會產生斷裂。就此而言,無論我們怎樣肯定二十四史的價值和地位都不過分。而無視中國歷史的發展和中華文明的傳承,輕率否定這筆珍貴的文化遺產,如果不是妄自菲薄,起碼也是極不負責任的。」㊾揚帆的評論是客觀的。清朝是我國歷代以來最後一個朝代,延續歷史正史紀傳體的修史傳統,纂修清史,纔是正確的途徑。

　　清朝初年,在纂修《明史》的基礎上開始纂修清朝國史,民國初年,清史館纂修「清史稿」,都是繼承了我國歷代纂修正史的傳統。清初諸帝重視修史體例,有傳承,也有創新。探討紀、志、表、傳的體例,有助於了解清朝國史館纂修清史的得失。清

朝國史館纂輯列傳，沿襲以類相從的體例，將歷史人物分類集中編排，一方面將大臣列傳按時代先後，以類相從立傳；一方面沿襲歷代正史彙傳體例，分門別類立傳。田漢雲撰〈關於新修清人物傳記編纂的建議〉一文指出，「人物傳記的編次，要有利於反映歷史的進程，有利於反映人物之間的相互關係，有利於反映人物的歷史地位，有利於讀者利用本書。所以，可以吸收傳統史傳編次的經驗，採取條塊結合、相對靈活的處理辦理。具體說來，基本的編排規則是以歷史人物的生活年代先後為序；對於同一時期的歷史人物傳記，可以按照其類型或相互關係，相對集中；至於某些特殊類型的人物，如經學家、史學家、文字學家、文學家、藝術家、科學家等，其傳記可能以集中編排為好。」⑥按照類型相對集中編次，就是以類相從，特殊類型就是正史彙傳的體例。

　　盛清諸帝重視開國元勳、開國功臣列傳的體例，就是以類相從，按照功臣事蹟先後，分別太祖、太宗、世祖等朝，以決定次第，並非以功績分次第。宗室王公表傳的纂修，受到清高宗的重視。清高宗主導著清朝國史的纂修，他指出，表傳並列者，可知其人的善惡瑕瑜；有表無傳者，乃因其人無足置議；有傳無表者，乃因其人有事蹟實可表彰者。其中宗室王公功績表傳是纂輯宗室有勳績的王公，即以軍功封爵者纂輯表傳，以恩封襲爵者，另作恩封宗室王公表，王公敘次，係以有襲次者為正表，無襲次者為附表。宗室中親封王公，雖忠孝夙稱，但因功非戰伐，故不纂入宗室王公功績表傳，以符合表傳體例。滿、蒙一家，蒙古王公抒誠效順，各有軍功事蹟者，指不勝屈，於是命國史館會同理藩院纂輯蒙古回部王公功績表傳，以一部落為一表傳。其有事蹟顯著王公，即於部落表傳後，每人各立一專傳，以示一體優恤之

意。歷代以來,未有以貳臣類傳者。明末諸臣降清後,雖有事蹟,但因其身事兩朝,大節有虧,清高宗乃命國史館另立貳臣傳一門,分爲甲乙二編。其中明臣投順清朝後遇難殉節者,列甲編之上;明臣投順清朝後顯有勳績者,列甲編之中;明臣投順清朝後略有勞效者,列甲編之下;明臣投順清朝後,無功績可紀者,列乙編之上;明臣投順清朝後,曾經獲罪者,列乙編之中;明臣曾經降李自成,後來投順清朝,以及初爲流賊,降明後又投順清者,列乙編之下。降清明臣,以類相從,特立貳臣表傳,使不少清朝開國功臣成了歷史舞臺上的反面人物。清史館淡化處理降臣,已刊《清史稿》將部分貳臣移置於大臣傳或文苑傳中,以類相從,不以修史體例褒貶人物,有其客觀性,符合傳統體例。

國史館舊纂臣工列傳,因纂輯非出一人之手,體例參差。又因每傳各爲一冊,未分卷帙。國史館纂輯不分卷的列傳,就是按人每傳各爲一冊的寫本。滿漢文武大臣畫一列傳則是經過檢輯畫一,以類相從,歸類分卷的寫本。文職是以品學政績相類者爲卷帙次第;武職人員則以同征伐一處者分卷,以類相從。大臣傳與忠義傳兩處互見者,即將二品以上者,歸大臣傳;三品以下者,則歸忠義傳。大臣畫一傳既分別次序,釐定卷數,遂整齊了體例。

正史彙傳,各從其類,義例允當。自藩臬以下,守令以上,不在忠義傳之列者,則採其政績卓著者,增纂循吏列傳。阮元纂修《國史儒林傳》,惟期記述諸儒學行,並未區分門逕,師儒並列,擺脫了漢宋之分的爭議。從現藏清朝國史館纂修的儒林傳稿義例,可以窺見纂修諸臣調和漢宋的努力。已刊《清史稿・儒林傳》,亦反映漢宋並列的立傳義例。文苑傳係取文人薈萃之義,以類相從,專記博學能文之士。清朝國史文苑傳的纂輯,主要在

反映有清一代文學之盛。《清史稿・文苑傳》的纂輯，係將詩文著名能自成一家的文人彙爲一編，而不論其派別的異同。

　　清初以來，國史館纂輯列傳，向有論贊。乾隆三十年（1765），清高宗諭國史館據事直書，瑕瑜並列，其人賢否自見。國史館遵旨辦理，不復更用論贊，惟將各臣工事實詳晰臚敘，則其人功罪自明。清朝國史館纂輯列傳，固然講求體例，尤重書法。清高宗諭國史館人臣立品無訾，有始有終者，身終後方得書「卒」。若初終易轍，言行不符，營私獲罪之人，傳末止當書「故」，義例綦嚴。已刊《清史稿》補撰論贊，言簡意賅。論贊是傳統體例，也是結論。清朝國史館纂輯列傳所定體例，有傳承，也有創新。創新，有得，也有失。

【註　釋】

① 　《清國史館奏稿》（北京，全國圖書館文獻縮微複製中心，2004年6月），第一冊，頁3。乾隆十二年八月二十八日，國史館總裁官訥親等奏。

② 　《清聖祖仁皇帝實錄》，卷二二五，頁16。康熙四十五年六月丁亥，諭旨。

③ 　《清國史館奏稿》，第一冊，頁4。

④ 　《清高宗純皇帝實錄》，卷一五，頁6。乾隆元年三月癸丑，據徐元夢奏。

⑤ 　《大清國史宗室列傳》（臺北，國立故宮博物院，國史館朱絲欄寫本），卷一，凡例。

⑥ 　《欽定國史大臣列傳》（臺北，國立故宮博物院，國史館朱絲欄寫本），卷一，乾隆三年九月十五日，諭旨。

⑦ 　《宗室王公功績表傳》（臺北，國立故宮博物院，國史館檔），第

指示誤為貳臣表〔貳臣傳六〕

甲編上　甲編中　甲編下　乙編上　乙編中　乙編下

明臣投誠　明臣投誠　明臣投誠　明臣投誠　明臣從賊後　明臣從賊後

本朝後遇難殉　本朝徵著有勳　本朝後暑有勞　本朝後無功績　本朝後曾經獲　投誠

節者　　續者　　効者　　可紀者　　罪者　　本朝及賊黨降

劉良臣　李永芳　祝世昌　孫得功　夏成德　梁清標

遼東人明遊　遼東人明遊　遼陽人明遊　遼東人明遊　廣寧人明副　直隸正定人

擊　　　擊　　　擊　　　擊　　　本朝者　　明庶吉士降

本朝天聰　本朝天命三年　本朝天命六年　本朝天命七年　明後投誠
五年本朝天　本朝天命　本朝天　本朝崇德七年
命　　　命　　　命

投誠隸漢軍　投誠累官總　投誠隸漢軍　投誠仍原官　投誠隸漢軍

欽定國史貳臣表傳　纂輯

《欽定國史貳臣表傳》，卷首（局部）
臺北，國立故宮博物院典藏

一冊，凡例。

⑧　《宗室王公功績表傳》，卷五，頁 12。

⑨　《宗室王公功績表傳》，卷五，頁 14。

⑩　《文淵閣四庫全書》，第 454 冊，頁 208。

⑪　《清太祖高皇帝實錄》，卷六，頁 24；《文淵閣四庫全書》，第
454 冊，頁 208。

⑫　《宗室王公功績表傳》，卷五，頁 15。

⑬　《文淵閣四庫全書》，第 454 冊，頁 208。

⑭　《清高宗純皇帝實錄》，卷九七二，頁 23。乾隆三十九年十二月
甲午，諭旨。

⑮　《國史館奏稿》（北京，全國圖書館文獻縮微複製中心，2004 年
6 月），第一冊，頁 443。

⑯　《清國史館奏稿》，第一冊，頁 445。

⑰　《欽定外藩蒙古回部王公表傳》，卷首，頁 1。見《欽定四庫全
書》，第四五四冊，頁 217。

⑱　《清國史館奏稿》（北京，全國圖書館文獻縮微複製中心，2004
年 6 月），第一冊，頁 470。乾隆四十五年十一月十四日，諭旨。

⑲　王成勉：〈清史中的洪承疇〉，《明清文化新論》（臺北，文津出
版社，2000 年 9 月），頁 492。

⑳　《清高宗純皇帝實錄》，卷 836，頁 5。乾降三十四年六月丙辰，
諭旨。

㉑　《清高宗純皇帝實錄》，卷 1022，頁 1。乾隆四十一年十二月戊
戌，諭旨。

㉒　《清高宗純皇帝實錄》，卷 1022，頁 3。乾隆四十一年十二月庚
子，諭旨。

㉓　《清高宗純皇帝實錄》，卷 1051，頁 24。乾隆四十三年二月乙

卯，諭旨。

㉔ 《欽定國史貳臣表傳》（臺北，國立故宮博物院，國史館），卷首。

㉕ 《乾隆朝上諭檔》（北京，檔案出版社，1991年6月），第十四冊，頁967。乾隆五十四年六月初六日，內閣奉上諭。

㉖ 《遼史》（臺北，鼎文書局，民國七十三年六月），第二冊，頁1497。

㉗ 《金史》（臺北，鼎文書局，民國七十四年六月），第四冊，頁1817。

㉘ 《乾隆朝上諭檔》，第十五冊，頁348。乾隆五十四年十二月初九日，內閣奉上諭。

㉙ 《乾隆朝上諭檔》，第十五冊，頁349。

㉚ 《清史稿校註》，第十冊（臺北，國史館，民國七十七年八月），頁8083。

㉛ 《清史稿校註》，第十冊，頁8100。

㉜ 《清史稿校註》，第十冊，頁8148。

㉝ 《清史稿校註》，第十冊，頁8211。

㉞ 《清史稿校註》，第十一冊，頁8554。

㉟ 《清史稿校註》，第十四，頁11133。

㊱ 《欽定國史大臣列傳》（臺北，國立故宮博物院，國史館朱絲欄寫本），乾隆三十六年六月二十三日，諭旨。

㊲ 《清國史館奏稿》，第一冊，頁82。乾隆三十年六月二十三日，上諭。

㊳ 《清國史館奏稿》，第一冊，頁91。乾隆三十年九月十五日，大學士傅恒等奏。

㊴ 《欽定國史大臣列傳》，乾隆三十年九月十五日，諭旨。

⑭　《清國史館奏稿》，第一冊，頁 102。乾隆三十一年七月初三日，傅恆等奏。

⑪　《清史列傳》（臺北，中華書局，民國五十八年八月），第十冊，卷七十八，頁 23。

⑫　《清國史館奏稿》，第一冊，頁 113。乾隆三十一年十一月十一日，傅恆等奏；《世祖章皇帝實錄》，卷三十四，頁 19。順治四年十月丙申，據胡全才奏。

⑬　《清國史》（北京，中華書局，1993 年 6 月），嘉業堂鈔本，第五冊，目錄。

⑭　《清史稿校註》，第十一冊（臺北，國史館，民國七十八年二月），頁 8572。

⑮　《清史稿校註》，第十一冊，頁 8631。

⑯　《清國史》，第十二冊，循吏傳，卷八，頁 170。

⑰　《國史循吏傳》（臺北，國立故宮博物院，國史館朱絲欄寫本），卷三，李仁元傳。

⑱　〈宋史述要〉，《宋史》（臺北，鼎文書局，民國七十二年十一月），第一冊，頁 11。

⑲　阮元著《揅經室一集》（臺北，臺灣商務印書館，四部叢刊初編集部），卷二，頁 21；《清史館檔》（臺北，國立故宮博物院），儒林傳序。

⑳　《揅經室一集》，卷二，頁 22。

㉑　《清國史》（北京，中華書局，1993 年 6 月），第十二冊，頁 423～734。

㉒　《清史稿校註》，第十四冊（臺北，國史館，民國七十九年二月），頁 11133。

㉓　《晉書》（臺北，鼎文書局，民國七十九年六月），列傳六十五，

藝術傳，頁 2467。

54 《清史稿校註》，第十五冊（臺北，國史館，民國七十九年五月），藝術一，頁 11529。

55 《清史稿校註》，第十五冊，藝術一，頁 11531。

56 《清史館檔》，史恩培輯，《藝術列傳》，魯謙光繕，8052 號，程正揆列傳。

57 《宮中檔雍正朝奏摺》，第十五輯（臺北，國立故宮博物院，民國六十八年一月），頁 161。雍正七月十二月初二日，浙江總督李衛奏摺。

58 《清史稿校註》，第十五冊，藝術四，頁 11569。

59 揚帆撰〈也談清史纂修——與《「官修正史」可以休矣》一文作者商榷，《清史編纂體裁體例討論集》（北京，中國人民大學出版社，2004 年 4 月），下冊，頁 1239。

60 田漢雲撰〈關於新修清史人物傳記編纂的建議，《清史編纂體裁體例討論集》，下冊，頁 773。

從故宮檔案看臺灣原住民圖像的
繪製經過

　　我國歷代以來，就是一個多民族的國家，各民族的社會、經
濟及文化等方面，都存在著多樣性及差異性的特徵。由於我國傳
統文化具有兼容並包的精神，長期以來，朝廷多尊重各少數民族
的語言文字及其風俗習慣，對邊疆少數民族的文化，從無歧視的
現象。同時增進邊疆與內地的關係，加強少數民族對中央的向心
力，使邊疆少數民族與中央政府的關係，日益密切，職貢有圖，
方物有錄。

　　《職貢圖》是一套多民族瑰麗畫卷，爲研究我國少數民族的
特殊文化傳統提供了珍貴的民俗史料。據文獻記載，《職貢圖》
的繪製，由來已久。《南史》記載梁武帝使裴子野撰《方國使
圖》，廣述懷來之盛，自荒服至於海表，凡二十國①。猗氏縣人
張彥遠著《歷代名畫記》記載梁元帝時有《職貢圖》。史繩祖著
《學齋佔畢》引李公麟的話說：「梁元帝時蕭繹鎮荊時，作《職
貢圖》。狀其形而識其土俗，首虜而後蠻，凡三十餘國。」②唐
代也有《職貢圖》。萬年人閻立本於太宗貞觀十一年（637）繪
製《職貢圖》，畫唐太宗在長安會見國內各民族及外邦使臣圖
像。

　　有清一代，由於邊疆的開發，少數民族與朝廷的關係，更加
密切。同時由於海道大通，中外接觸，更加頻繁。清廷爲欲周知
中外民情風俗，於是屢飭地方大吏繪圖呈覽。康熙四十一年
（1702）三月二十九日，《起居注冊》記載康熙皇帝所頒諭旨內

已有「觀郎中尤冷格所進圖樣云：猺人爲數不多，棲身之地，亦不寬廣。但山險路狹，日間縱不敢出戰，夜間係彼熟徑，來犯我軍，亦未可知」等語③。由此可知康熙年間郎中尤冷格已進呈廣東猺族圖樣及圖說。貴州巡撫陳詵抵任後，亦將貴州通省土司苗傜地方居址疆界情形，查訪分析，繪圖貼說，進呈御覽，並於康熙四十六年（1707）二月初一日繕摺具奏④，其原摺現由國立故宮博物院保存，屬於《宮中檔》。六十七是滿洲鑲紅旗人，乾隆九年（1744），他與范咸出任臺灣巡視御史。六十七的正式職稱是「巡視臺灣戶料給事中」，范咸的職稱是「巡視臺灣兼理學政雲南道監察御史」，習稱巡臺御史。巡臺御史除了奏報臺灣雨水、收成、米價，辦理採買米穀外，也注意到原住民的生活習俗等問題。例如乾隆十二年（1747）二月十五日，六十七等具摺奏明奉到申飭諭旨，並採買臺米實在情形，原摺亦稱「臺郡向日地廣人稀，米谷原多，近則開墾已遍，惟沿山逼近生番之處，尚有餘地。然因民人私墾，多被生番戕殺，屢經條陳分界，禁止越墾」等語⑤。六十七在巡臺御史任內曾彩繪采風圖，包括《番社采風圖》及《臺海采風圖》，習稱《六十七采風圖》，分藏於國立中央圖書館臺灣分館、中央研究院歷史語言研究所等處，爲研究臺灣平埔族生活及臺灣物產提供了豐富而且珍貴的佐證資料。

　　乾隆十五年（1750）八月十一日，四川總督策楞奉到諭旨，命策楞將「所知之西番、猓玀男婦形狀，並衣飾服習，分別繪圖註釋，不知者，不必差查。」⑥乾隆十六年（1751）閏五月初四日，乾隆皇帝又頒發諭旨，節錄其內容如下：

　　　我朝統一寰宇，凡屬內外苗夷，莫不輸誠向化，其衣冠狀
　　　貌，各有不同。今雖有數處圖像，尚未齊全，著將現有圖
　　　式數張，發交近邊各督撫，令其將所屬苗、猺、黎、獞，

以及外夷番眾，俱照此式樣，仿其形貌衣飾，繪圖送軍機
處，彙齊呈覽，朕以幅員既廣，遐荒率服，具在覆含之
內，其各色圖像，自應存備，以昭王會之盛。各該督撫等
或於接壤之處，俟其順便往來之時，或有人前往公幹，但
須就便圖寫，不得特派專員，稍有聲張，以致或生疑畏，
俟伊等奏事之便，傳諭知之⑦。

　　由前引諭旨可以得知乾隆十六年（1751）閏五月以前，已有
多處地方大吏進呈少數民族圖像，但因尚有數處圖像仍未進呈，
所以將軍機處現有圖式發交近邊各督督撫，令其照式繪圖呈覽。
同年六月初一日，軍機處又將《寄信上諭》發交沿邊各省督撫，
其內容，與前引諭旨相近⑧。近邊各省督撫奉到諭旨及圖式後，
即密飭各屬慎密辦理。同年十一月初，湖南省有苗族等府州屬將
各處苗傜男婦衣冠狀貌，繪畫圖像，交給督撫衙門。署湖廣總督
恒文，令布政使周人驥將各屬苗傜男婦圖像分別類種，照式彙繪
註說，裝潢冊頁一本，咨送軍機處。四川總督策楞亦將所經歷的
苗疆及所接見的少數民族，繪圖二十四幅，並將各地風俗服飾好
尚，逐一註明成帙，於同年十一月十七日具摺奏明，進呈御覽。
策楞後來又遵這年八月十三日軍機處所發下的「番圖」二式，將
所屬苗傜及外藩，照式圖寫，於乾隆十七年（1752）另行進呈御
覽。

　　閩粵等省因對外貿易，與我國屬邦及西洋各國接觸頻繁。閩
浙總督喀爾吉善等人於乾隆十六年（1751）九月初一日奉到《寄
信上諭》後，即慎密行文各道府於順便往來或有商人貿易往返國
外時，將境內的少數民族及外國人的形貌衣飾，密為繪畫圖像。
後來各道府陸續將圖像交由署福建巡撫新柱彙繪底本。陳弘謀接
任福建巡撫後，參照《明史》等文獻，將圖像底本詳加考訂，然

後進呈御覽，並於乾隆十七年（1752）七月繕摺具奏。節錄原奏
一段內容如下：

> 閩省界在東南，襟江帶海，外夷番眾，環拱星羅。其大者
> 謹修職貢，列在藩封，其餘諸夷番眾，納糧辨賦，莫不輸
> 誠歸化，頂戴皇恩。各種番夷，不獨衣飾形貌各有不同，
> 其風土嗜好，道里遠近，亦皆不一，繪圖之外，必爲附載
> 貼說，方得明晰。隨諭布政司再加採訪，增添貼說去後，
> 今據布政使顧濟美遵照繪圖貼說，申送到臣。通計畲民二
> 種，生熟社番十四種，琉球等國外夷十三種，種各有圖，
> 圖各有說，凡衣飾形貌，風土嗜好，道里遠近，就所見
> 聞，略爲記載⑨。

由福建巡撫陳弘謀奏摺內容可知在乾隆十七年（1752）七月
間，福建省已將彙繪的圖像裝訂成冊，進呈御覽，包括福建省境
內的畲民二種，琉球等國十三種，臺灣生熟各社原住民十四種，
既有畫像，又有圖說。

臺北國立故宮博物院珍藏謝遂繪製《職貢圖》畫卷，紙本彩
繪，共四卷，合計共三○一圖，包括畫像、滿漢文圖說及乾隆皇
帝題識。畫卷的繪製，是就各省送到軍機處的圖式，重新彩繪，
以求整齊畫一。畫卷的繪製，主要是以地相次，並經過多次增補
完成的。畫卷第一卷共七十圖，內含東西洋各國、朝貢屬邦及外
藩男婦圖像，其繪製時間的上限，當在乾隆十六年（1751）。第
二卷共六十一圖，包括東北地區鄂倫綽、奇楞、庫野、費雅喀、
恰喀拉、七姓、赫哲等族，福建省羅源等縣畲民，臺灣生熟各社
原住民，湖南省永綏等處紅苗，靖州等處青苗，安化等處傜人，
永順等處土族，廣東省新寧等縣傜人，臺山等縣僮人，合浦縣山
民，瓊州府黎人，廣西省臨桂等縣傜人，興安等縣僮人，龍勝等

縣苗人，岑溪等縣俍人，懷遠等縣伶人，馬平等縣伢人，思恩等府儂人，西林等縣皿人、佚人。第三卷共九十二圖包括甘肅省河州西寧等州縣藏、回、羌、蒙各族，四川省松潘等處藏族，建昌等處倮儸、麼些、苗族，會寧等處佫儸人，會川等處擺夷、僰人，永寧等處苗族。第四卷共七十八圖，包括雲南省雲南等府黑儸儸、白儸儸，廣南等府妙儸儸，曲靖等府僰人、仲人、苗族，開化等府沙人、儂人，順寧等府蒲人，麗江等府麼些人、怒人，鶴慶等府怇人、古倧人，武定等府麥岔人，臨安等府苦蔥人、撲喇人，元江等府窩泥人，普洱等府莽人，大理等府峨昌人，姚安等府猓猓人，東川等府苗人。貴州省貴陽等處花苗、紅苗、黑苗、青苗、白苗，貴定等處仡佬、木佬、傜人，大定等府黑倮儸、白倮儸，荔波等縣水、佯、伶、侗、傜等族。

　　從清廷歷次所頒諭旨及各省督撫奏摺、咨文等類文書的往返，並比對寫本《皇清職貢圖》後得知國立故宮博物院典藏謝遂《職貢圖》畫卷的繪製時間，其上限是十六年（1751）。畫卷第二卷湖南苗傜等六種、第三卷四川倮儸等二十四種，也是乾隆十六年（1751）開始繪製的。畫卷第一卷琉球等國十三種，福建畬民二種，臺灣生熟各社原住民十三種是乾隆十七年（1752）開始繪製的。畫卷第一卷增繪伊犁等十六種圖像的上限是在乾隆二十二年（1757），其下限則在乾隆二十六年（1761）。畫卷第二卷共六十一種，第三卷共九十二種、第四卷前三十六種圖像的繪製增補時間，其下也是在乾隆二十六年（1761）。畫卷第一卷後隔水愛烏罕回人等五種圖像是乾隆二十八年（1763）增繪的。第四卷後幅四十二種圖像是乾隆二十六年（1761）至乾隆二十八年（1763）之間繪製增補的。第一卷後幅土爾扈特台吉等三種圖像是乾隆三十六年（1771）增繪的，第一卷後幅整欠頭目先邁岩第

等二種圖像是乾隆四十年（1775）增繪的，第一卷巴勒布大頭人並從人即廓爾喀一種圖像的增繪時間，其下限當在乾隆五十五年（1790），也是國立故宮博物院現藏《職貢圖》畫卷最後增繪完成的可考年代。

福建巡撫陳弘謀具摺進呈臺灣生熟各社原住民的時間，是在乾隆十七年（1752）七月二十六日，原摺於同年八月二十一日奉硃批，這可以說是《職貢圖》畫卷繪製臺灣原住民圖像的上限。畫卷中有一則按語云：「謹按臺灣生番向由該督撫圖形呈進者，茲乾隆五十三年福康安等追捕逆匪林爽文、莊大田各生番協同擒剿，傾心歸順，是年冬，番社頭目華篤哇哨等三十人來京朝貢，並記於此。」⑩乾隆五十三年（1788）年底可以說就是《職貢》畫卷繪製臺灣原住民圖像的下限。

乾隆十七年（1752）七月二十六日，福建巡撫陳弘謀進呈御覽的臺灣原住民圖樣，包括生熟各社原住民，共計十四種，《職貢圖》畫卷僅採用十三種。其順序，依次為：〈臺灣縣大傑巔社熟番〉、〈鳳山縣放縤等社熟番〉、〈諸羅縣諸羅等社熟番〉、〈諸羅縣簫壠等社熟番〉、〈彰化縣大肚等社熟番〉、〈彰化縣西螺等社熟番〉、〈淡水廳德化等社熟番〉、〈淡水廳竹塹等社熟番〉、〈鳳山縣山豬毛等社歸化生番〉、〈彰化縣水沙連等社歸化生番〉、〈諸羅縣內山阿里等社歸化生番〉、〈彰化縣內山生番〉、〈淡水右武乃等社生番〉，每圖俱左男右女，紙本彩繪。

大傑巔社位於大小岡山之東，武洛溪上游，是平埔族，清代隸臺灣縣，在今高雄縣路竹鄉。圖像中男子在左，背負葫蘆形竹簍；女子在右，手捧芋頭，以示農漁豐收。滿漢文圖說，文意相合。原文云：

臺灣自古不通中國，本朝始入版圖。番民有生熟二種，聚
居各社，如內地之村落。不設土司，眾推一人約束。其大
傑顛等社熟番，編竹木為墙，屋蓋以茅茨，土基甚高，入
室必以梯。男剪髮，束以紅帛。衣用布二幅，聯如半臂，
垂尺許於肩肘。腰圍花布，寒衣曰縵披，其長覆足，婦女
亦然，俱以銅鐵環束兩腕，或疊至數十，各縣社番多有
之。嚼米為酒，恆攜黃藜以佐食，男女相悅即野合。府志
稱各社終身依婦以處，贅婿即為子孫。歲輸丁賦七十餘
兩。其新港、卓猴二社，舊屬諸羅，今改隸臺灣縣治。

引文中生熟番民，主要指熟界平埔族及歸化的生界原住民。
新港社在臺灣郡治北洋仔港北岸馬鞍橋，迤東為卓猴社。「野
合」，滿文讀如"Cisui holbombi"，意即「私自匹配」。大傑
頭，滿文音譯作"da giye diyan"滿漢文相合，乾隆年間繪製
《臺灣地圖》，亦作「大傑巔社」，四庫全書寫本《皇清職貢
圖》誤作「大傑嶺」⑪。

放綆社位於屏東林邊溪口北岸，迤北為茄藤社、力力社，舊
隸鳳山縣，都是平埔族。畫卷圖說如下：

放綆等社熟番相傳為紅毛種類，康熙三十五年歸化。其人
善耕種，地產香米。男以鹿皮蔽體，或披氈敝衣；女著衣
裙，喜懸螺貝於項間，腕束銅環而跣足。捕鹿必聽鳥音，
以占得失。婚娶名曰牽手，女及笄，搆屋獨居，番童以口
琴挑之，喜則相就。遇吉慶輒艷服，簪野花，連臂踏歌，
名曰番戲。疾病不事醫藥，用冷水浴之。茄藤、力力等社
皆然。歲輸丁賦三百四十九兩零。

放綆社於康熙三十五年（1696）歸化，社中男女婚娶，叫做
「牽手」。女及笄，滿文讀如"sargan jui tofohon sede isinaha."

意即「女至十五歲」。

　　諸羅社是諸羅山社的簡稱，位於諸羅縣城之西，是平埔族。畫卷圖說云：

> 諸羅山社相傳亦紅毛種類，風俗物產，與鳳山放綵等社相似。男番首插雉尾，以樹皮績爲長衫，夏常裸體；女盤髮，綴小珠，覆以布帕，項圍白螺珊瑚爲飾。又男番喜穿耳，納竹圈於中，漸易大者，久之將垂及肩，乃實以圓木，或嵌螺錢，各縣社番多有之。諸羅社在縣西，其打貓社、他里霧社、柴裡社俱在縣北。

　　放綵社、諸羅山社相傳都是「紅毛種類」，意即荷蘭後裔。諸羅縣城北打貓社在笨港上源三疊溪之南，他里霧社在虎尾溪之南，柴裡社亦在南岸，位於他里霧社之東，斗六門汛之南，俱係平埔族。畫卷中男子手抱蘿蔔，以示豐收。

　　簫壠社位於諸羅縣城以南灣裡溪南岸，乾隆年間繪製《臺灣地圖》作「霄壠社」，同音異譯，是平埔族。畫卷圖說云：

> 諸羅縣南曰簫壠社、曰加溜灣社、曰麻豆社、曰哆咯嘓社、服飾大略與諸羅等社同，男以竹片束腰，曰箍肚，欲其漸細，能截竹爲簫，長二、三尺，以鼻吹之。歲時婦女多以糍餌相餽餉。又按府志，哆囉嘓社男女成婚後，俱折去上齒各二，彼此謹藏，蓋亦終身不改之意云。凡諸羅縣各社，歲輸丁賦一百八十餘兩。

　　加溜灣社在諸羅縣城之南灣裡溪南岸，乾隆年間繪製《臺灣地圖》作「灣裡社」，《諸羅縣志》作「目加溜灣社」⑫。麻豆社在灣裡溪北岸，佳里興之東。哆咯嘓社在急水溪上游，俱係平埔族。畫卷繪男子以鼻吹簫，女子手捧茶具。《欽定四庫全書》寫本《皇清職貢圖》誤作以口吹簫，已失原意。

　　大肚社包括南大肚社、北大肚社等,在彰化縣大肚溪北岸,
是平埔族。畫卷圖說云:

> 彰化縣屬土番,濱海倚山,種類蕃雜,共五十社,其大肚
> 等社番,皆以漁獵為業。善鏢箭竹弓,竹矢傅以鐵鏃,亦
> 勤耕作,番婦則攜飲食餉之,暇日或至縣貿易。

　　《職貢圖》畫卷繪大肚社男子手持弓箭,攜帶獵犬,女子攜
飲食,持鋤頭,以示漁獵兼耕作之意。

　　虎尾溪以北過海豐港為東螺溪,東螺溪南岸有西螺社,北岸
有東螺社,都是平埔族。畫卷圖說云:

> 西螺等社熟番,居處服飾,與大肚等社相似。其人趫捷,
> 束腹奔走,接遞文移,官給以饍;番婦常挈子女赴縣,用
> 穀帛相貿易。凡彰化縣各社,歲計輸丁賦四百六十三兩
> 零。

　　《職貢圖》畫卷繪西螺等社男子束腹奔走,接遞文書;女子
則攜子女至縣城,以米穀布帛互相交易。

　　大甲溪以北就是淡防界,德化社即隸淡水廳,位於大安溪下
游南岸,由德化社東至鐵砧山一里,過大安溪北至大安庄三里,
是平埔族。畫卷圖說云:

> 淡水廳以臺防同知駐劄,故名。德化、蓬山、吞宵、中港
> 四社,在同知所駐竹塹城之北。其地濱洋下濕,結茅成
> 屋,或以板為之。飯以黍米,滷浸魚蝦供饌。男婦皆短
> 衣,腰圍幅布,并力耕作,亦事漁獵。暇則吹竹笛,彈竹
> 琴,以為樂。

　　蓬山在大甲溪以北,岸裡舊社以西,德化社東南。吞宵社在
吞宵溪北岸,北至白沙墩汛十五里。中港社在中港溪北岸,中港
汛之南,北至香山塘約二十里。竹塹,滿文讀如"ju jiyan",句

中「塹」，音「ㄐㄧㄢ」。德化、蓬山、吞霄、中港四社，俱在竹塹城以南，畫卷圖說謂在竹塹城以北，俱誤。

竹塹社在竹塹城北五里，南坎社、淡水內外社在竹塹城之南，俱係平埔族。畫卷圖說云：

> 竹塹城為臺防同知駐劄之地，竹塹社在城北五里。其南坎社、淡水內外社俱在城南甚遠，風俗與德化等社相似。男剪髮齊額，或戴竹節帽，素衣繡緣，如半臂，下體圍花布；婦盤髻，約以朱繩，衣亦如男，常攜葫蘆汲水蒸黍。凡淡水各社熟番，俱與通事貿易。歲輸丁賦二百六十餘兩，皮稅一兩餘。

畫卷中繪竹塹等社女子攜帶葫蘆，汲水蒸煮黍米。滿文圖說謂各社歲輸丁賦二百餘兩，與漢文圖說稍有出入。

山豬毛社位於下淡水溪與山豬毛大溪之間的山谷中，隸鳳山縣，是生界原住民。畫卷圖說云：

> 生番在山谷中，深林密箐，不知種類，鳳山等縣皆有之。山豬毛等社於康熙五十五年、雍正二年，先後歸化，共七十四社，自立土目約束。其居擇險隘處疊石片為屋，無異穴處。男女披髮裸身，或以鹿皮蔽體。富者偶用番錦嗶吱之屬，能績樹皮為布。亦知耕種黍稷，喜啖薯蕷。見親朋，以鼻相就為敬，婚姻則歌唱相和而成，時挾弓矢鏢槍捕獐鹿，以其肉向民人易鹽布釜甑。歲輸皮稅二十餘兩。

康熙五十五年（1716），雍正二年（1724）。，鳳山縣下淡水溪一帶內山生界原住民先後歸化者共七十四社，山豬毛為其中之一。畫卷繪山豬毛社男子手持弓矢鏢槍，以示打獵為生。山豬毛等社原住民即以所捕獲的獐鹿向漢人交換鹽布釜甑。

阿里山社位於諸羅縣城東南，過石門山後即至阿里山社，隸

諸羅縣，是生界原住民，於康熙二十二年（1683）歸化，後人稱阿里山社原住民為曹族。畫卷圖說云：

> 內山阿里等社自康熙二十二年歸化，擇其語音頗正者為通事。番人皆依山穴土以居，飲食衣服與山豬毛等社相似。不諳耕作，惟植薯蕷于石罅，挾弓矢獵獐鹿以佐食。足趾若雞爪，履險如平地。歲輸丁賦三十餘兩。

阿里山等社內山生界原住民狩獵為主，並種薯蕷為食。畫卷繪阿里山社原住民男子手持鏢槍，肩負弓箭及竹簍，披鹿皮蔽體，與畫卷圖說描述內容相近。

水沙連內山位於東螺溪、大肚溪上游山間，分為南港和北港，共三十六社，隸彰化縣，俱係生界原住民。畫卷圖說云：

> 水沙連及巴老遠、沙里興等三十六社，俱於康熙、雍正年間先後歸化。其地有大湖，湖中一山聳峙，番人居其上，石屋相連，能勤稼穡，種多麥豆，蓋藏饒裕。身披鹿皮，績樹皮橫聯之，間有著布衫者。番婦挂圓石珠于項，自織布為衣，善織罽，染五色狗毛，雜樹皮，陸離如錦。婚娶以刀斧甑之屬為聘。雖通舟楫，不至城市，或赴竹腳寮社貿易。歲輸穀十五石三斗，皮稅四兩三錢。

畫卷圖說中的大湖，即指日月潭，又稱明潭，群山環抱，風清氣爽，頗得天然之美。畫卷中亦繪彰化縣內山生界原住民圖像，並附圖說，其內容云：

> 內山生番，居深山窮谷，人跡罕到，巢居穴處，茹毛飲血，裸體，不知寒暑，登峰越箐，捷若猿猱，善鏢箭，發無不中。秋深水涸之候，常至近界，鏢射鹿麏，遇內地人，輒加戕害。番婦針刺兩頰如網巾紋，亦能績樹皮為罽。

　　所謂內山生界原住民，當指泰雅族而言。其男子善用鏢箭，以射鹿麞，其婦女刺青於兩頤，如網巾紋。

　　凹拉拉山和蛤仔市山都位於後壠溪的上游，蛤仔市山之南，貓裡社以東，過龜山頭，即至右武乃山，右武乃社即在右武乃山一帶。畫卷圖說云：

> 淡水同知屬內山右武乃等社生番，倚山而居，男女俱裸，或聯鹿皮緝木葉為衣，食生物，性剛狠，以殺為事。隆冬草枯水涸，追射麞鹿，攀援樹木，趫捷如飛。其竹塹東南內山生番，俗亦相等。

　　右武乃山隸淡水廳，右武乃社就是生界原住民內山泰雅族。畫卷繪右武乃社男女以鹿皮蔽體，圖文相合。

　　臺灣生熟各社原住民每年有應納餉項，習稱「番餉」。鄭氏時期，各社需貢鹿皮。康熙二十三年（1684），清朝領有臺灣後，各社按丁徵米折粟，每丁有多至二兩、一兩有餘及五、六錢不等者，徵課餉項，目的在宣示主權。乾隆二年（1737），乾隆皇帝頒諭，「番餉」改照民丁則例徵輸。「朕思民番皆吾赤子，原無歧視。所輸番餉，即百姓之丁銀也，著照民丁之例，每丁徵銀二錢，其餘悉行裁減。」⑬歸化生界原住民需折納鹿皮價銀，每社實輸二張，每張折銀二錢四分。《職貢圖》畫卷圖說多標明各社所納丁賦數目，例如臺灣縣大傑巔等社歲輸丁賦七十餘兩；鳳山縣放縤等社歲輸丁賦三百四十九兩；諸羅縣簫壠等社歲輸丁賦一百八十餘兩；彰化縣西螺等社歲輸丁賦四百六十三兩；淡水廳竹塹等社歲輸丁賦二百六十餘兩；鳳山縣山豬毛等社歲輸皮稅二十餘兩；諸羅縣內山阿里等社歲輸丁賦三十餘兩；彰化縣水沙連等社歲輸穀十五石三斗，皮稅四兩三錢。臺灣原住民生熟各社，都是朝廷赤子，無論歲輸丁賦銀兩或穀石、皮稅，都向國家

納稅，並非化外之區。

　　《職貢圖》彩繪畫卷是一套瑰麗的民俗畫史，爲我國少數民族的文化藝術傳統提供了珍貴的民俗史料。從畫卷中的彩繪圖像及圖說內容可以認識臺灣各社原住民鄉都喜歡裝飾，他們的裝飾藝術，充分表現了他們的審美情趣，紡紗織布，色彩豔麗。例如彰化縣水沙連等社歸化生界原住民的婦女能織布爲衣，也善於織罽，是一種毛毯，染上五色的狗毛，雜以樹皮，陸離如錦。彰化縣內山生界原住民婦女，也能織樹皮爲罽，諸羅縣諸羅等社平埔族則以樹皮績爲長衫。臺灣縣大傑巔等社平埔族男女，「衣用布二幅，聯如半臂，垂尺許於肩肘，腰圍花布，寒衣曰緤披，其長覆足。」淡水廳竹塹等社平埔族男女，「素衣繡緣如半臂，下體圍花布。」句中「半臂」，滿文圖說作「guwalasun」，意即「女砍肩褂」，又作「披肩」，就是婦女穿的無袖齊肩短衣。「緤披」，滿文圖說作「nereku」，即下雪時以羽毛織成的一種斗蓬，是冬天所穿的一種寒衣。

　　臺灣生熟各社原住民很早以前就注意到人體裝飾，例如臺灣縣大傑巔等社平埔族男女，「俱以銅鐵環束兩腕，或疊至數十。」鳳山縣放縤等社平埔族婦女，「著衣裙，喜懸螺貝於項間，腕束銅環。」諸羅縣諸羅等社平埔族男子，「喜穿耳，納竹圈于中，漸易大者，久之將垂及肩，乃實以圓木，或嵌螺錢。」其女子則「盤髮，綴小珠，覆以布帕，項圍白螺珊瑚爲飾。」諸羅縣蕭壠等社平埔族男子，「以竹片束腰，曰箍肚，欲其漸細。」彰化縣水沙連等社生界原住民婦女，喜掛圓石珠子於項。

　　《職貢圖》畫卷多處描繪臺灣各社原住民能歌善舞的才藝，例如鳳山縣放縤等社平埔族的習俗，「婚娶名曰牽手，女及笄，搆屋獨居。番童以口琴挑之，喜則相就。遇吉慶，輒艷服簪野

花，連臂踏歌，名曰番戲。」哆囉嘓社男女成婚後，俱折去上齒
各二，彼此謹藏，以示終身不改之意。郁永河著《裨海紀遊》一
書記載臺灣原住民女子長成後，父母使居別室中，少年求偶者皆
來，吹鼻簫，彈口琴，女擇所愛者，乃與挽手，鑿上顎門牙旁二
齒，彼此交換⑭。《職貢圖》畫卷繪諸羅縣蕭壠等社平埔族能截
竹為簫，長二、三尺，以鼻吹之，圖文相合。畫卷中所描繪的臺
灣原住民生活景象，就是一套瑰麗的民俗畫像。

　　【註　釋】

① 《南史》（臺北，鼎文書局，民國七十四年三月），卷三三，頁
　　866。

② 史繩祖著《學齋佔畢》（臺北，臺灣商務印書館，民國五十五年三
　　月），卷二，頁28。

③ 《起居注冊》（臺北，國立故宮博物院），康熙四十一年三月二十
　　九日，諭旨。

④ 《宮中檔康熙朝奏摺》，第一輯（臺北，國立故宮博物院，民國六
　　十五年六月），頁404。康熙四十六年二月初一日，貴州巡撫陳詵
　　奏摺。

⑤ 《軍機處檔·月摺包》（臺北，國立故宮博物院），第二七七二
　　箱，第四包，三四五號。乾隆十二年二月十五日，巡視臺灣戶科給
　　事中六十七等奏摺錄副。

⑥ 《宮中檔乾隆朝奏摺》，第一輯（臺北，國立故宮博物院，民國七
　　十一年五月），頁910。乾隆十六年十一月十七日，四川總督策楞
　　奏摺。

⑦ 《軍機處檔·月摺包》，第二七四〇箱，第五三包，七五〇五號。
　　乾隆十六年十一月十四日，咨呈。

⑧　《欽定四庫全書》，史部，《皇清職貢圖》（臺北，臺灣商務印書館，民國七十五年三月），卷一，諭旨，頁1。

⑨　《軍機處檔・月摺包》，第二七四〇箱，第六二包，九〇二三號。乾隆十七年七月二十六日，福建巡撫陳弘謀奏摺錄副。

⑩　謝遂繪《職貢圖》（臺北，國立故宮博物院），第二卷。

⑪　《欽定四庫全書，皇清職貢圖》，卷三，頁23。

⑫　《諸羅縣志》（南投，臺灣省文獻委員會，民國八十二年六月），頁170。

⑬　《重修鳳山縣志》（南投，臺灣省文獻委員會，民國八十二年六月），頁112。

⑭　郁永河著《裨海紀遊》（臺北，臺灣銀行，民國四十八年四月），頁34。

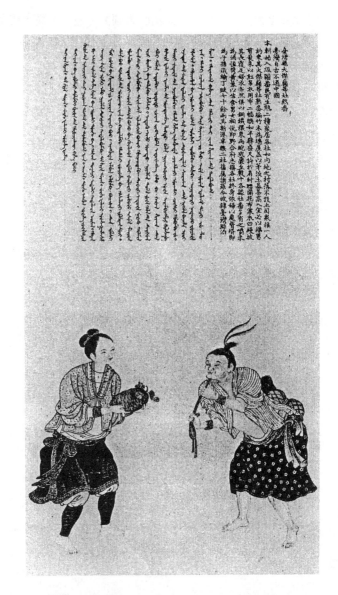

臺灣縣大傑嶺等社原住民圖像（職貢圖畫卷）

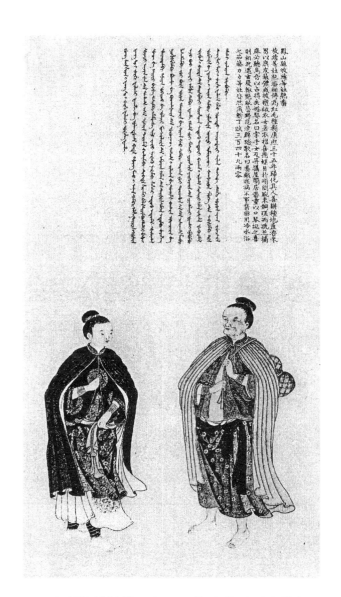

鳳山縣放練等社原住民圖像（職貢圖畫卷）

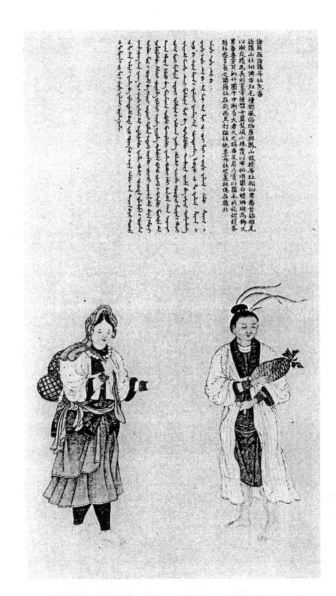

諸羅縣諸羅等社原住民圖像（職貢圖畫卷）

諸羅縣簫壠等社原住民圖像（職貢圖畫卷）

淡水右武乃等社生番

淡水同知屬內山右武乃等社雷衍…山而居男女俱裸體遮設…

謹按臺灣生番向由該管官撫綏圖形呈進者迄乾隆
五十三年福康安等追捕逆匪林爽文餘黨大田各生
番協同擒勦順是年冬番社頭目華篤嘎遼
朝貢並記於此

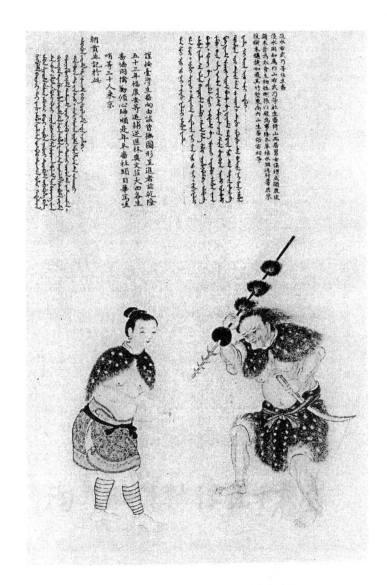

淡水右武乃等社原住民圖像

彰化縣大肚等等社原住民圖像（職貢圖畫卷）

彰化縣西螺等社原住民圖像（職貢圖畫卷）

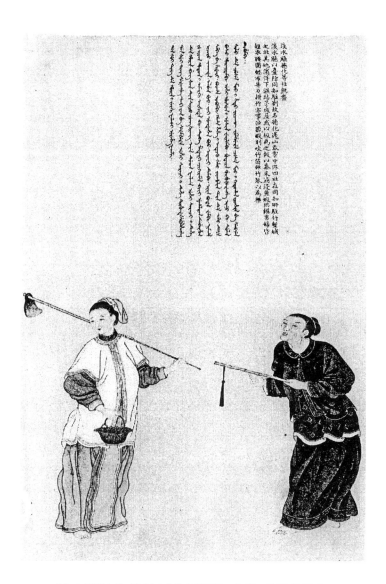

淡水廳德化等社原住民圖像（職貢圖畫卷）

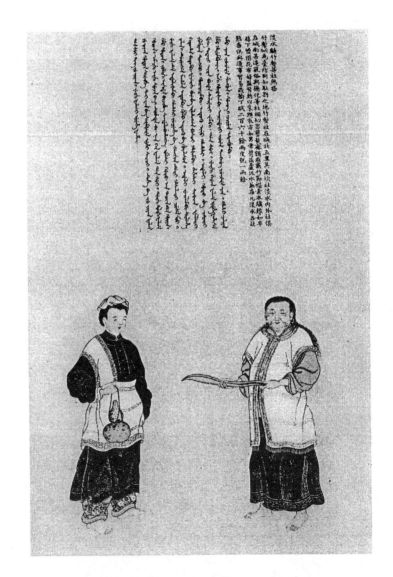

淡水廳竹塹等社原住民圖像（職貢圖畫卷）

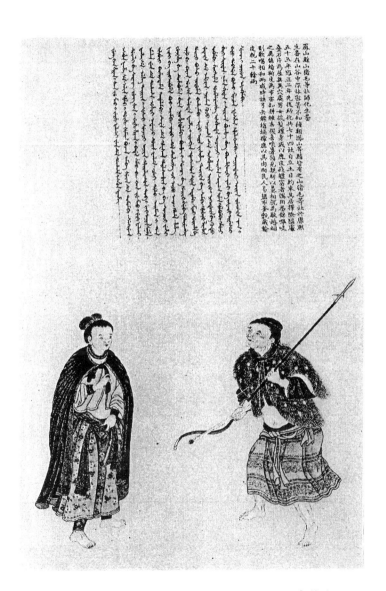

鳳山縣山豬毛等社原住民圖像（職貢圖畫卷）

諸羅縣內山阿里等社原住民圖像（職貢圖畫卷）

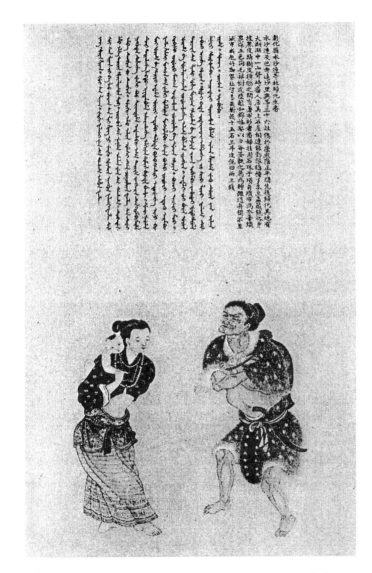

彰化縣水沙連等社原住民圖像（職貢圖畫卷）

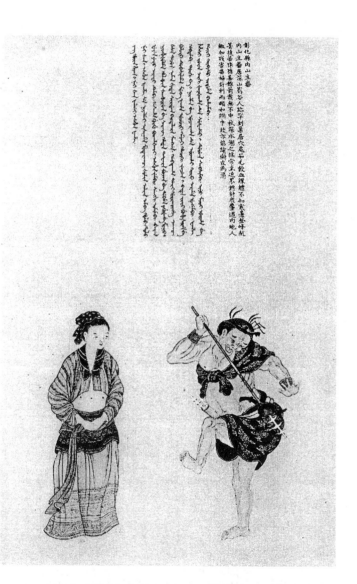

彰化內山原住民圖像（職貢圖畫卷）

從故宮博物院現藏檔案看
《歷代寶案》的史料價值

一、前　言

　　《歷代寶案》一書，是琉球國外交文書的集成，也是研究近世琉球對外關係的重要典籍。這批外交文書，未曾雕版刷印，其原始手寫本，初庋藏於琉球首里府天妃宮，歷經明朝至清初康熙年間，歷世已久，琉球國相尚弘才、法司向世俊等，患其廢夷，遂命紫金大夫蔡鐸、長史蔡應祥等重修舊案，自康熙三十六年（1697）四月初四日起至十一月三十日告竣，抄成二部，每部四十九本：一部進呈國王，藏於王城；一部庋藏於天妃宮內①。首里王府本和久米村天妃宮本，就是最早的兩種原抄本，也就是《歷代寶案》的第一集。嗣後仍逐年編修。雍正四年（1726）二月，由紫金大夫程順則等主持抄修工作，將康熙三十六年（1697）至雍正五年（1727）的原始手寫本重新抄修，至雍正七年（1729）十二月告竣，修成十六本，內一本目錄，這就是《歷代寶案》的第二集。咸豐年間，繼續完成第三集與別集。第一集首里王府原抄本，於十九世紀末期日本兼併琉球後移存於東京日本內務省，後因一九二三年東京大地震而焚燬。第一集久米村天妃宮原抄本，原藏華裔琉人家中，於一九三三年移存沖繩縣立圖書館，第二次世界大戰期間，亦因戰火全數損燬。

　　存世的《歷代寶案》，雖無原抄本，所幸存有各種傳抄本，主要爲國立臺灣大學圖書館藏本，東京大學史料編彙所藏抄本，

東恩納寬惇教授藏本，日本國立國會圖書館藏本，文部省維新史料編纂事務局藏本，久米村鄭良弼藏本，鎌倉芳太郎藏本，琉球大學藏本，小葉田淳博士藏本，秋山謙藏本，那霸市琉球文化會館藏本，宮田俊彥藏抄本，賴永祥藏本，陳育松藏本，許雲樵藏本，梁嘉彬藏本，楊雲萍藏本等等②。國立臺灣大學藏本原係轉抄自沖繩圖書館的久米村天妃宮本，轉抄時間約自一九三六年起，歷時共為五年。所抄內容，計有一、二、三集、咨集、別集等五類，共二百四十九冊。收錄年代，自明永樂二十二年（1424）至清同治六年（1867），前後歷時四百四十四年③。在各種傳抄本中，就是以國立臺灣大學藏本的數量為最多。其中除第一集含有部分明代琉球的外交文書外，其餘各集全屬清代琉球對外關係的各類文書。

　　徐玉虎教授撰〈琉球歷代寶案之研究〉一文已指出《歷代寶案》被發現，至今業經四十餘年，在日本早被學術界所重視與研究，成績卓著，國內僅有少數專家學者從事專題研究，或用來整理南明史料，或用來研探中琉關係。但自民國六十一年因釣魚臺列嶼事件，牽涉到琉球問題，國立臺灣大學將珍藏多年的《歷代寶案》抄本，影印問世，始引起專家學者們的普遍注意④。本文撰寫的旨趣，即在就國立故宮博物院現藏清代檔案，對照國立臺灣大學影印出版的《歷代寶案》，以《宮中檔》奏摺原件、《軍機處檔·月摺包》奏摺錄副為主要資料，與《歷代寶案》所錄奏摺抄件，互相比較，並以《起居注冊》、《上諭檔》為輔助資料，與《歷代寶案》所錄咨文，彼此對照，藉以說明《歷代寶案》的史料價值，俾有助於《歷代寶案》的校訂編輯。

二、從《上諭檔》看《歷代寶案》的史料價值

史料與史學，關係密切，沒有史料，便沒有史學。史學家探討歷史事件，所依據的就是史料。大致而言，史料可以分為直接史料與間接史料，以檔案與官書為例，檔案是屬於直接史料，其可信度較高，官書則為間接史料，其可信度不及檔案。國立故宮博物院現藏各種檔案，主要為清代政府文書，其可信度較高，以直接史料對照《歷代寶案》，更可以說明《歷代寶案》的史料價值。

乾隆五十一年（1786）二月十六日，《歷代寶案》記載清高宗敕諭全文如下：

> 皇帝敕諭琉球國中山王尚穆，朕惟昭德懷遠，盛世之良規，修職獻琛，藩臣之大節，輸誠匭悃，寵賚宣頒，爾琉球國中山王尚穆，屬在遐方，克抒丹悃，遣使齎表納貢，忠藎之忱，良可嘉尚，是用降敕獎諭，併賜王文綺等物，王其祗承，益勵忠貞，以副朕眷，欽哉，故敕。計開：賞國王蟒緞六疋，青緞十疋，錦緞六疋，綢十疋，閃緞八疋，羅十疋，綵段十疋，紗十疋，藍緞十疋。特賞，又欽奉御書匾額『海邦濟美』，如意一柄，玉器二件，磁器四件，玻璃四件，硯二方，大小絹箋各二卷，筆二匣，墨二匣，洋磁琺瑯盒四件，雕漆盤四件⑤。

國立故宮博物院現藏方本《上諭檔》乾隆五十一年（1786）正月十三日記載軍機大臣遵旨酌擬加賞朝鮮、琉球國王物件，開單進呈，發下後即交內務府太監預備，呈覽後再行頒賞。軍機大臣所擬加賞琉球國王物件清單如下：

> 如意一柄，玉器二件，磁器四件，玻璃器四件，硯二方，

絹箋二十張,又加二十張,筆二匣,墨二匣,文竹器四
件,改洋磁琺瑯盒四件,雕漆器四件⑥。

對照前引清單,其加賞物件,與《歷代寶案》所載特賞物件
相合。大小絹箋各二卷,就是各二十張,雕漆器就是雕漆盤。乾
隆五十四年(1789)十二月初二日,方本《上諭檔》記載軍機大
臣奏稿稱「乾隆四十七年、五十一年,琉球因朝鮮、南掌、暹羅
等國同朝貢,奉特旨加賞琉球國王玉如意、玉器、玻璃、磁器琺
瑯、雕漆、筆、墨、紙、硯等物。」⑦由這件奏稿的記載可知乾
隆五十一年(1786)正月十三日賞賜琉球國王的「如意一柄」,
就是玉如意,象徵吉祥如意的珍玩。

關於琉球國王的承襲經過,《歷代寶案》記載頗詳。《宮中
檔》閩浙總督喀爾吉善奏摺指出「康熙五十二年七月內琉球國中
山王尚貞病故,嫡長孫尚益遣使呈報。嗣尚益又故,世曾孫尚敬
遣正議大夫楊聯桂附搭進貢船來報。」⑧《歷代寶案》所錄禮部
題本,也有略似的記載,略謂「查康熙五十二年六月內據福建巡
撫覺羅滿保疏稱,琉球國中山王尚貞於康熙四十八年病故,世子
尚純早世,嫡長孫尚益於康熙五十一年七月內病故,該國世曾孫
尚敬遣使正議大夫楊聯桂附搭進貢船來閩報喪等因。」⑨對照前
引記載,文意相近,但詳略不同,禮部題本對琉球國王尚貞、嫡
長孫病故時間所述較詳,由於《歷代寶案》抄錄官方文書較多,
而保存了頗為豐富的珍貴史料。

乾隆十七年(1752)三月十九日,福建布政使顧濟美將琉球
世子尚穆咨文轉報閩浙總督喀爾吉善,現藏《宮中檔》喀爾吉善
奏摺所錄尚穆咨文內容如下:

敝國蕞爾邊陲,荷蒙天朝浩蕩鴻恩,海外微臣得以世守藩
職,代修貢典,天眷之隆,感激無涯,固期父敬永臻毫

臺，圖報涓埃。詎料沾病，百藥無驗，於乾隆十六年正月
二十九日薨逝，痛彌留之餘，呼穆至榻前，泣囑吾職守外
藩，深沐聖恩，真如天高地厚，頂踵難酬。今吾不幸因病
身故，無復能望風頂祝，但天馬戀主之念，雖死弗諼。爾
係嫡子，善體吾心，恪守臣節。莫愆貢期，盡忠即以盡
孝，當敬佩無怠。穆聞囑言，五內如割，煢煢在疚，安敢
輒萌嗣位之思。第茅土錫之天家，屏藩責重，諸凡庶務機
宜，不得不從權暫攝，茲當循例接貢，理合將父病逝日
期，併臨終遺囑，特遣正議大夫鄭國貞前來報明，乞貴司
核轉詳題⑩。

《歷代寶案》也詳載琉球世子尚穆咨文，為便於比較，將其
內容照錄於下：

琉球國中山王世子尚穆為報明父喪泣攄遺囑籲賜具題以表
幽中以守藩職事。竊照敝國蕞爾邊陲，荷蒙天朝浩恩，俾
海外微臣得以世□□職，代修貢典，天眷之隆，感激無
涯，固期父敬永臻耄□，□報涓埃。□料沾病，百藥無
驗，于本年正月貳拾玖月〔日〕薨逝，彌留之□，呼穆至
榻前，泣囑吾職□外藩，深沐聖恩，真如天高地厚，頂踵
難酬。今吾不幸因病身故，無復能望風頂祝，得□□戀主
之念，雖死弗□，爾係嫡子，善體吾心，恪守臣節，莫愆
貢期，盡忠即以盡孝，當敬佩無怠。穆聞囑言，五內如
割，煢煢在疚，安敢輒萌嗣位之思，第茅土錫之天家，屏
藩責重，諸凡庶務機宜，不得不從權暫攝，茲當循例接
貢，理合將從病逝日期併臨終遺囑，特遣正議大夫鄭國楨
前來報明，伏乞貴司察核，轉詳督撫兩院，懇賜具題，上
達宸鑒，不特□終身感佩無□，即父敬雖死□生矣。為此

理合移咨貴司,請煩察照施行,須至咨者,右咨福建等處
承宣布政使司,乾隆拾陸年拾月二十六日⑪。

對照前引內容,可知閩浙總督喀爾吉善奏摺所節錄琉球咨
文,文意相似,說明《歷代寶案》具有高度的史料價值,可信度
很高。惟因訛誤脫落之處頗多,仍須檢查《宮中檔》奏摺原件互
相對照,逐一訂正,例如咨文中「世口口職」,當作「世守藩
職」;「永臻耄口,口報涓埃,口料沾病」,當作「永臻耄耋,
圖報涓埃,詎料沾病」;「彌留之口」,當作「彌留之餘」;
「職口外藩」,當作「職守外藩」;「得口口戀主之念,雖死弗
口」,當作「但天馬戀主之念,雖死弗諼」;「從病逝日期」,
當作「父病逝日期」。至於正議大夫姓名,或作「鄭國楨」,或
作「鄭國貞」,稍有出入,《歷代寶案》多處記載正議大夫姓名
作「鄭國楨」,《宮中檔》奏摺似因避清世宗胤禛名諱將「楨」
字改書「貞」。

乾隆五十四年(1789)二月二十六日,清廷因停止恰克圖與
俄羅斯貿易,查禁私販大黃,而由大學士阿桂、和珅出名寄信盛
京將軍、直隸江南福建浙江山東廣東各督撫,方本《上諭檔》與
《歷代寶案》均載〈寄信上諭〉全文,《歷代寶案》所錄〈寄信
上諭〉內容如下:

大學士公阿、大學士伯和字寄盛京將軍、直隸山東江南閩
浙廣東各督撫,乾隆五十四年二月二十六日奉上諭,現在
洽克圖不准與俄羅斯貿易,而大黃一種尤爲俄羅斯必需之
物,已節次降旨傳諭新疆駐劄大臣,于可通俄羅斯處所嚴
密查禁,毋許有私行透漏情事。嗣據明亮、福崧等奏,在
什噶爾、阿克蘇等處私販大黃,竟有數千餘斤之多,復降
旨分別從嚴治罪,其失察之大臣等,交部議處,並諭令圖

薩布、佛寧于廣東沿海關口一體嚴飭，實力稽查，毋許奸商私販大黃出洋，即澳門貿易洋行，亦不得任其透露夾帶。本日又據伊桑阿奏，于哈密地方查出私販大黃五千餘斤，已將各犯解交勒保等審辦等語，已另降清字諭旨令勒保等審辦。因思各省地方，不特廣東瀕臨洋面，即盛京、直隸、山東、閩浙、江南等省，俱有沿海口岸，現在粵省雖已經飭禁，而奸商等或又從各該省海道將大黃私販出洋，偷賣與俄羅斯附近番地，希圖轉售獲利，著傳諭盛京將軍、直隸江南閩浙山東各督撫，各於沿海口岸飭屬實力稽查，毋許內地奸商私將大黃偷販，賣與番船，夾帶出洋，並著廣東督撫務宜遵照前旨嚴行查禁，毋使稍有偷漏，將此由四百里各傳諭知之，遵旨寄信前來⑫。

所謂〈字奇〉，就是寄信上諭，又稱廷寄，清代制度，軍機大臣面奉諭旨事件，以寄信方式封發，由兵部火票馳遞。前引寄信上諭，於三月初九日以兵部火票遞到福建，翌日，福建巡撫令布政使司移咨琉球國王。爲便於比較，先將現藏《軍機檔處》內方本《上諭檔》寄信上諭原稿影印如下：

大學士公阿　大學士伯和　字寄

盛京將軍　直隸江南福建浙江山東廣東各督

撫　乾隆五十四年二月二十六日奉

上諭現在洽克圖不准與俄羅斯貿易而大黃一種

尤為俄羅斯必需之物已即次降旨傳諭新疆駐

劄大臣於可通俄羅斯處嚴密查禁毋許有私

行偷漏情事詢據明亮福裕等奏在喀什噶爾阿

克蘇等處查出私販大黃竟有數十餘勒之多復

降旨分別從嚴治罪其失察之大臣等交部議處

並諭令圖薩布佛寧於廣東沿海關口一體嚴飭

實力稽查毋許奸商私販大黃出洋即澳門貿易

洋行亦不得任其透漏夾帶矣本日又據伊桑阿

奏於哈密地方查出私販大黃五千餘勒已將各

犯解交勒保等審辦等語已另降清字諭旨令勒

保等審辦因思各地方不特廣東瀕臨洋面即

盛京江南閩浙直隸山東等省俱有沿海口岸現

在粵省雖已經閩浙禁而奸商或又從各省海

道將大黃私販出洋偷賣與俄羅斯附近番地希

圖轉售獲利亦未可定著傳諭盛京將軍直隸江

南閩浙山東各督撫各於沿海口岸飭屬實力稽

查毋許內地奸商私將大黃偷販賣與番船夾帶

出洋並著廣東督撫務宜遵照前旨嚴行查禁毋

使稍有偷漏將此由四百里各傳諭知之欽此遵

旨寄信前來

寄信上諭

　　對照方本《上諭檔》寄信上諭原稿後可知《歷代寶案》所錄寄信上諭的內容，出入不大，可信度很高。惟因《歷代寶案》抄寫時略有脫落訛誤。例如「什噶爾」，當作「喀什噶爾」，此脫「喀」字；「希圖轉售獲利」，原稿作「希圖轉售獲利，亦未可定」，此脫「亦未可定」四字；「傳諭知之，遵旨寄信前來」，原稿作「傳諭知之，欽此，遵旨寄信前來」，此脫「欽此」字樣。

　　乾隆五十四年（1789）四月二十一日，軍機處面奉諭旨，以寄信方式，由兵部火票於五月十二日遞到福建，同年閏五月初二日，福建布政使司移咨琉球國王。《歷代寶案》所錄四月二十一日寄信上諭內容如下：

前因內地大黃一種為俄羅斯必需之物，恐致透漏，節次傳諭新疆駐劄大臣嚴密查禁，並諭令瀕臨海口各省一體實□稽查，毋許奸商私行偷販。本日據伍拉納等覆奏，每年令興泉永道官買五百斤，帶交臺灣鎮道配發各鋪，繳價領售。其琉球貢使回國購買藥料時所需大黃，每歲不得逾三五百斤之數，無許官伴人等夾帶等語，所辦甚是，自此沿海關口查禁森嚴，各省實力奉行，奸商私販之弊，可期杜絕。第思大黃一種，為內地藥餌所必需，若設禁過嚴，以致販運不前於民間亦有未便，即如臺灣一郡，雖遠在海外，究屬內地，該處向多瘴疫，民間療治，常用大黃，是此種藥物，更不可缺，總須飭令員弁等妥為經理，既不使商販暗漏外洋，復令民人得資療疾，無虞缺乏，方不致因噎而廢食也。至回部地方，與內地氣候不同，本可無需大黃之處，□安集延與俄羅斯道路可通，如運販內地，難保無轉輾偷漏情弊，著傳諭□保于嘉峪等處緊要關隘，必須

　嚴行飭禁，不准絲毫夾帶，方爲妥善，將此各傳諭知之，
　欽此，遵旨寄信前來⑬。

　　由前引寄信上諭可知清廷爲澈底禁止透漏大黃，規定琉球貢
使回國購買大黃，每年不得超過三五百斤，不許官伴人員夾帶。
現藏方本《上諭檔》，含有這件寄信上諭原稿抄本，爲便於比
較，將其內容影印如下：

大學士伯和　字寄

盛京將軍　直隸江南閩浙廿廣東各

督撫　乾隆五十四年四月二十一日奉

上諭前因內地大黃一種為俄羅斯必需之物恐致

透漏節次傳諭新疆駐劄大臣嚴密查禁並諭令

瀕臨海口各省一體實力稽查每許奸商私行偷

販本日據伍拉納等覆奏每年令與象道官買五

百斤帶交臺防鎮道配發各舖繳領售其琉球

貢使回國購買藥料時需大黃每歲未浮逾三

五百斤之數無許官伴人等夾帶等語所辦甚是

自此沿海關口查禁森嚴各省實力奉行奸商私

販之弊可期杜絕第思大黃一種為內地該處向

便即如臺灣一郡亦連在海外究屬內地該處向

必需若設禁過嚴以致販運不前於民間亦有未

多瘴疫民間療治常用大黃是此種藥物更不可

缺據須飭令員弁等妥為經理既不使商販脂漏

外洋役令民人得資療疾無虞缺乏方不致因噎

而廢食也至回部地方與地氣候不同本可無需

大黃之寬處況安集與俄羅斯道路可通如近

販回地難保無輾轉偷漏惟著傳諭勒保於意

必等處緊要關區必須嚴行飭禁不准絲毫夾帶

方為妥善將此各傳諭知之欽此遵

旨寄信前來

寄信上諭

對照方本《上諭檔》後可知《歷代寶案》所錄寄信上諭內容並未經過刪改，保存了史料眞貌。方本《上諭檔》內「興泉道」，《歷代寶案》作「興泉永道」，似因軍機大臣撰擬諭旨時作「興泉道」，福建布政使司移咨琉球國王時改正爲「興泉永道」。惟因《歷代寶案》抄寫時稍有筆誤脫落，可據方本《上諭檔》訂正，例如「實口稽查」，當作「實力稽查」；「口安集延」，當作「況安集延」；「運販內地」，當作「運販回地」；「口保」，當作「勒保」。

三、從《起居注册》看《歷代寶案》的史料價值

自古以來，帝王臨朝施政，左右史記注言動，其本意就是欲使君主一舉一動，俱著爲法則，垂範後世。記載帝王言動的檔册，稱爲《起居注册》，是一種類似日記體的史料。起居注官記載的範圍頗爲廣泛，內容亦相當詳盡，可補其他官書的不足。康熙十年（1671），起居注衙門設立以後，凡遇清聖祖親詣兩宮問安，起居注官皆隨行記注。清聖祖每日聽政，一切折出票籤應商酌事件，起居注官除照常記注外，遇有折本啓奏，則令侍班記注。清世宗在位期間，於視朝臨御、郊祀壇廟時，俱令滿漢日講起居注官各二人侍班，記載諭旨政務及皇帝言行，就是所謂「旣退則載筆」。

雍正朝以後的《起居注册》是在次年查閱各處檔案彙編成册的，其檔案資料主要包括〈內記注〉、〈上諭薄〉、〈絲綸薄〉、〈外紀薄〉、〈通本〉、〈部檔〉、〈旗檔〉、〈御門檔〉、〈內務府檔〉、〈紅本檔〉、〈折本檔〉等類，其中〈內記注〉所載爲皇帝御殿、詣宮、請安、賜宴、觀看燈火、進膳、赴園、巡幸、拈香、駐蹕、行圍等項活動。由於《起居注册》彙

編各種原始資料，頗具史料價值。

　　清代歷朝《起居注冊》的內容，其涉及中外關係者頗多，外藩屬邦遣使入京，各使臣在京活動及皇帝賞賜物件，禮部例應移咨屬邦國王。將《歷代寶案》所錄咨文內容，與現藏《起居注冊》的記載互相對照後，可以了解兩者的詳略情形。以嘉慶朝《起居注冊》爲例，據《起居注冊》記載，嘉慶十二年（1807）十二月二十一日，清仁宗幸北海，閱冰嬉。是日，暹羅國正使丕雅史滑里巡段亞排那車突等四人，琉球國副使梁邦弼入覲于神武門外，跪迎聖駕，清仁宗溫語慰問，命隨至北海閱冰嬉。嘉慶十三年（1808）正月初一日，清仁宗御太和殿，朝鮮、琉球、暹羅等國使臣進表行慶賀禮。十九日，申刻，清仁宗御山高水長觀火戲。賜各外藩陪臣等茶果，酉刻，御同樂園，召各外藩陪臣等觀燈⑭。《歷代寶案》所錄禮部咨文開列琉球使臣在京活動如下：

> 嘉慶十二年十二月十三日，琉球使臣到京。二十日，皇上幸悅心殿，該琉球國使臣在神武門外瞻迎天顏。二十一日，賞賜琉球使臣克食奶餅一盤，饅首一盤，羊肉一方。二十二日，內務府賞賜琉球副使都通事土通事皮帽各一頂，緞靴各一雙，紬錦褲各一備〔條〕，紬面皮襖各一件，緞襪各一雙，紬襖各一件。賞賜從人十一名皮帽各一頂，布靴各一雙，布綿褲各一條，布皮襖各一件，布綿襪各一雙，布綿襖各一件。二十六日，賞賜琉球使臣綠葡萄一袋。二十七日，該使臣赴鴻臚寺演禮。二十八日，賞賜琉球使臣甜橙一筒，蜜柑一筒，廣橙一筒，崗榴一筒。二十九日，皇上袷祭太廟，該使臣在午門前跪送跪迎。是日，赴重華宮入宴，賞賜琉球使臣克食羊肉一方，羊烏又一方，奶餅一盤，饅首一盤。又賞賜琉球副使一員玻璃碗

一對，玻璃鼻煙壺一個，磁帶鉤一個，茶葉二瓶，福橘五
個，磁一個，荷包一對，賞賜土通事荷包一對。三十日，
琉球使臣赴保和殿入宴，賞賜該使臣克食羊肉一方，奶餅
一盤，饅首一盤。又賞賜宴桌五張，漢羊一隻，鵝一隻，
雞一隻，魚十一尾，酒二瓶。正月初一日，皇上升太和
殿，琉球使臣隨班行朝賀禮。是日，賞賜該使臣克食羊肉
一方，奶餅一盤，饅首一盤。初六日，皇上幸圓明園，琉
球使臣在西三座門外跪送聖駕。是日，賞賜該使臣克食羊
肉一方，奶餅一盤，饅首一盤。初十日，大蒙古包筵宴，
琉球使臣入宴，賞賜該使臣克食羊肉一方，奶餅一盤，饅
首一盤。又賞賜琉球副使一員綿二疋，漳絨二疋，大卷八
絲緞三疋，小卷五絲緞三疋，大荷包一對，小荷包二對。
又十一日皇上自園進城，琉球使臣在西三座門外跪迎聖
駕。十三日，皇上詣祈穀壇齋宿，琉球使臣在午門前跪迎
聖駕。賞賜該使臣克食羊肉一方，奶餅一盤，饅首一盤。
十四日，皇上禮成還宮，該使臣在午門前跪迎聖駕，賞賜
該使臣克食羊肉一方，奶餅一盤，饅首一盤。是日，赴
園，在山高水長看燈戲盒子，賞賜該使臣果盒元宵羊肉一
分。十五日，正大光明殿筵宴，琉球使臣入宴，賞賜該使
臣克食羊肉一方，奶餅一盤，饅首一盤。是晚，在山高水
長看燈戲盒子，賞賜該使臣果盒元宵羊肉一分。又賞賜該
使臣宴桌一張。十九日晚，在山高水長看燈戲盒子，並跪
請聖安，回國。賞賜該使臣羊肉一方，奶餅一盤，饅首一
盤，又果盒元宵羊肉一分，是晚隨入慶豐園[15]。

　　嘉慶十二年（1807）六月二十二日，禮部將琉球使臣入京活
動及清廷賞賜物件，逐日開列清單，知照琉球國王世孫。對照

《起居注冊》後，可以看出禮部咨文的記載較詳盡，《起居注冊》因限於體例及篇幅，不能詳列。《歷代寶案》收錄禮部咨文，保存了更多的史料，可補《起居注冊》的不足。

嘉慶十四年（1809）二月十一日，琉球謝恩使臣到京，三月初三日，謝恩使臣回國。琉球使臣在京期間，曾多次瞻仰天顏迎送聖駕，清廷亦有賞賜。《起居注冊》記載是年二月十三日清仁宗幸萬壽山，十六日詣大高元殿拈香駕進宮，十七日詣東陵。三月初三日，詣先農壇致祭⑯，俱未記載琉球謝恩使臣在京活動。《歷代寶案》所錄禮部咨文記載如下：

> 嘉慶十四年二月十一日，琉球使臣到京。十三日，皇上詣萬壽山，琉球使臣在棗園門瞻仰天顏。是日，賞賜該使臣羊肉壹方，奶餅壹盤，饅首壹盤。十六日，皇上自園進城，該使臣在西三座門外跪迎聖駕。是日，赴鴻臚寺演禮。十七日，皇上恭謁東陵，該使臣在齊化門外跪送聖駕。二十九日，皇上恭謁東陵回鑾，該使臣在外東華門內百官之末跪迎聖駕。三月初三日，皇上祭先農壇，該使臣在先農壇門外跪請聖安，回國⑰。

前引咨文將琉球謝恩使臣在京各事宜詳細開列清單知照琉球國王，咨文內所開清仁宗詣萬壽山、東陵，祭先農壇日期，都和《起居注冊》的記載，彼此符合，可以說明《歷代寶案》確實具有高度的史料價值。

嘉慶十六年（1811），琉球國王尙灝遣使表貢方物。同年九月二十六日，琉球貢使到京。十月十八日，貢使返國。禮部將琉球使臣在京活動開單知照琉球國王，將《起居注冊》與《歷代寶案》所錄禮部咨文比較後可看出兩者所載清仁宗的活動俱相同，對琉球使者的記述亦彼此符合，例如十月初一日，兩者俱記載琉

球使臣在午門前瞻觀，惟詳略不同，為便於比較，列出對照表如下：

嘉慶十六年（1811）琉球使臣在京事宜對照表

日　　期	起　居　注　冊	歷　代　寶　案
9 月 26 日		琉球使臣到京。
9 月 29 日		琉球使臣赴鴻臚寺演禮。
10 月 1 日	上詣太廟行孟冬時享禮，禮成，駕還宮。禮部堂官率琉球國正使向國柱、副使蔡肇業等於午門前瞻觀，上溫語慰問。	皇上祭太廟，該使臣在午門前瞻仰天顏。
10 月 2 日	上詣大高元殿拈香，駕幸圓明園，上詣安佑宮行禮。	皇上幸圓明園，該使臣在西三座門外跪送聖駕。
10 月 3 日	內閣奉諭旨。	該使臣入園。
10 月 4 日	上御同樂園，賜皇子王公大臣蒙古貝勒貝子公額駙及陪臣等茶果。	入同樂園聽戲，賞該使臣等克食羊肉口方，壽桃一盤，奶餅一盤，菓口四盒，口脯一碟。又羊肉一方，饅首一盤，口餅一盤。
10 月 5 日	上御同樂園，賜皇子王公大臣蒙古王貝勒貝子公額駙及陪臣等茶果。	入同樂園聽戲，賞該使臣等克食豬肉一方，奶餅二盤，饅首二盤，菓盒四盒，壽桃一盤。又羊肉一方，饅首一盤，是日又賞正使一員茶葉二瓶，茶膏二匣，磁碗三個，磁碟一個，賞副使一員，茶葉二瓶，茶膏一匣，磁（碗）三個，磁碟一個。賞都通事一員，茶葉一瓶，茶膏一匣，磁碗二個，磁碟一個。
10 月 6 日	萬壽聖節，上詣安佑宮行禮，御正大光明殿，皇子王公文武大小官員蒙古王貝勒貝子公額駙及琉球國臣等行慶賀禮，禮成，御同樂園，賜皇子王公大臣蒙古王貝勒貝子公額駙及陪臣等茶果。	皇上萬壽聖節，陞正大光明殿，該使臣隨班行禮。是日入同樂園聽戲，賞該使臣等克食羊肉口方，壽桃一盤，奶餅一盤，菓盒三盒。賞正使一員緞一疋，紬二疋，漳絨二疋，荷包二對，漆盤一個，牙籤筒一個，磁鼻煙壺一個。賞副使一員緞一疋，紬二疋，漳絨一疋，漆盤

		一個，荷包二對，磁鼻煙壺一個，牙籤筒一個。賞都通事一員緞一疋，紬一疋，漳絨一疋，漆盤一個，荷包二對，磁鼻煙壺一個，牙籤筒一個。
10月7日	上御同樂園，賜皇子王公大臣蒙古王貝勒貝子公額駙及陪臣等茶果。	入同樂園聽戲，賞該使臣等克食羊肉二方，壽桃二盤，奶餅口盤，菓盒二盒，菓子一盤。又賞正使一員錦三疋，漳絨三疋，八絲緞四疋，小卷緞四疋，大荷包一對，小荷包二對，賞副使一員錦二疋，漳絨二疋，八絲緞三疋，小卷緞三疋，大荷包一對，小荷包二對。
10月11日	上詣大高元殿拈香，壽皇殿行禮駕進宮。	皇上自園進城，（該）使臣在西三座門外跪迎聖駕。
10月17日	上御紫光閣閱中式武舉馬步射。	由內務府交出加賞琉球正副使都通事土通事四員名緞皮袍各一件，月白紬長綿襖各一件，紬綿褲各一條，紬綿襪各一雙，皮帽各一頂，緞靴各一雙。從人十七名，藍布皮袍各一件，月白布綿襖各一件，月白布綿襪各一雙，口口各一雙，月白布綿褲各一條，皮帽各一（頂）。
10月18日	上詣大高元殿拈香。	皇上詣紫光閣，該使臣在神武門外跪請聖安，回國。

資料來源：嘉慶十六年《起居注册》、《歷代寶案》。

四、從《宮中檔》及《軍機處檔月摺包》看《歷代寶案》的史料價值

國立故宮博物院現藏《宮中檔》、《軍機處檔月摺包》及國立臺灣大學印行《歷代寶案》內含有頗多關於中琉兩國船隻遭風海難事件的資料，因詳略不同，可以互相補充。據《宮中檔》福

州將軍兼管閩海關事新柱奏招稱：

> 蔣長興等二十七名係福建閩縣船戶，在洋遭風，於乾隆十四年十一月二十二日飄至該國太平山，船隻衝礁擊破。瞿張順等十二名係江南常熟縣船戶，乾隆十五年二月十九日在該國奇界島地方被風將船擊碎，經該國王先後給與米鹽醬菜衣服等物，今乘貢船赴閩，令其附載回棹。所帶鹿角膠繭紬零星各物，合計核稅四兩五分零⑱。

乾隆十五年（1750）十一月十八日，琉球國王為解送難民移咨福建布政使司，為便於比較，將《歷代寶案》所錄咨文內容照錄於後：

> 琉球國中山王尚為恪遵部文內奉旨事理解送難民事，切乾隆十五年四月初七日，據大島地方官報稱，舊年十一月二十九日，海船壹隻飄到本地，其船戶瞿張順等□稱，張順等壹拾叁名，係江南蘇州府商人，本年十一月初七日，山東開船，欲往江南蘇州府劉口貿易，行到洋中，陡遭颶風。十二日，到膠州，十八日，膠州開船，□□洋中，忽遇暴風，失舵斷桅，二十九日，飄到大島地方，即蒙地方官修理船隻，發給米柴醬菜煙等項。十五年二月十九日，彼地開船，詎料洋中又逢大風。二十一日，□到奇界地方，衝礁打壞，登岸保命等由，即刻彼地方官給與廩餼收養，隨將所飄難民瞿張順等壹拾叁名，並撈□物件，本年四月初四日，送到山北運天地方，彼地方官轉送，既至中山泊村地方，即便發□安插，給與廩餼衣服等項，委官贍養。泊村地方官毛內間等呈稱，難民水梢朱三官□十二月間在奇界地方身染吐血病症，其病未癒，乞發醫士療治，即刻遣撥醫士壹員，每日診脈療治，至五月六月間，病勢

漸重，醫士盡心，用人參等種，奈病根已深，十二月初八日酉時身故，就令所同發給□□布帛奠□物等項，安葬於泊村西濱□林中，因而造墳立石刊誌，令村民看守。又于乾隆十五年五月初七日，據麻姑山地方官報稱，舊年十一月二十二日，烏船壹隻飄到本地，其船戶蔣長興等□稱，長興等貳拾柒名，係福建福州府閩縣商人，乾隆十四年四月二十二日，往廈門裝糖開船。五月初十日，到上海縣發賣。七月初七日，在彼地裝茶葉開船。二十二日，到錦州發賣，彼地裝瓜子黃苣等項，十月十五日，出錦州港，駛到江南外洋，陡遭西北□□，二十二日，飄到麻姑山，衝礁打壞，貨物沉空，只逃得性命上岸等□，即便發給飲食等項，並白裝陸領，白布褲二十一條□，將所飄難民蔣長興等貳拾柒名，並□□物件送到中山泊村地方，發館安插，給與廩餼收養□，除朱三官壹名外，貳船難民瞿張順、蔣長興等現在叄拾玖名，理合送還本土。查康熙二十三年八月內，禮部咨稱，今海禁已開，海上貿易行□□甚多，應移交濱海外國王等各飭該管地方，凡有船隻漂至者，令收養解送等□，欽遵在案，爲此照例按日給與廩餼衣服等件，委官贍養，茲逢進貢之便，附搭二號貢船都通事鄭餘慶等解送，前詣福省，伏乞貴司轉詳督撫兩院，令難民叄拾玖名各得生返故□，則普天率土莫不感戴矣，爲此理合備由移咨貴司，請依□文事理，察照施行，須至咨者⑲。

　　由前引內容可知琉球咨文所述較《宮中檔》詳盡，亦可據咨文內容補充《宮中檔》的不足，據咨文記載，瞿張順等十三人，於乾隆十四年（1749）十一月二十九日飄到琉球大島地方，乾隆

十五年（1750）二月十九日，由大島地方開船，在洋中又遇大風，二月二十一日，飄到奇界地方，船隻衝礁打壞，水梢朱三官於十二月間在奇異地方染患吐血病症身故。由此可知福州將軍兼管閩海關事新柱所稱「瞿張順等十二名」於「乾隆十五年二月十九日在該國奇界地方被風將船擊碎」等語，並不足採信，據琉球咨文稱，二月十九日，由大島地方開船，二月二十一日，飄到奇界地方。福建閩南縣商人蔣長興等二十七名，則於乾隆十四年（1749）十一月二十二日飄至琉球麻姑山，《宮中檔》新柱奏摺改為「太平山」。琉球咨文內開列福建、江蘇海難船戶、舵工、水手姓名及撈獲貨物名稱件數甚詳，其所開貨物內包括：天后娘娘軍將、羅經、大甲萬箱、小甲萬箱、皮箱、扁竹箱、方竹箱、帽盒、小大櫃、鹿角膠、數薄箱、銀子、銅錢、銅鑼、杉板鐵、枕頭、木面盆、鋪蓋、白氈、籐蓆、繭綢、棉被、棉褥、如面談、白眉故事、鷫鸘裘、庵妬羹、一捧雪、鹿筋、豆、鐵釘、鐵箍、壜子、水線、水桶、鉛錘、水櫃、鐵錨、笆斗、棕繩、針盤箱、銅瓢、鐵鍋等，其中《如面談》、《白眉故事》、《鷫鸘裘》、《庵妬羹》、《一捧雪》為當時流傳的語文及故事書籍，琉球咨文確實具有重要的史料價值。

乾隆三十六年（1771）三月二十二日，《軍機處檔‧月摺包》署理福建巡撫鐘音奏摺錄副，對琉球遭風海難船民高嶺等二十七名救助情形，奏報頗詳，其原奏如下：

> 竊照琉球遭風難番高嶺等二十七名夷船一隻，飄至浙江，於乾隆三十五年十二月初五日差弁護送到閩，臣隨飭司譯訊確供安插館驛，加意撫卹去後，茲據布政使錢琦呈詳，譯訊番語，係琉球國那霸府人，裝載米粟等物，於乾隆三十五年六月二十七日在八重山開舡，二十八日在洋遭風，

七月初八日，飄至浙江省石浦洋面，經地方官救護，資給
衣糧，並路費銀兩，於十二月初五日護送到閩。船內米粟
等物，除遭風棄洋外，存米七百三十二包，粟四十七包，
驗明人口貨物數目，於十二月初七日安插館驛。所坐原
舡，查驗完固，業經浙省給有衣糧路費，閩省毋庸賞賚，
今應照例以安插進館之日爲始，每名日給口糧，米一升，
鹽菜銀六釐，俟有熟識海道球舡到閩，分撥水梢幫駕回棹
之日，每名另給一月行糧，所需銀兩，統于存公項下動給
請銷⑳。

《歷代寶案》收錄福建布政使司給琉球的咨文，其中關於高
嶺等二十七人遭風飄流救護情形，敘述詳細，爲了便於比較，將
咨文內容照錄於下：

乾隆三十六年三月初一日奉署閩浙總督部堂鐘批本司會同
糧驛道詳，琉球國難夷高嶺等二十七人被風飄入浙江洋
面，經浙省撥船救護，引入象山縣石浦地方灣泊，加意撫
卹，會營轉護來閩一案，先奉憲臺檄飭，俟該夷船到閩，
譯訊供情，查驗安插，照例撫卹等因，嗣據閩安司巡檢徐
傳參稟報前項夷船於三十五年十二月初五日抵閩亭頭地
方，初七日到南臺番船浦停泊，當經本司道檄飭福防同知
安頓館驛，加意撫綏，查照例案，譯供詳覆，轉請核奏去
後，茲據該同知譯供造冊，詳奉憲臺批司查明妥議通詳察
奪等因，本司道查難夷高嶺等二十六人俱係琉球國那霸府
人，內高嶺一名是頭目，大嶺一名是舵工，其餘棚原等二
十四人俱係水梢，奉本國地方官差往八重山裝載大米一百
四十石，計五百六十包，粟一十一石七斗五升，共計四十
七包，併黑棕繩八綑，計重六百五十七觔外，舵水人等隨

帶燒器木皿等，兌換米一百五十石，計六百包，併隨身箱
籠等物，又附搭八重山桃林寺住持和尚喜納一名回國，以
上共計二十七名，於六月二十七日在八重山仝仲宗根船一
齊開駕。不料於六月二十八日在洋遇颶，無奈將各人兌換
的米丟棄海中，共計四百二十八包，只存七百三十二包，
約計一百八十三石，又公粟四十七包，任風漂到浙省洋
面，經汛官撥船救護，引入象山縣石浦地方。人口幸無損
傷，船身槓棋，亦無損失。所有關照，係八重山公所官收
去，改換米粟小單五幅收執，經浙省賞給日食口糧，併賞
給棉布短襖共七件，及雨篷，添置梧頭，燀洗船隻，發還
小單。又賞給各難夷路費銀二兩，及沿途口糧鹽菜，護送
來閩，於十一月二十五日由浙石浦地方開船，至十二月初
五日到閩，抵亭頭地方。初七日到南臺番船浦。復據該同
知親詣查驗，該船並無軍器，隨將難夷等二十七人即于初
七日安插館驛。查歷次遭風之例，以安插之日爲始，每人
日給米一升，鹽菜銀六釐，回國之日，各給行糧一個月，
又飄在鄰省，已給賞賚，閩省毋庸議給，歷經遵照在案，
今難夷高嶺等遭風，由浙來閩，事同一轍，止應照例請於
乾隆三十五、六兩年存公銀內分晰，供應鹽菜口糧，俟事
竣造冊請銷。所有船內裝載現存米粟，應如所請，或變色
即就地變價，如未變色將原物帶回，另行呈報。至該難夷
等作何回國，據存留通事魏開功供稱，難夷等所坐船身雖
屬堅固，槓棋無損，但難夷等未識閩省海道，難以駕回。
應如所請，俟進貢兩船到閩，派撥熟識海道水梢代爲駕
回，方得穩歸。再難夷高嶺供稱，更有仲宗根船在八重山
一齊開駕，茲據存留通事魏開功供稱，即係俞崇道船主仲

宗根之船，亦是本年六月二十八日在洋遭風，至七月初六
日，漂至浙江太平縣，於十月二十日護送到閩，安插館驛
等語。查俞崇道飄風人船，業經安插撫卹，詳請憲臺奏咨
在案，應俟遣發另文詳報㉑。

對照前引內容，可知《歷代寶案》所載日期，與《軍機處檔
‧月摺包》所報日期，彼此相合，因原咨文敘述較詳，可補清代
檔案的不足，由此可以說明《歷代寶案》具有很高的可信度。高
嶺等二十七名內，附搭的喜納一名，是八重山桃林寺的住持和
尚。原咨文所附清冊，開列二十七人姓名，其中高嶺是頭目，大
嶺是舵工，棚原等二十四名是水梢。原船所載貨物數量，人船漂
流及救護安插經過，咨文敘述亦詳。

乾隆四十九年（1784）二月十二日，《軍機處檔‧月摺包》
福建巡撫雅德奏摺錄副奏報琉球船隻飄風照例撫卹時指出：

原果等二十九人，俱係那霸人，奉首里官差往功古山島裝
運粟米到中山王倉交納，船內亦無軍器牌照，隨帶粟米衣
箱食物，于四十八年七月十四日由功古山島開船，十六
日，風浪猛烈，打折桅索。二十一日，飄至浙江洋面，遇
漁船護送進口，經定海縣查驗，照例撫卹，將船修理，給
發行糧，轉護來閩，于四十九年二月初五日安插館驛㉒。

乾隆四十九年（1784）二月初二日，署閩安副將葉巨剛申報
琉球海難船隻飄入浙江轉護到閩後，雅德即飭福建布政使譯訊供
情，照例撫卹。署福建布政使譚尚忠譯訊供情後即轉詳巡撫雅
德，雅德即於同年二月十二日具摺奏聞。譚尚忠後來又移咨琉球
國王，《歷代寶案》所錄咨文內容如下：

查得琉球國難番原果等二十九名，船隻遭風飄浙，護送來
閩一案，行據福防同知會營查驗，護送進口，譯供安插，

並查例案，造冊具詳前來，本署司覆查琉球遭風番船，船身長七丈四尺，闊二丈二尺，深八尺六寸，內配難番筆者原果等二十九名，俱係那霸島人氏，緣此船係奉本處首里官差派往宮古山島裝運粟米到中山王倉交納，船內並無軍器，亦無牌照，各人隨帶衣箱木箱食粟菜乾等物，于舊年七月十四日宮古島開船，十六日，將到久米島地方，遇風拋椗，因風浪猛烈，杉板槓棋，盡行飄失，打折椗繂，丟棄粟米，隨風飄流，于二十一日飄到浙江定海後山洋面，遇漁船呼問，帶押進口，報明定海縣，查驗船隻人數物件，照例安插，加賞月給口糧，並將船隻修整，添給杉板、製補槓棋、給發行糧，會營護送來閩，于本年正月十一日在定海開船，至二十九日到閩安鎮，二月初一日進口，經福防廳會營覆驗，於初五日安插館驛，譯供詳報。查該難番筆者原果等係屬遭風飄浙，護送來閩，浙省已經賞給衣被褲襖等物，閩省毋庸議賞，應如該廳所請，自二月初五日安插起照例每人日給米一升，鹽菜銀六釐，起程回國之日，另給行糧一月，在於乾隆四十九年存公銀內支給，事竣造冊報銷㉓。

由前引內容可知《歷代寶案》所錄咨文，其記載較《軍機處檔·月摺包》福建巡撫雅德奏摺更為詳盡，琉球遭風船，船身長七丈四尺，闊二丈二尺，深八尺六寸。原果即筆者原果，「功古山島」，當作「宮古山島」。其遭風地點，是在久米島附近。至於琉球船開船、遭風、飄至浙江洋面日期，與福建巡撫雅德奏摺所載相合，由此可以說明《歷代寶案》所錄文書，具有很高的可信度，是一種具有高度價值的珍貴史料。

五、《歷代寶案》的校訂與增補

民國二十五年（1936），國立台灣大學選派專人赴琉球那霸沖繩縣立圖書館影寫久米村天后宮《歷代寶案》藏本時，因原文有脫漏、訛字及次序錯亂者，轉抄人員未察，又增加了一些別字、錯字、白字，例如《歷代寶案》第五冊，頁二六〇五記載說：「乾隆十四年十一、十二兩月，內地出洋船隻遭風飄至琉球國者，先後共千船，該國王口船身堅固之林仕興等六船商人水手一百三十名，撥給桅水廩餼回籍。」同頁，「林仕興」，作「杖仕興」，同書頁二六〇八作「林任興」。對照《宮中檔》後可知句中「千船」，當作「十船；「林任興」當作「林仕興」。

《歷代寶案》第八冊，頁四五二九記載嘉慶六年（1801）正月初八日有江南商船一隻飄至琉球大島地方，通船人數共計十名，琉球地方官將海難人員安挿收養後，水手陳朝中竟騷擾琉球村民，並殺害同船水手，琉球國王移咨福建布政使司，在咨文內開列海難船民姓名，包括「黃法林」、「陸聖達」等人，對照現藏《宮中檔》奏摺後可知「黃法林」當作「黃發林」，「陸聖達」當作「陸信達」，咨文中脫落或殘缺之處頗多。由於《歷代寶案》抄寫或原文的訛誤殘缺，遂降低了其史料價值。為了便於比較，將《歷代寶案》所錄福建巡撫汪志伊奏摺抄件及《宮中檔》奏摺原件影印於後：

對照前引《歷代寶案》奏摺抄件與《宮中檔》奏摺原件後，可將《歷代寶案》抄寫脫落、訛誤、及省略之處列出勘誤表於後：

奏為審明賊盜同船多命之凶犯照例辦理

恭摺具

聖鑒事竊查提布政使李

奏仰祈

冷聞江南省民人黃發林等官為商船堂
隻同船舵水拾人於嘉慶肆年正月初树
日連風飄至琉球大島地方安頓候風遷
回水。程朝甲惡次上岸縣權調戲婦女
復挾同船影，阻止所為之總於貳月初
炎夜，舵水泰攷山陵信達周窗高之元
詳人。今破傷身兇棄屍落海开將□鴇
林張養林泰兇跳熠肆人慶盡蘭船欣欽
船底。因一仔溺斃乳死發林返名亦致欲
傷石後歷跳落衫板小船奎祥龍知慈廷
北方官举裸程朝中板出再鸖林等搭起
屍身四見驗明埋養船隻已破當即沉沒
將程朝中因荼木龍同難民黃發林等附
搭接回閩使船隻解运查辨等因除將程

朝中等令別槐求押外課各詳設著情到這
臣委程朝中道風飄入喪把上岸驗候相
戲婦女復散枝搒遙尖城寧多命情係可
惠亚應最行究辨行德松程宋後寄　會同
布政使李　帮同福州府知府岳山福防
同知。李玉睿恭雜親助阿寺臣随枝化璇山
勒绿程朝中筋蒜汪甸資山縣曲泰攷山
陵信达周窗馬正元淨焉發林函鸖林股
發林。魁填熠栓人俱係將戶沉發泰所
催舵水上年抬臺月間沉發泰在上海縣
儀紙。一定泰攷山筆共官為開赴山東克卸
在洋遭風飄折揽于年正月初树日飄至琉
球大島地方經寧島府官引詢詢島回撓即
修船候風遷回程朝中狗間發斥放廃窗
菁調戲種田婦女時與戈人爭鬧賣官令
询事告終募攷山等農加官束程朝中不

現秦放山等以程朝中。事無死逺向所
爲阻止并將回棹後告知船主逃官兇徒
程朝中心懷忿恨高意謀官覔月初珍徒
参更時分該犯見各人睏熟惟書鶴林張
發林秦覔張揩詳人同宿頭艙恐其一齊
驚誠。拜通用鉄錨木叚㽅宜将䑖盖板
不容出逃掫取各船利各走近米櫃取傷
周寅。心連顏自髙玉元起而查喬永被
該犯。各欣傷頂心左肩甲䖝犯後赴玉
秦放山欲偏忿所秦放山驚起喊叫掠扎
用事，傷其肛股仆倒齊喬喬背內
下倶各身无陡信逹黃蒼林開誠赴救誠
犯同各欣偈陸信逹黃鬚角蒼水斃命黃
答林将身死走亦被砍傷左後腿跳落彩
枝小船登岸䋲將書鶴林各在船下喊
叫該犯将閗寅等尼身坐秦海四用各砍砍

船底欲將書鶴林等一併溺斃旋經黃蒼
林鬚却更官無帶領多人等来救程朝中救出
書鶴林等傷起各尼身驗明投救把救經誅
閗王将程朝中斯搭救回閗使夫船窃
閗王將程朝中斯不謀語係扶悵書誅殺元並
送到閗審認不謀語係扶悵書殺元並
無別，亦無同謀加功之人失口不移秦
洒逃歸查詳載投定宗非元衆杰人疼運
遁死，亦謂同居叛奴婢偃工背是。到
載發定宗兵令江上先犯當明後候候定
非一面秦。

閗一面秦。

王命气行正法各等話已无秦放山等叛非盡
家猶係船戸沈發秦備偃船水回居客船
即與定宗衆無異謀扎程朝中在於屬地法
事連殺群命其餘任人亦各受傷被溺斃
屬兇殘不法程朝中應照殺定宗非元非

參人凌逼處死復連逼死元誅犯現在惡
病未便稍貸教逆顯戮法於審明後即奏
請

王命飭委核宗使喬　會同署左棟中軍泰持
覽羅海逼評程翔中拏赴考凌逼處死
開啃。閣在領喪人告知北等洞事伏允
致就多命之犯我

至聖皇帝。所痛恨定例即行正法遵飭令該
夷人。被宮谷水于隨同監制官前繼看
視以彰

國憲而。人心誅犯供無妻妾子女是否屬
實仍秋原照例詳視并查該犯財
產給行校我之英資林僑已平後同災
等屍嚴業經該閣驗明校埋原船收破沈
汝均母庸議船根等件令別奏銷黃蓉林
等逃田原籍為釋除脩錄供招咨郭弄咨

覆珠琭國王外并有審明辦理錄內反覆

奏伏先
皇上俯鑒謹
會同暫匝王　恭摺具

奏本。札開嘉慶陸年拾壹月拾捌日奉
前按宗使司喬　憲牌嘉慶陸年拾壹月
拾捌日奉
迻揆都院汪　憲牌照得江南省案
程朝中課殺同船犯水秦歆山等奉命示
黃發林等僑而木元一案程朝中係應淺
逢處死案未經本都院勘審明確誅犯情菲
重大應即奏請

王命先行正法令行飭委脩牌行司即使遵照
會同棟下中軍泰將主將碑犯程朝中寅
名驗明正身鄰起市曹凌逼處死并傳誅

福建巡撫臣汪志伊跪

奏為審明戕害同船多命之兇犯照例辦理恭摺

具

奏仰祈

聖鑒事竊臣據布政使李殿圖詳稱准琉球國王洛

開江南省民人黃發林等管駕商船一隻同船

舵水十八於嘉慶六年正月初八日遭風飄至

琉球大島地方安頓候風遣回水手程朝中疊

次上岸騷擾調戲婦女復挾同船夥伴阻止斤

罵之嫌於二月初九夜將舵水秦效山陸信達

周寅高正元四人用斧砍傷身死棄屍落海并

將曹鶴林張發林秦魁張增四人壓蓋頭艙砍

破船底希圖一併溺斃黃發林一名亦被砍傷

右後腿跳落杉板小船登岸報知該處地方官

莩獲程朝中救出曹鶴林等撈起屍身四具驗

明埋堑船隻已破當即沉沒將程朝中囚禁木

籠同難民黃發林等附搭接回國使船隻解送

查辦等因除將程朝中等分別禁押外理合詳

報等情到臣臣查程朝中遭風飄入夷地上岸

騷擾調戲婦女復敢挾嫌逞兇戕害多命情殊

可惡亟應嚴行究辦行據按察使喬人傑會同

布政使辰圖督同福州府知府岳山福防同

知張米五審擬解勘前來臣隨提犯覆鞫緣程

朝中籍隸江南寶山縣與秦效山陸信達周寅

高正元併黃發林曹鶴林張發林秦魁張增十

人俱係船戶沈發泰所雇舵水上年十一月間

沈發泰在上海裝載紙張交秦效山等管駕前

赴山東交卸在洋遭風折桅本年正月初八日
飄至琉球大島地方經守島夷官引泊島內撫
邮修船候風遣回程朝中獨自登岸拔蔗空薯
調戲種田婦女時與夷人爭鬧夷官令通事告
知秦効山等嚴加管束程朝中不理秦効山等
以程朝中生事無恥屢向阼罵阻止并稱回棹
後告知船主送官究治程朝中心懷忿恨蓄意
謀害二月初九夜三更時分該犯見各人睡熟
惟曹鶴林張發林秦魁張增四人同宿頭艙恐

其一齊驚喊掣肘隨用鐵錨木段壓住頭艙蓋

板不容出護携取修船利斧走近米櫃砍傷周

寅頂心連額角高正元起而查看亦被該犯用

斧砍傷頂心左肩甲該犯復起趕至秦效山睡宿

處所秦效山驚起喊叫該犯用斧割傷其肚腹

仆倒并罡砍其脊背兩下俱各身死陸信達黃

發林聞喊趕救該犯用斧砍傷陸信達右額角

落水斃命黃發林轉身跑走亦被砍傷右後腿

跳落杉板小船登岸維時曹鶴林等各在艙下

喊叫該犯將周寅等屍身丟葉海內用斧砍破
船底欲將曹鶴林等一并溺斃旋經黃發林報
知夷官帶領多人撈獲程朝中救出曹鶴林等
撈起各屍身驗明收埋報經該國王將程朝中
等附搭接回國使夷船咨送到閩審認不諱詰
係挾恨蓄謀致死並無別故亦無同謀加功之
人矢口不移案無遁飾　查律載殺一家非死
罪三人凌遲處死註云謂同居雖奴婢雇工皆
是又例載殺一家三命以上兇犯審明後依律

定罪一面奏

聞一面恭請

王命先行正法各等語已死奏效山等雖非一家俱

係船戶沈發泰傭雇舵水同居一船即與一家

無異該犯程朝中在於夷地滋事連殺四命其

餘五人亦各受傷被溺實屬兇殘不法程朝中

應照殺一家非死罪三人凌遲處死律凌遲處

死該犯現在患病未便稍稽致逃顯戮臣於審

甚是

明後即恭請

王命飭委按察使喬人傑會同署臣標中軍參將覺

羅海運將程朝中綁赴市曹凌遲處死并傳該

國在館夷人告知此等滋事行兇殺斃多命之

犯我

至聖皇帝深所痛恨定例即行正法隨飭令該夷人

及被害各水手隨同監刑官前往看視以彰

　　　　　　　　　　　　　　　　　　　　　　　　　　　旺正

國憲而快人心該犯供無妻妾子女是否屬實仍

移原籍查明照例辨理并查該犯財產給付被

殺之家黃發林傷已平復周寅等屍骸業經該

國驗明收埋原船砍破沉没均毋庸議船照等
件分別咨銷黄發林等遞回原籍省釋除備録
供招咨部并咨覆琉球國王外所有審明辦理
緣由臣謹會同督臣玉德恭摺具

奏伏乞

皇上睿鑒謹

奏

刑部知道

《歷代寶案》福建巡撫汪志伊奏摺抄件勘誤表

頁次	行次	歷代表案	宮　中　檔
4530	下二	布政使李	布政使李殿圖
4530	下六	水口程朝中	水手程朝中
4530	下七	同船夥口	同船夥伴
4530	下八	口舵水	將舵水
4530	下八	高口元	高正元
4530	下九	口斧砍傷	用斧砍傷
4530	下九	口鶴林	曹鶴林
4530	下一〇	砍砍船底	砍破船底
4530	下一一	口圖一併溺斃	希圖一併溺斃
4530	下一二	砍傷石後腿	砍傷右後退
4531	上四	按察使喬	按察使喬人傑
4531	上五	布政使李	布政使李殿圖
4531	上六	福防同知口采五	福防同知張采五
4531	上八	陸信口	陸信達
4531	上九	口魁	秦魁
4531	上一一	裝載紙口	裝載紙張
4531	上一四	扳蔗乞薯	拔蔗乞薯
4531	下一	口事無恥	生事無恥
4531	下六	驚喊口肘	驚喊掣肘
4531	下八	口心連額角	頂心連額角
4531	下九	口斧砍傷頂心	用斧砍傷頂心
4531	下九	該犯復口至	該犯復趕至
4531	下一一	用斧口傷其肚腹	用斧劃傷其肚腹
4531	下一三	該犯用斧砍傷陸信達黃發角落水	該犯用斧砍傷陸信達右額角落水
4531	下一六	用斧砍砍船底	用斧砍破船底
4532	上六	並無別口	並無別故
4532	上八	口云謂同居	註云謂同居
4532	上八	口例載	又例載
4532	上一一	恭口王命	恭請王命
4532	下四	按察使喬	按察使喬人傑
4532	下六	幷傳口國	幷傳該國
4532	下八	口所痛恨	深所痛恨
4532	下九	口被害各水手	及被害各水手
4532	下一一	彰國憲而口人心	彰國憲而快人心
4532	下一四	原船砍砍沈沒	原船砍破沈沒

　　由前列簡表可以看出《歷代寶案》脫落情形，可據《宮中檔》原摺訂正。《歷代寶案》所錄福建巡撫汪志伊奏摺，脫落者共二十五處，訛誤者共六處，因文書體例而刪略者四處，合計三十五處。例如布政使李殿圖、按察使喬人傑，原摺俱書明姓名，福建布政使司發給琉球的咨文，僅書寫姓氏，而省略了名字，《歷代寶案》所錄奏摺即據咨文內容抄寫而成，其餘脫落訛誤字句，則爲年久殘破及抄寫筆誤所致。由於殘缺甚多，已喪失其完整性，只能說是一種殘檔。陳捷先教授在〈清代奏摺資料與中琉關係史研究〉一文中曾指出琉球商船遭風到中國的事，幾乎每年都會發生，福建地方官在這方面的報告也特別多，這些報告有時也可以補充琉球官書如《歷代寶案》等的記事不足，或訂正其抄錄的錯誤。以道光六年（1826）琉球人大城筑登之與蒲戶比嘉等人的遭風船爲例，革職留任的福建巡撫韓克均奏報大城筑登之等人一行是道光六年（1826）四月十九日乘船離那霸的，同年五月十八日遇風，後來飄到朝鮮全羅道被救，再由朝鮮官員護送到中國，經瀋陽輾轉來到福州。這一段經過，韓克均在奏摺中說得很清楚，琉球《歷代寶案》裡也收錄這一報告。但是若將琉球《歷代寶案》所抄的與韓克均奏摺所寫的作一比較，我們會發現有如下的不同：據臺灣大學影印本《歷代寶案》第十一冊，六一〇七頁下十三行「乘小松板船一隻」，韓克均奏摺作「乘小杉板船一隻」；六一〇八頁上八行「此次旣經盛京各衙門賞給衣服」，句中「旣經」，韓克均奏摺作「已由」，同頁上十一行「每日給米一升」，韓克均奏摺作「每人日給米一斤」；同行「俟琉球國進貢船隻返棹時，附搭回國」，句中「回國」，韓克均奏摺作「同回」；同頁上十五行「言語不通、供詞間多舛錯」，韓克均奏摺在「言語不通」上有「因」字。以上所列的雖然都是無關宏旨的

小異處，但畢竟兩者間是有些微不同的，而《歷代寶案》的記事
在文辭上似不如韓克均奏摺的工整，也許這也可以證明經過轉抄
的《歷代寶案》，需要補正，而清代奏摺資料，正是最佳的，也
是唯一的依據㉔。

　　有清一代，檔案數量，固然汗牛充棟，其文書種類，也是名
目繁多，《歷代寶案》所收錄者，亦僅限於中琉關係部分往來文
書而已，尚有頗多檔案不見於《歷代寶案》，為了提供更多的研
究資料，發掘檔案，更是不可或缺的工作。中琉關係，不限於政
治方面，其經濟、文化等方面的關係，尤其密切。現存清代檔案
中含有頗多朝貢貿易的原始資料，琉球進貢船隨帶土產，貢船回
國兌買貨物，俱開列清單，都是探討中琉朝貢貿易的珍貴資料，
這些摺件清單，多未為《歷代寶案》所收錄，例如乾隆三十四年
（1769）十一月二十九日，署福州將軍閩浙總督崔應階將琉球貢
船回國兌買絲綢布疋雜物按則科算免過稅銀數目繕具清單，進呈
御覽。為便於說明琉球貢船兌買貨品名稱、數量及稅銀，可列簡
表於後：

乾隆三十四年琉球貢船兌買貨品明細表

船　別	品　名	數　量	稅　銀	備　註
頭號船	土絲	1500 觔	12 兩	20 包
	濮院綢錦綢	844 疋	16 兩 8 錢 8 分	
	紅白縐紗	267 疋	6 兩 4 錢 8 釐	
	花綾	58 疋	1 兩 1 錢 6 分	
	土緞	33 疋	8 錢 2 分 5 釐	
	土絹	80 疋	8 錢	
	湖綿	35 觔	3 錢 9 分 2 釐	
	絲線	40 觔	1 兩 4 分	
	夏布	442 疋	1 兩 3 錢 2 分 6 釐	
	棉布	35 疋	1 錢 5 釐	
	斜紋布	105 疋	6 錢 3 分	

雜藥	57610 觔	57 兩 6 錢 1 分	
胡椒	7075 觔	56 兩 6 錢	
木香	1465 觔	5 兩 8 錢 6 分	
玳瑁	783 觔	23 兩 4 錢 9 分	
蟲絲	185 觔	1 兩 1 錢 1 分	
砂仁	3275 觔	9 兩 8 錢 2 分 5 釐	
銀硃	1150 觔	14 兩 9 錢 5 分	
中茶葉	4370 觔	13 兩 1 錢 1 分	
線香	1832 觔	1 兩 4 錢 6 分 6 釐	72 箱
漆木箱	94 隻	1 兩 8 錢 8 分	
紅氈	1095 觔	2 兩 1 錢 9 分	365 條
花氊	21 觔	4 分 2 釐	7 條
棉弓	121 觔 14 兩	1 錢 2 分 2 釐	1950 條
白糖	9000 觔	9 兩	
桔餅	4000 觔	4 兩	
冰糖	2400 觔	2 兩 8 錢 8 分	
蜜浸糖料	400 觔	3 錢 4 分	
油傘	1100 把	1 兩 1 錢	
粗碗	780 觔	7 錢 8 分	1560 副
磁碗	360 觔	7 錢 2 分	720 副
白紙扇	1000 把	6 錢	124 刀
毛邊紙	22280 張	1 兩 4 錢 2 分 6 釐	
面袋紙	580 觔	3 錢 6 分 5 釐	29 綑
夾紙	5950 觔	3 兩 7 錢 4 分 9 釐	350 綑
粗扇	4000 把	1 兩 2 錢	
竹篦	8200 個	6 錢 5 分 6 釐	
墨	115 觔	5 錢 7 分 5 釐	
魚膠	430 觔	8 錢 6 分	
象牙	45 觔	1 兩 1 錢 2 分 5 釐	
漆木盤匣	320 個	5 錢 1 分 2 釐	
色紙	1500 張	9 分 6 釐	
沉香	60 觔	1 兩 8 錢	
安息香	30 觔	3 錢 3 分	300 包
香餅	30 觔	2 分 4 釐	300 包
纖絨	15 疋	3 錢	
錫磓	50 觔	1 錢	15 個
浸油香料	100 觔	8 分	

	小油紙	350 張	7 分	
	棉帶	15 觔	4 分 5 釐	
	蘇木	200 觔	3 錢	
	白礬	600 觔	3 錢	
	字畫	4 張	2 分 4 釐	
	宜興礶	15 觔	1 分 5 釐	30 個
	紙扇匣	700 個	5 分 6 釐	
	薑黃	1030 觔	1 兩 3 分	
合計			264 兩 2 錢 7 分 9 釐	
二號船	土絲	1425 觔	11 兩 4 錢	19 包
	濮院綢錦綢	844 疋	16 兩 8 錢 8 分	
	紅白縐紗	267 疋	6 兩 4 錢 8 釐	
	花綾	58 疋	1 兩 1 錢 6 分	
	土緞	33 疋	8 錢 2 分 5 釐	
	土絹	80 疋	8 錢	
	湖綿	35 觔	3 錢 9 分 2 釐	
	絲線	40 觔	1 兩 4 分	
	夏布	442 疋	1 兩 3 錢 2 分 6 釐	
	棉布	35 疋	1 錢 5 釐	
	斜紋布	100 疋	6 錢	
	雜藥	57610 觔	57 兩 6 錢 1 分	
	胡椒	7075 觔	56 兩 6 錢	
	木香	1465 觔	5 兩 6 錢 6 分	
	玳瑁	782 觔	23 兩 4 錢 6 分	
	蟲絲	180 觔	1 兩 8 分	
	砂仁	3275 觔	9 兩 8 錢 2 分 5 釐	
	銀硃	1145 觔	14 兩 8 錢 8 分 5 釐	
	中茶葉	4370 觔	13 兩 1 錢 1 分	
	線香	1832 觔	1 兩 4 錢 6 分 6 釐	72 箱
	漆木箱	94 隻	1 兩 8 錢 8 分	
	紅氈	1095 觔	2 兩 1 錢 9 分	365 條
	花毯	21 觔	4 分 2 釐	7 條
	棉弓	118 觔 12 兩	1 錢 1 分 9 釐	1900 條
	白糖	9000 觔	9 兩	
	桔餅	3500 觔	3 兩 5 錢	
	冰糖	2000 觔	2 兩 4 錢	
	蜜浸糖料	400 觔	3 錢 4 分	

	油傘	1062 把	1 兩 6 分 2 釐	
	粗碗	775 觔		1550 副
	磁碗	360 觔	7 錢 2 分	720 副
	粗扇	3800 把	1 兩 1 錢 4 分	120 刀
	毛邊紙	21600 張	1 兩 3 錢 8 分 2 釐	29 綑
	面袋紙	580 觔	3 錢 6 分 5 釐	340 綑
	夾紙	5780 觔	3 兩 6 錢 4 分 1 釐	
	竹篦	8000 個	6 錢 4 分	
	墨	120 觔	6 錢	
	魚膠	300 觔	1 兩 1 錢 2 分 5 釐	
	象牙	45 觔	6 錢	
	白紙扇	1000 把	5 錢 2 分 8 釐	
	漆木盤匣	330 個	9 分 6 釐	
	色紙	1500 張	1 兩 8 錢	
	沉香	60 觔		300 包
	安息香	30 觔	2 分 4 釐	300 包
	香餅	30 觔	3 錢	
	纖絨	15 疋	7 分 6 釐	14 個
	錫礶	38 觔	2 錢 2 分 4 釐	
	白苧	280 觔	6 分	
	小油紙	300 張	4 分 5 釐	
	棉帶	15 觔	2 錢 4 分	
	冬蜜	200 觔	5 分 6 釐	
	紙扇匣	700 個	9 分	
	苧線	30 觔	1 分	20 個
	宜興礶	10 觔	6 分 4 釐	
	壽山石	160 觔	1 兩	
合計	薑黃	1000 觔	261 兩 8 錢 9 分 6 釐	
總計			526 兩 1 錢 7 分 5 釐	

資料來源：國立故宮博物院現藏《軍機檔・月摺包》，第 2771 箱，第 72 包，11383
號。

　　由前列明細表可知琉球頭號及二號貢船回國所兌買貨品內
容，大同小異，數量亦相近，除絲綢布疋等生活物資外，還包括
漆木盤匣、字畫、壽山石等文物。由於朝貢貿易及清廷頒賞的頻

繁，中國文物遂大量流入琉球社會。現藏清代中琉關係文書，因其未移咨琉球國王，所以《歷代寶案》並未收錄這類未移咨的文書及其附件，可以補充《歷代寶案》的不足。

六、結　語

　　《歷代寶案》的文書種類，主要為詔書、敕諭、咨文、表文、奏本、奏摺、執照、符文、祭文、清單等，包括明清君主頒給琉球國王的詔書、敕諭、祭文、頒告正朔文，禮部、福建布政使司等衙門知照琉球國王的咨文，琉球國王進呈明清君主的表文、奏本、奏摺，知照禮部、福建布政使司等衙門的咨文，頒給進貢使臣及解送海難船民的執照、符文，以及琉球國王與南明諸王、朝鮮等往來文稿，都是珍貴的歷史檔案。

　　有清一代，歷史檔案，可謂汗牛充棟，其遷運來臺者，為數亦頗可觀。國立故宮博物院現藏清代檔案中涉及中琉歷史關係者，舉凡封貢關係、朝貢貿易、海難救助及文物交流等政治、經濟、文化各方面的檔案資料，為數尚夥。現藏《上諭檔》、《宮中檔》、《軍機處檔・月摺包》內，含有寄信上諭、明發上諭、督撫奏摺原件及錄副抄件，《歷代寶案》內的咨文，亦多抄錄奏摺全文及諭旨，將國立故宮博物院現藏清代檔案對照《歷代寶案》，互相比較，可以了解《歷代寶案》所錄諭旨及奏摺，俱未經刪改，頗能保存史料眞貌，充分說明《歷代寶案》是一種可信度很高的歷史檔案。

　　國立故宮博物院現藏清代檔案，以督撫將軍提督總兵官布政使按察使的奏摺為最豐富，禮部、布政使司等衙門知照琉球的咨文，卻屬罕見，《歷代寶案》則保存頗多禮部、福建布政使司等衙門知照琉球國王的咨文，可補現藏檔案的不足。清廷頒給琉球

國王的詔書、敕諭及賞賜物件,雖部分見於《上諭檔》,但多不全,遠不及《歷代寶案》的完整。琉球和中國都重視海難救助問題,琉球方面解送中國遭風難民返回原籍時所頒執照,均開列船戶舵工水手姓名、原籍,撈獲及攜帶物件名稱數量,可以說明當時海上交通、貿易內容及經濟活動。琉球貢使或謝恩使臣來華入京經過,《宮中檔》、《軍機處檔・月摺包》奏摺原件及錄副,奏報頗詳。琉球使臣在京師的活動,《起居注冊》偶有記載,但很簡略,《歷代寶案》收錄禮部咨文則將琉球使臣在京活動逐日開列,記載頗詳,可補《起居注冊》的不足。琉球國王進呈中國皇帝的表奏,知照禮部、福建布政使司等衙門的咨文,都以漢字書寫,文辭流暢,也可以說明《歷代寶案》的文學價值。總而言之,由於《歷代寶案》保存鄰邦尤其是中國方面所散佚的完整史料,可補明清檔案的缺失,更突顯《歷代寶案》的史料價值。

民國二十五年(1936),國立臺灣大學選派專人赴琉球那霸沖繩縣立圖書館影寫久米村天后宮《歷代寶案》藏本時,因原文有脫漏、訛誤及錯亂之處,轉抄人手,程度不齊,別字、錯字、白字頗多,可據國立故宮博物院等處現藏檔案校訂其錯誤,出版《歷代寶案》校註本,以增加《歷代寶案》的可信度及完整性。同時將《歷代寶案》未收錄的各類文書,有系統地搜集整理,按照編年體排比,纂修琉球檔案資料彙編,列爲《歷代寶案》的補編或附錄,以補充《歷代寶案》的不足,使琉球史料更加完備。

現刊《清史稿》〈琉球國傳〉,僅四千餘字,篇幅很少,旣簡略,疏漏尤多,重修〈琉球國傳〉固然重要,纂修琉球正史,更是刻不容緩,可就現存《歷代寶案》、明清檔案,及已刊各書,計劃纂修琉球史通鑑長編,年經月緯,彙集成編,按日可稽,長編旣成,一方面可供修通鑑的採擇,經過刪節,編年述

事，即成通鑑，一方面可用來重修《清史稿》〈琉球國傳〉，或以備纂修琉球信史的參考。總之，《歷代寶案》的史料價值是不容置疑的，如何校訂補正，使其更臻完善，則爲學術界共同關心的工作。

【註　釋】

① 　《歷代寶案》（國立臺灣大學，臺北，民國六十一年），第一册，頁 4。

② 　徐玉虎撰〈琉球歷代寶案之研究〉，《輔仁學誌》，第十一期（臺北，民國七十一年六月），頁 297。

③ 　《歷代寶案》，第一册，頁 1，例言。

④ 　《學仁學誌》，第十一期，頁 265。

⑤ 　《歷代寶案》，第六册，頁 3668，乾隆五十一年二月十六日，〈敕諭〉。

⑥ 　《上諭檔》，方本，乾隆五十一年正月十三日，頁 83。

⑦ 　《上諭檔》，方本，乾隆五十四年十二月初二日，頁 89。

⑧ 　《宮中檔乾隆朝奏摺》，第二輯（國立故宮博物院，臺北，民國七十一年六月），頁 632，乾隆十七年四月初九日，閩浙總督喀爾吉善奏摺。

⑨ 　《歷代寶案》，第六册，頁 2658，抄錄禮部題本。

⑩ 　《宮中檔乾隆朝奏摺》，第二輯，頁 633。

⑪ 　《歷代寶案》，第五册，頁 2647，乾隆十六年十月二十六日，咨文。

⑫ 　《歷代寶案》，第六册，頁 3759，乾隆五十四年二月二十六日，字寄。

⑬ 　《歷代寶案》，第六册，頁 3760，乾隆五十四年閏五月初二日，

咨文。

⑭　《起居注册》（國立故宮博物院，臺北），嘉慶十二年十二月至嘉慶十三年正月分。

⑮　《歷代寶案》，第九册，頁 4902-4905，嘉慶十三年九月十三日，咨文。

⑯　《起居注册》，嘉慶十四年二月至三月分。

⑰　《歷代寶案》，第九册，頁 5025-5026，嘉慶十四年三月，咨文。

⑱　《宮中檔乾隆朝奏摺》，第一輯（國立故宮博物院，臺北，民國七十一年五月），頁 440，乾隆十六年八月十八日，福州將軍兼管閩海關事新柱奏摺。

⑲　《歷代寶案》，第五册，頁 2622，乾隆十五年十一月十八日，咨文。

⑳　《軍機處檔·月摺包》，第 2771 箱，82 包，13873 號，乾隆三十六年三月二十二日，署理福建巡撫鐘音奏摺錄副。

㉑　《歷代寶案》，第六册，頁 3288，乾隆三十六年七月初七日，咨文。

㉒　《軍機處檔·月摺包》，第 2776 箱，149 包，35754 號，乾隆四十九年二月十二日，福建巡撫雅德奏摺錄副。

㉓　《歷代寶案》，第六册，頁 3639，乾隆四十九年，咨文。

㉔　陳捷先撰〈清代奏摺資料與中琉關係史研究〉，《第一屆中琉歷史關係國際學術會議論文集》（聯合報文化基金會國學文獻館，臺北，民國七十六年十月），頁 301。

清代專案檔的史料價值

一、前　言

　　清代辦理軍機處爲便於查考舊案，例須將經辦事項抄錄存貯。國立故宮博物院現藏軍機處檔以摺包與檔册爲數較夥，前者主要爲宮中檔奏摺的抄件，即奏摺的副本，內含各類清單、附片、地圖，此外尚有各類文書，如咨文、知會、照會、函札等，原係按月分包儲存，故稱月摺包，簡稱摺包；後者則爲分類記載各種文件事務的簿册，軍機處承宣諭旨及經辦文移，皆須分類謄錄，裝釘成册。軍機處漢字檔册，因數量繁多，歷年翻閱，間有擦損，於乾隆五十四年、六十年、嘉慶六年，三次謄繕，另貯備查。嘉慶十年起，定例每屆五年繕修一次，自咸豐四年起改爲每三年繕修一次。張德澤撰「軍機處及其檔案」一文指出檔册爲軍機處分類彙抄關於國家庶政的檔案，是軍機處檔案中最重要的部分，並依其性質，將檔册分爲目錄、上諭、奏事、電報、記事、專案等六册。例如隨手登記檔、摺片登記檔等屬於目錄類；寄信檔、上諭檔等屬於上諭類；奏摺檔、議覆檔等屬於奏事類；收發電檔等屬於電報類；早事檔、密記檔等屬於記事類；至於專案類則以事爲綱，逐日抄繕成册，其每一種檔册，僅關一類之事，並不雜載。張氏將專案檔分爲洋務、藩務、軍務、典禮、引見、行圍、巡幸、考績八種①。惟前述各種專檔中多屬於記事類，本文僅就國立故宮博物院現藏清代辦理地方事件的專案檔册，逐項簡介，探討其史料價值，俾有助於清史的研究。

二、緬　檔

　　清高宗乾隆初年，緬甸曾遣使朝貢中國，旋即中斷。自甕藉牙（Aungzeva）崛起以後，因邊境糾紛而導致中緬關係的惡化，清廷四次興師征討緬甸，緬王旋遣使進表納貢，接受册封，緬甸正式納入中國的藩屬體系之內，緬檔即探討清高宗時代中緬關係的重要直接史料。國立故宮博物院現藏緬檔起自乾隆三十二年至三十五年，計八册。內含字寄、傳諭、特諭、內閣奉上諭、知照、檄諭、書信及軍機大臣的奏片等文書。字寄與傳諭屬於寄信上諭，即所謂廷寄。內閣奉上諭由軍機大臣撰擬，經述旨發下後交內閣傳鈔，稱爲明發上諭。清代特諭，多爲君主特降的硃筆諭旨，惟緬檔內所錄特諭是軍機處交辦事件，例如乾隆三十四年正月十三日載特諭一道，其文云：「辦理軍機處諭雲南押送逃犯多成之把總知悉，所有逃犯多成現在奉旨仍解回雲南，交與總督明德。該把總接到此諭，即速行解回。交至總督衙門，該把總沿途務宜小心防範，毋致有疏虞，自干重戾，特諭。」知照爲行知會辦的一種文書，其性質與知會、咨文相近，例如乾隆三十二年三月，緬檔抄錄知照一件，原文云：「辦理軍機處爲知照事，本月初四日奉上諭，諾穆親著調補雲南驛鹽道，錢受穀著調補雲南迤東道，俱隨總督明瑞前往辦事，所遺河南開歸道員缺，著孫廷槐調補，陝西漢興道員缺，著甘廣調補，欽此。經本處奏明錢受穀即著馳驛前赴雲南永昌府，諾穆親在河南驛站孔道候雲貴總督明瑞過時即隨同馳驛前往，相應知會貴撫即令該員遵照起程，須至知照者，右咨河南、陝西巡撫。」檄諭則爲曉諭或罪責藩屬的一種文書，辦理軍機處設立後，檄諭多由軍機大臣擬寫，以地方督撫大員的名義發出。例如乾隆三十三年十一月初四日軍機大臣遵

旨擬寫檄諭老官屯頭人邦拉塔文稿，進呈御覽發下後，交與翁得勝等譯出擺夷字，與漢字原稿一齊寄交阿里袞等對明繕寫。其漢字原稿全文爲：「副將軍協辦大學士、戶部尚書、一等果毅公、署雲貴總督阿，檄榆結些頭目。爾僻處遐荒，毗連緬境，今春爾爲該匪出力，抗拒天兵，本爵等所深知。但念爾爲賊匪所脅，姑不追咎旣往。茲聞爾等與緬酋搆釁，於六月內進兵，可見爾等明於順逆，甚屬可嘉，若能督率夷衆，悉力攻勦，取其土地，即奏聞大皇帝，加恩賞賚，並以其地與爾管轄，爾等自必向慕天朝德化。如欲投誠納款，不拘今冬明春，及大兵進勦之時，隨到隨即奏聞大皇帝格外重加恩賞，且可長受天朝德澤，永享太平之福，爲此諄切開諭，爾其凜遵，特諭。」②其餘檄諭頗多，如檄諭南掌國王、檄諭暹羅國王等文稿，可以了解清廷在中緬之役中所採取的封鎖政策。在緬檔內所抄錄的書信，件數亦夥，內含「譯出緬匪給隴正官字」、「譯出木邦宣慰與將軍字」、「譯出木邦宣慰與八土司字」、「譯出木邦苗溫與芒市等八土司棕葉字」、「木邦宣慰與領兵大人字」、「譯出木邦宣慰與遮放頭目字」、「譯出木邦宣慰與將軍並八土司字」、「譯出苗溫與將軍棕葉子」、「譯出緬匪頭目乜牟水當角塘蒲葉書」等，都是珍貴的史料。其中「譯出緬匪給隴正官字」，係乾隆三十三年十二月十一日所錄，爲緬甸領兵官芒普拉諾爾塔寄給隴正及擺夷頭人的書信，信中指出「請天朝有名有姓的官兩位到敦洪坎地方，我們也差個明白的官，當面說個明明白白。你們兩個在中間替我們講，若天朝肯依，我們兩邊就多好了，若天朝執意不肯，必要打杖，我們也怕不得了。」中緬之役，清軍屢戰屢敗，緬甸的態度益趨強硬。

　　緬檔內抄錄的供詞是探討中緬戰役的直接史料，爲一般官書

所不載。乾隆三十二年五月二十五日，軍機大臣詢問蕭日章，據
稱「邊外瘴氣從四月起至九月方止，瘴氣也不一樣，最甚莫如七
八九三月。邊外稱平地為把子，大約山深箐密把子少者瘴氣最
甚，其中山勢開敞把子寬廣者瘴氣略少，惟十一月至三月此五個
月可以進兵，山頂透風之處瘴氣就少些。聽見緬匪每次打仗。先
將近緬邊地夷民驅集在前，我兵鎗礮打斃者多係此種名叫肉攩
牌，所以真緬匪一時不得盡行殲滅。」清高宗以初秋逢閏，節氣
早涼，瘴氣易消，恐曠日持久，而命將軍明瑞於九月初進兵，緬
兵採取堅壁清野之計，廬舍為墟，明瑞孤軍深入，兵敗自縊，全
軍覆沒③。乾隆三十三年六月初七日，軍機大臣詢問耿馬土司罕
朝璣，據稱「緬地糧米多係糯稻，不論山坡地角，零星播種，相
近阿瓦地方，土地平坦，天氣和暖，隨割隨種，有一熟兩熟不
等，一切菜蔬，四季俱有。至賊人多用標子、短刀，鎗礮亦多，
又有地雷一種，埋在大路中間，上用樹枝架住，將土蓋上，人馬
踹著即時發火轟燒，這是在蠻結一路親見有人踹著的。至緬地賊
眾共有若干，不能深悉，我在軍營看見賊眾終不敢在平地接仗，
只等大軍在兩山中間路窄之處及山坡險峻難行地方始來攔截，且
預備鎗礮等候，待我兵自下而上漸至疲乏之時，方來衝突。再緬
子領兵頭目俱穿紅衣，兵丁俱穿青衣，每隊後另有人眾挑著糧米
跟隨，總因賊數眾多，所以打仗輕便，而糧石亦不致短少。」緬
兵所用的標子固非利器，惟其鎗礮已經改良，是一種新式武器，
清軍仍用弓箭、鳥鎗，其殺傷力遠不及緬兵所用的地雷及鎗礮。
楚雄民人何士順曾被俘至緬甸，逃回內地後曾供稱「鎗礮聞係西
洋人所造，其鎗皆自來火，礮子有重至五六十兩者，鉛彈率五六
錢以上。」

　　除供詞外，緬檔內也附錄了各種清單，例如乾隆三十二年三

月二十四日所錄「擬撥各省銀數清單」，開列河南、安徽、江蘇、兩淮鹽課內共撥銀二百一十萬兩，合雲南省庫存銀九十萬兩，共銀三百萬兩。楚姚鎮總兵印務曾奉旨令觀音保署理，旋因觀音保奉旨在領隊大臣上行走，其所遺總兵員缺，應於各現任總兵內另簡一員調補，或令國柱補授之處，軍機大臣繕寫奏片請旨，請將雲南省總兵名單進呈御覽，經清高宗欽定，令國柱補授，軍機大臣即擬寫明發上諭，原稿為：「乾隆三十二年五月十三日，內閣奉上諭，雲南楚姚鎮總兵員缺著國柱補授，欽此。」此外如「雲南綠營兵丁月支銀米數目清單」、「京兵月支銀糧數目清單」、「軍營出力副將名單」、「各省辦解馬匹數目清單」等俱為探討清廷征討緬甸的重要資料。至於「鄂寧自書清單」則為一種口供單，舒赫德與鄂寧具奏密陳情形一摺內有設法招致緬甸投誠等語，清高宗降旨令其明白迴奏，舒赫德與鄂寧彼此爭執推諉，鄂寧入京後，清高宗面詢在雲南如何商辦，鄂寧遂具書奏單，原單全文為：「舒赫德云，召見時議論進勦緬匪之事，皇上言譬如朕不要行之事，汝等要行，朕必不依，若天不許行，而朕強行，亦不可也（夾批：此旨已記錯改正）。但此事有關國體，實難即罷休，若緬匪果然投降，還可將就，仍奏云若該匪有幾分投降光景，奴才等裝點幾分還可以使得（夾批：此語實未曾奏），若全無光景，奴才等也不敢就將難辦情形奏來求皇上交王大臣會議（夾批：此語有的），皇上未下旨意，但泛言鄂寧就打發個人去也使得罷了等語（夾批：朕言此亦不過如雍正年間西路罷兵之議耳，究不能瞞人，何云未下旨意，朕何曾有此語）。鄂寧再三問舒赫德，此話都是真麼？仍云此等大事，我承旨三四十年，如何得錯。鄂寧到永昌，當阿里袞面前議論之間，又將此話問舒赫德兩三次，仍具如此言，並無改易，阿里袞俱亦聽聞。」

清軍在征緬戰役中，損兵折將，以致束手無措，竟議招降緬甸，鄂寧所書供單，雖經御筆改正，然而舒赫德在軍機處承旨數十年，其招降之說，當係奉承旨意罷了。總之，探討中緬之役的原因及經過情形，除宮中檔奏摺原件、軍機處月摺包外，緬檔實爲珍貴的直接史料。

三、金川檔

金川因河而得名，有大金川與小金川之分。大金川，當地土語稱爲促浸，意即大川，小金川，土語稱爲儧拉，意即小川。因臨河一帶，傳說可以開礦採金，故促浸習稱大金川，儧拉習稱小金川④。明代曾冊封讚拉土司爲金川寺演化禪師，清初康熙年間，沿明舊制，頒授金川寺演化禪師印信。雍正初年，爲削弱儧拉勢力，另授促浸土司爲大金川安撫司，令其分疆而守，互相牽制。惟大小金川聲勢日盛，恃強侵奪，不安住牧，邊境遂無寧歲。清高宗爲求一勞永逸之計，於乾隆十二年二月，興師進勦大金川，但因邊地重山疊嶺，堅碉林立，兵力難施，清高宗知難而退，旋即降旨班師。大金川自是益輕天朝，勾結小金川，狼狽爲奸，肆意劫掠，清高宗深悔姑息，決心大加懲創，乃於乾隆三十六年六月，第二次征討大小金川。金川檔即軍機處辦理大小金川案的檔册，起自乾隆三十六年，迄於乾隆四十一年止，共計十三册。就文書種類而言，有寄信上諭、明發上諭⑤、咨文、知照、知會、奏片、議覆摺、札啓、傳旨及檄諭等，方略館或實錄館即據各類諭旨及摺奏等彙纂成書，惟內容多經刪略，例如乾隆三十六年八月初八日，軍機大臣協辦大學士戶部尚書于敏中遵旨寄信副將軍溫福，上諭原文計約七百九十餘字，清高宗實錄，雖載此道寄信上諭，惟經刪略後僅二百二十餘字⑥。從軍機大臣所進呈

的奏片，可以了解其擬寫諭旨及處理文移的過程，例如乾隆三十六年分金川檔下册抄錄明發上諭一道：「乾隆三十六年十一月二十七日，內閣奉上諭，現在四川辦理小金事務，一切奏報郵函均關緊要，自應特派大員督辦，以崇責成，而免稽誤，四川著派李本，陝西派敦福，山西派黃檢，直隸派王顯緒，將經過各驛站接遞交送及沿途催趲事宜實力查察董率辦理，如有遲延舛誤之處，惟專派之員是問，欽此。」是月二十八日，金川檔附錄軍機大臣奏片一件：「臣等遵旨將自四川至京經過驛站，於一切文報往來，專派大員經管督催之處，謹擬寫明發諭旨進呈，並將各該省藩臬兩司開單呈覽，恭候欽定，謹奏。四川布政使李本，按察使李世傑，陝西布政使畢沅，按察使敦福，山西布政使朱珪，按察使黃檢，直隸布政使楊景素，按察使王顯緒。十一月二十八日。」⑦由此可知軍機大臣擬寫明發諭旨，並開列名單呈覽，經清高宗欽定後以內閣名義頒發，故冠以「內閣奉上諭」字樣。「啓」是一種官信，即官方往來的函札，軍機大臣面奉諭旨後間以函札發下交辦⑧。例如乾隆三十八年八月初二日，軍機大臣取到內閣存貯將軍印譜後進呈奏片，並致函中堂將原印發交將軍阿桂行用，其啓文云：「啓者，今早接到將軍印譜，即經進呈，奉旨揀用定西將軍清字印，並面奉諭旨以從前清字原印係愛將軍所佩帶，成功尤為吉利，特令發給將軍阿桂行用，為此寄知，中堂即於內閣取出，用印箱盛貯，加謹封固，即交兵部由驛六百里馳送，令沿途驛站小心護送，迅速齎遞，並將何日發交兵部馳送之處附報奏聞，此啓，八月初二日。」探討軍機處的發展及其職權的擴張，必先於軍機大臣承辦各種文移加以分析或認識，始能了解軍機處在清代政治方面所佔地位的重要。雍正七年，清廷因用兵西北，經戶部設立軍需房⑨，乾隆年間，因清高宗屢次用兵，

軍機大臣承攬軍機重務，軍機處的職責遂日益廣泛。

在專案檔內常見檄諭原稿，由軍機大臣代擬，寄往軍前，由文武大員頒發。乾隆三十七年十一月二十一日，金川檔抄錄「擬董天弼給澤旺檄稿」全文，並譯出藏文，以總兵官董天弼名義發給小金川老土司澤旺。金川檔內抄錄數量多且內容詳盡的供詞，而更增加其史料價值。例如乾隆三十七年十月初八日，四川省將金川人幹布魯鄂木措等二十三名解送至京，軍機大臣遵旨逐一詳加訊問，分繕供單呈覽。據供「金川與小金川本是一家，如今小金川土司僧格桑是索諾木姐夫，又成親戚，想來土司因此幫著他。我們春天在這革布什咱的時候，有送糧的人來聽見說已派一千多兵去幫助小金川了。」又供「刮耳崖、勒歪兩個官寨內土司們住的碉房，造得極是堅固高大，有十七八層高的，也有二十四五層高的，外面還有石砌的圍牆，牆外纔是百姓住著，百姓人家看來也有幾百家。」又供「金川地方並不出產大米，都不過是大麥、小麥、青稞、蕎麥、黑豆、豌豆等項，每年有兩熟。」大小金川既屬一家，恃強劫掠，日益鴟張，清高宗興師征討，以靖邊圉，固非有意窮兵黷武，然清軍平準噶爾、定回部，拓地二萬餘里，成功不過五年，而兩金川地不逾五百里，兵不滿二萬人，然而清廷靡費不啻倍徙，成功尤遲，其所以能以寡拒衆，實由於地形所限。定邊將軍溫福等稱「賊人所恃，只在地險碉堅，我攻彼守，形勢既殊，而道路之夷險遠近，賊匪較爲熟悉，故以少拒多，是其慣技，每遇碉寨所踞地勢危峻，官兵非但不能四面合圍，既攀援一線亦不能排列多兵而上，及經攻破，賊多從後一面滾山鑽箐逃竄無蹤。總緣此地跬步皆山，並無平地，賊番生長習慣，其善於穴地藏躲，與兔鼠相類，其便於履險竄走，與豬猴無異，臨陣之殲戮無多，實由於此。」⑩大小金川地方物產豐富，

年有兩熟，不虞匱乏。乾隆三十七年十二月十四日，四川總督文綬將小金川薩爾甲等六名解送到京，交刑部收禁，由軍機大臣等訊取供詞。其中達邦是老土司澤旺手下的伴檔，澤旺因小金川地方沒有醫生，故派達邦進藏學醫，達邦在第穆胡土克圖地方學了六年醫。據供「我學的醫道也是診脈用藥，男子從左手診起，女子從右手診起，用的藥料與內地一般，他那裡也有醫書，是西番字的，共有四種。」各土司民戶原多敬奉佛教，畏懼神譴，大小金川喇嘛善用「札答」，每當撲碉吃緊之際，疾風暴雨，雷電交作，士兵深信喇嘛有呼風喚雨下雪降雹的邪術，俱怯而不進。喇嘛復善於念咒，以控制土民。據堪布喇嘛色納木甲木燦供稱「至念咒，我曾學過，上年官兵攻打遜克爾宗的時候，土司曾叫我領了衆喇嘛念咒，咒大兵，後因念經的人倒多病了，土司還嫌我念的不靈。這念咒總要是彎人，有了他的頭髮、指甲，念了還能準些，若是空念是沒用的。那請雨的法兒我也會念，但有時靈驗，有時不靈驗，至下雷求雪我不會，有獨角喇嘛會的。」「他們會咒語的只有都甲、堪布兩個喇嘛，聽見說擄去的人就交與都甲喇嘛問領兵的大人名字，記下念咒，所咒教人心裏迷惑，打仗不得勝，至于下雪下雹子起雷打人，他們都是會咒的。」「索諾木教人起誓取下頭髮指甲，每人各封一小包，上面寫了名字，交給都甲喇嘛盛在匣內，有那個逃走的，就咒那一個。」喇嘛念咒，迷惑民心，瓦解清軍士氣，以致兵丁裹足不前。此外金川檔也抄錄了各種清單，例如文武官員名單、擬賞各大員物件清單、五十功臣名單、軍營陣亡人員清單等，其中木果木之敗，除定邊將軍溫福、副都統巴朗等陣亡外，其餘將弁文職各員傷亡衆多，陷沒兵丁尤夥，例如陝甘未出兵丁多達一千九百五十四名，四川未出兵一千六百一十二名⑪，其餘傷亡滿漢弁員兵丁極多，清高宗兩定

金川的經過，軍機處經辦文移及審訊口供，多抄錄存檔，因此，金川檔不失爲一種價值極高的直接史料。

四、東案口供檔

乾隆三十九年八月，山東壽張縣人王倫率清水教徒起事，襲壽張縣城，執殺知縣沈齊義，破陽穀，陷堂邑，分趨臨清、東昌、欲阻漕運，旋爲清軍所敗，王倫自焚死，生擒其弟王樸及要犯王經隆等，檻送京師，由軍機大臣會同九卿科道等員鞫訊。東案口供檔即軍機處抄錄王經隆等供詞以備存查的檔冊。國立故宮博物院現藏東案口供檔計一冊，共七十七葉，內含王經隆、吳清林、孟燦、王樸、梵偉、閻吉仁、閻吉祥、李旺、季國貞、李貴等要犯，分隸山東壽張、汶上、堂邑、陽穀、臨清等州縣，實爲探討王倫案件的重要原始資料。從王經隆等起事諸人的親供可以了解乾隆年間清水教的活動及民變的背景。

王倫，山東壽張縣人，父早喪，母張氏，兄弟四人，王倫居長，王眞居次，王樸居三，王淑居四，俱爲清水教餘黨。衆徒弟稱王倫爲主子，稱王樸爲三王。據王經隆即王聖如供稱，王倫在徒弟當中收爲義子的有閻吉祥、李桐、李玉珍、趙煥、艾得見、邵然、趙大坊、李世傑、丁若金、趙玉佩、溫炳、李質一、李得申、徐足、張百祿、趙傳、景淑、及王經隆本人，共計十八人。王倫平日敬奉眞武，稱天爲「無生父母」，素習煉氣拳棒。王倫揚言將有四十五天劫數，即使神仙亦逃不過，唯有入道運氣，不吃飯的人才能避過劫數。天下開黃道者有七十二家，將由一家來收元，王倫爲眞紫微星，就是收元之主。據李旺供稱，王倫煉氣不喫飯，每日在院子或空房內禮拜，磕九個頭。王倫平日又替人醫治疾病，大家都信服他。例如壽張縣賈家莊人李桐因染疾病，

王倫醫治痤癧，李桐即拜王倫爲義父，王倫教其運氣拳棒。在各徒弟中，凡習學煉氣不喫飯的則稱爲「文徒弟」，而演習拳棒的則稱爲「武徒弟」。王倫遣衆徒弟分往各州縣糾人入道，至起事前已有四五百人。

王倫起事的原因，據給事中李漱芳奏稱「山東吏諱災不報，反加徵激變，非盡邪教。」⑫軍機大臣等訊問王經隆「你們那裏的年歲實在如何？地方官有無作踐你們的事？」據供當時壽張等處年歲俱各有收，並不荒歉，實因平日跟著王倫學習拳棒運氣，大家見王倫多日不喫飯，拳棒又好，大家信服了他，就跟著他造了反。乾隆三十九年八月二十四日，王倫得悉有人出首邪教，官府即將查拏，因此提前起事，揚言四十五天劫數已至。八月二十五日，王倫與梵偉等密議，定於八月二十八日半夜子時起手顯道。梵偉是軍師，俗姓郭，自幼出家在南台顯慶寺念佛，據供梵偉學會過陰。王經隆爲正元帥，孟燦爲元帥，王經隆奉命傳集四百多人同往壽張縣接應。據王經隆供稱「（王倫）叫我傳糾衆人齊集張四孤庄，同到壽張會合，我就借稱劫數已近，遍傳在道之人，令其各自帶刀一把，於二十八日齊集我的庄上喫肉過劫。那日有四百多人到了庄上，先將劉四全家殺害起手迎會王倫。」九月初一日，衆人會齊，初三日，進陽穀縣城，殺縣丞及典史，開監放出人犯，隨即出城，初四日至堂邑縣，殺死縣官，搶走庫銀，是時裏脅入道人衆約有三四千人。惟因壽張、堂邑兩縣地方窄小，城墻低矮，不能據守，臨清州城大而堅固，所以王倫決定攻取臨清。九月初五日，屯住柳林，初七日至杏園，王經隆同孟燦帶領七百多人，攻打臨清新城；損失二三百人，連攻三次，俱失利而退，初八日，移住舊城東南門外。王倫採納季國貞、吳兆隆之議，欲阻漕運，季國貞帶人搶奪糧船，搭蓋浮橋，郭永敖等

十二人各帶五十名在浮橋兩岸分守堵截官兵。王經隆同梵偉、吳兆隆前往新城焚燒城門。初十日，王經隆受傷後由吳清林、李忠為元帥，代王經隆領兵，入踞舊城。二十八日，官兵圍困緊急，王倫令徒衆四散藏匿，元帥孟燦被官兵拏獲後自認作王倫，轉移官兵注意力，不再搜拏王倫。據王經隆供稱，王倫所傳咒語，若遇對敵打仗時口誦「千手攬萬手遮，青龍白虎來護著，求天天助，求地地靈，鎗礮不過火，何人敢當。」就不怕鎗礮刀箭，但清水教的邪術終為清軍所破。軍機大臣曾將攻打臨清時城上有女子黑狗血一節加以訊問，據李旺供稱「這是頭一次攻臨清西門的事，這一次，王貴在前，攻城時，城上施放鎗礮，王貴的眼被打瞎，跑轉回來，說是城上有女人破了法了。那時我也遠遠望見城上有兩個披著頭髮之女人，一個騎在城垛上溺尿，這一次我們的人被鎗打死的很多。」據孟燦供稱「攻臨清時，聽見王倫說城上有穿紅（衣）的女人，光著下身，抹著血溺尿，把我們的法破了。」清水教借邪術以迷惑民衆，清軍亦以邪制邪，王倫終於兵敗自焚。

五、東案檔

　　東案檔計二册，乾隆三十九年九月初五日至同月三十日分為上册，十月初一日至四十年正月分為下册，為軍機處彙抄王倫教案承辦文書的檔册，內含寄信上諭、明發上諭、奏片、議覆摺、咨文、傳知、及部分供詞。各類上諭多為實錄所不載，例如乾隆三十九年九月分，清高宗實錄內有關王倫教案的諭旨共計四十四道，而東案檔內共計八十五道，其中九月十一日辛酉，清高宗實錄為王倫起事問題共錄上諭四道，東案檔共七道，內含字寄六道，傳諭一道。九月十六日丙寅，清高宗實錄不載東案諭旨，東

案檔載字寄五道，傳諭一道，九月十七日丁卯，清高宗實錄未載東案諭旨，東案檔抄錄字寄四道，傳諭一道。九月十八日戊辰，清高宗實錄載東案上諭三道，東案檔抄錄寄信上諭三道，內閣奉上諭二道。比較其他月日，上諭件數相差頗多，且清高宗實錄所載實錄多經刪略。例如山東巡撫徐績據署臨清州知州秦震鈞等稟報乾隆三十九年八月二十八日起更時分堂邑縣張四孤庄王聖如等率領多人手持兇械，放火傷人，徐績即具摺奏聞，九月初五日，軍機大臣大學士于敏中遵旨寄信徐績上諭一道，指示方略，清高宗實錄將字寄改書諭軍機大臣等字樣，並將王聖如改作王經隆，據云王聖如為誤聽之名。九月初六日，軍機處發出字寄一道，東案檔抄錄寄信上諭原文共計一千二百餘字，清高宗實錄所載此道上諭，因經過刪改，節錄三百八十餘字⑬，寄信上諭原文記載壽張縣知縣沈齊義係浙江舉人，實錄刪略不載。九月初七日，軍機大臣遵旨寄信大學士舒赫德，令其即速啟程，以馳往南河督視漫工為名，由天津前往臨清平亂，清高宗實錄將此道上諭改繫於九月初八日戊午，原文內容亦多刪略。王倫屬下會舞刀打仗的婦女，有烏三娘等人，打仗時善用雙刀，與官兵抵敵。清高宗實錄將烏三娘改作「無生聖母」⑭。

　　東案檔內間亦附錄滿文諭旨，德州城守尉格圖肯一經兵挫即徑爾退往東昌，臨陣退避，乾隆三十九年九月十七日，軍機大臣遵旨寄信舒赫德，以六百里加緊文報密諭舒赫德將格圖肯正法，寄信上諭末附錄滿文及譯漢諭旨各一道，其滿文諭旨云："ful-giyan fi, uksun be fafun gamarade, giyan niyakūrabufi suwayan umiyesun be huwesileme lashalaci acambi, erebe sa."意即：「硃筆，宗室臨刑時，理應令其長跪，扎斷黃帶子，著令知之。」原文所附譯漢諭旨云：「再格圖肯身係宗室，臨刑時應令其長跪，挑去

黃帶子，再行正法，舒赫德亦應知之。」譯漢文意較滿文略詳。除寄信上諭，另有軍機處的傳行事件，例如乾隆三十九年十月初五日，東案檔抄錄傳知一件，其文云：「辦理軍機處爲飛速傳行事，現在本月十七日奉旨挑派吉林索倫等精嫻弓箭兵丁五十名，派御前侍衛春寧帶往山東，即於本日由常山峪起程，自京前赴，所有沿途應行預備口食餵馬等事，即照此次京兵前往山東之例，妥速預備，無得稍有遲誤，爲此飛速傳知，火速！火速！」原文末附書「此單交兵部，由常山峪至京，直隸良鄉、涿州至德州一路，沿途州縣驛站一體遵照。」

　　東案檔內亦抄錄各犯供詞，內含李旺、王起雲、張百祿等供詞，軍機大臣遵旨覆訊張百祿等，據供王倫稱孤道寡，王倫「做了夢，夢見他自己是條龍，將來貴不可言，所以預先密密的封他兄弟爲王。」杜安邦爲捐納吏目，是壽張縣人，被王倫黨徒所縛，旋乘隙脫出。據杜安邦稱，王倫面貌多鬚，王倫至堂邑縣城，有男婦百餘人在城外跪迎。又據杜安邦稱「賊人常前後混喊鎗礮不過火，及攻臨清之日，賊人跑回亂喊說此處出了能人了，遠見城上有穿紅的女人，城墻抹了黑狗血，破了法，鎗礮竟過火了。」東案檔與東案口供檔俱爲探討清水教的直接史料，舉凡清水教徒平日的活動，收徒傳道的方式，信仰及組織等皆可從當事人的供詞，提供珍貴的資料。

六、剿滅逆番檔

　　撒拉爾回人居住青海西寧地方，向奉回教舊教，俗稱回番，又作番回。乾隆三十五年，蘭州府屬循化廳回人馬明心另立新教，自爲掌教，蘇阿渾即蘇四十三等爲其徒，勢力日盛，新舊教遂仇殺不已，陝甘總督勒爾謹於乾隆四十六年派遣知府楊士璣及

河州協副將新柱前往查拏⑮，行至白庄子時，被新教回人千餘名包圍，三月十八日，楊士璣、新柱俱被殺害。二十一日二更時分，蘇四十三等率回人男婦約二千餘人各帶馬匹器械，圍困河州城，殺死守城官兵後佔據河州城，清高宗命大學士阿桂督率滿漢屯土官兵赴勦，歷三閱月始平定回亂。勦滅逆番檔即軍機處抄錄有關清軍平定蘭州回亂往來文書的檔冊。

國立故宮博物院現藏勦滅逆番檔計二冊，自乾隆四十六年三月二十八日起至五月二十九日止為上冊，自是年閏五月初一日起至七月二十九日止為下冊，內含寄信上諭、明發上諭、咨文、奏片、札諭、告示等類文書。札諭為上司對屬員所使用的書信，乾隆四十六年四月初七日，抄錄札諭原文如下：「軍機大臣為札諭事，本日接據和大人來札稱，隨帶滿漢各司員，俱各落後，現在連奉諭旨，未能覆奏，希催令該司員等迅速趕上勿遲等因，飛咨沿途各驛站多備夫馬應用，以便隨到隨行外，該司員等務即晝夜價行，迅速趕上，毋得耽延遲誤，須至札者。四月初七日。」告示則為曉諭民眾的一種文告，清廷平定蘭州回亂後，曾發出告示曉諭回民，原稿由軍機大臣擬寫，以阿桂的名義頒示，勦滅逆番檔抄錄告示全文，其首行書寫「欽差大學士公阿全銜」，文內首述清軍勦洗新教回民的緣由云「為徧行出示曉諭事，照得本年撒拉爾逆回蘇阿渾即蘇四十三借名新教，煽惑愚民，肆擾不法一案，本閣部堂奉命督率滿漢屯土奮勇官兵擒拏搜捕，業將賊巢全行掃蕩，首逆蘇四十三及黨惡回眾等殲戮淨盡，並將華林山賊營墳墓屍身概行揚灰剉骨，刨挖鏟平，妻子家屬正法緣坐，今欽遵諭旨將逆賊蘇四十三首級傳示各省，曉諭回民，所有緣由有不得不明切宣示者（下略）。」蘇四十三兵敗後，新教回民俱藏匿華林山誓死抗拒官兵，終為屯土所破，清軍將男婦回民悉數屠戮，

探討回民變亂始末，必須參閱清代各種文書，專案檔內所錄各類
文書即爲軍機處當時承辦文移的抄件。

　　勦滅逆番檔內所抄錄的供詞，爲數頗多，內容亦極重要。蘭
州回亂發生後，軍機大臣遵旨將甘肅番回名目及新舊教仇殺情形
面詢肅州都司馬雲，並將其稟詞抄錄呈覽，於發下軍機處後，寄
交阿桂閱看。乾隆四十六年四月初一日，據肅州鎮標都司馬雲稟
稱「我係回教，祖居在河州，後移住西寧，我就是在西寧生的。
西寧在薩拉爾西北，相離不過二百八十里路，所有那裏的情形，
我都知道。那裏住的回番共有二萬餘戶，這種回番叫做狗西番，
那裏有土司千戶一名，百戶一名，他們實是番子，因他也不吃豬
肉，所以又叫番回，但與我們回教不同，他說話我們也不懂，就
與番子一樣。至於爭教之事，都司在蘭州時聽見他們要到府裏告
狀。這種回番本只有舊教一教，又有西安州所屬官川堡的回子哈
志不遵我們這一教，自己又作了經卷，到薩拉爾回番地方另立了
一個新教，攪亂人心，回番教中的人隨他的甚多，所以舊教的回
番與新教的人爭鬥，他們說到府裏告了，我於二月十九日即起身
來了。再他們回番這一教的人甚是軟弱，會弓箭鳥鎗的人甚少，
以我皇上的兵力洪福，只用一二千兵就可以全拏獲了。」⑯乾隆
四十六年閏五月二十五日酉刻，在京刑部堂官派委司員協同甘肅
省解員將馬復才等三人押送軍機處，軍機大臣嚴行審訊。據馬復
才供「年三十七歲，河州東鄉人，現當循化廳衙役，已有三年，
官名叫馬進玉。我向來原係入新教，上年九月間，蘇阿渾因與舊
教相殺，起意鬧事，叫我上蘭州打聽新舊教的事，官府辦不辦，
打聽有多少官兵，我住了好幾時，不聽見官府如何審斷，又打聽
得蘭州沒有什麼官兵，三月二十四日回去迎到洪濟橋，遇見了蘇
阿渾，就同他到蘭州搶西關，殺人放火。四月初間，又派我同三

十個人來偷大礮，到離城四十里大打溝地方，被官兵衝散，藏在溝內，被百姓拏住了。」軍機大臣詢以蘇四十三因何謀逆殺官？何人起意？何人主謀？據供「造反是蘇四十三的意思，那馬明心也知道的，但他並不露面。上年九月裏見蘇阿渾差馬復進福送信與馬明心。」又供「蘇阿渾今年五十三歲，身子不高，連鬢短鬍子，面白色，並無疤痣，在賊營內穿的是白袍子、白掛子，平日也穿褐子及梭布的衣服。」除供詞外，勦滅逆番檔內間亦抄錄清單，乾隆四十六年閏五月初一日，軍機處據奏到甘肅省城正法逆回名單內開張國義，爲洪濟橋新教回人，從張國清到蘭州助回人作戰，至洮河時被拏，旋張國清續經拏獲解省審辦，奉硃筆圈出張國清，並奉硃批將張國清解往京城。另有陝甘二省額設馬步守三項兵數及歲支餉乾糧草銀兩清單等。陝甘回亂由來甚早，勦滅逆番檔就是乾隆年間清廷進勦新教回民期間軍機處將承辦各類文書抄錄存查的專案檔冊，是探討回亂背景、起事經過及清軍平定回亂情形的重要資料。

七、勦捕逆回檔

　　乾隆四十六年，清軍平定蘭州回亂後，陝甘總督李侍堯查辦新教餘黨，拆毀新教禮拜寺，吏胥騷擾肆虐，回民田五藉詞爲馬明心復仇，暗興新教，新舊教仇殺再起。田五密謀不軌，製造刀矛、號衣，預將家屬遷徙於石峰堡內。乾隆四十九年四月十五日，田五率回衆於甘肅鹽茶廳屬小山地方起事，攻破西安城堡，清高宗命大學士阿桂等督率官兵進勦，克石峰堡，遂平回亂，勦捕逆回檔即清軍進勦石峰堡新教回民期間軍機處抄錄承辦文書的重要檔冊。國立故宮博物院現藏勦捕逆回檔計二冊，自乾隆四十九年四月二十二日起至六月三十日止爲上冊，同年七月初一日至

九月二十一日止爲下册。內含寄信上諭、內閣奉上諭、奉旨、軍
機大臣奏片及各種清單等。奏片與奏摺性質相近，惟格式稍簡
略。乾隆四十九年五月二十八日，抄錄軍機大臣奏片：「遵旨查
從前甘省回匪滋事舊案，茲據國史館查明實錄內載逆回滋事係順
治五年、六年間之事，並將事實抄錄前來，謹將原片進呈謹
奏。」自清初至清季陝甘回民，迭起變亂，甚至引起中外交涉，
清廷治回政策，亟待檢討。除奏片外，尚有啓、札等官方往來書
信，俱爲重要文書。

　　勦捕逆回檔內抄錄頗多供詞，田五率回民起事後，清高宗詔
逮總督李侍堯，由甘肅委員鳳翔等解至熱河，軍機大臣遵旨詳悉
訊問。乾隆四十九年七月二十七日，軍機大臣問：「田五於今年
正月內至靖遠哈得成家商同謀逆，公然於禮拜寺齊集新教回人，
告知糾合情節，該犯等蓄謀旣非一日，聚衆又非一人，且旗幟、
帳房件件齊備，衆耳衆目共見共聞，你竟安坐省城，毫無覺察，
這不是你養癰豢賊，貽誤地方麼？」據李侍堯供稱：「向來回民
初一、十五俱齊集體拜寺，從蘇四十三勦滅後，通省新教禮拜
寺，概行拆毀，其舊教禮拜寺仍聽回民照常守奉，伊等亦俱自稱
都是舊教，其齊集禮拜寺，遂習以爲常。本年田五等在寺內糾衆
商同謀逆，訂期起事，係該犯等陰謀密約，不肯洩露於人，所以
預先竟不能覺察。」又供「今年四月十五日，鹽茶廳稟報，該屬
小山地方回民田五起意謀逆，製有刀矛、號衣，約於五月初五日
起事。我其時始知該犯等竟有逆謀，因回民李應得舉首，田五即
於是日攻掠西安城堡。」勦捕逆回檔內抄錄各類清單，例如乾隆
四十九年六月二十七日載：「報田五謀逆，李應得、李化雄、李
自本。報石峰堡賊人謀逆，馬世雄。」田五在小山地方起事前，
出首回民除李應得外，尚有李化雄及李自本等人。五月二十九

日，馬世雄奉有諭旨令福康安同李應得、李化雄、李自本俱酌量拔補千總，並送部引見。除田五以外，張文慶與馬四娃等亦係重要頭目。認真念經者，回語稱為「阿渾」，張文慶與馬四娃，就是為首阿渾。軍機大臣遵旨派軍機章京將張文慶等密加研訊。據供「我們回人都是皇上的百姓，四十六年，蘇四十三經官兵剿殺，掌教馬明心亦已正法，此事原因與舊教爭教而起，舊教是我們所教的仇人，今年田五在小山起事前聽見說是舊教回子舉首的，所以我們越恨舊教，立誓要與舊教仇殺，後來聞得官兵勢大，恐怕要勦洗新教，就逃往石峰堡藏躲。」張文慶又供稱「我係石峰堡大頭人，坐在馬四娃上頭，我會念經，馬四娃也會念經，五月初四日，本縣差役張金到草芽溝上來叫我父子幷三個掌教，我因聽見人說剛大人要來洗回回，心上疑心，推病不曾去，張金就回去了，我就糾合庄上的人連夜逃上石峰堡。堡內先有姓馬、姓楊四五百家人家在裡頭住著，我住下三天，又有馬營住的馬四娃也進堡來，我同馬四娃就做石峰堡頭人，叫楊塡四、馬尙德、馬廷海帶領千數人去打通渭縣，問王太爺要還我的兒子、掌教們，王太爺把我的兒子及掌教放出，楊塡四等就把城門攻開，放火搶掠。」⑰馬明心是張文慶的姑父，田五是馬明心的徒弟，乾隆四十六年，馬明心伏誅後，新教回民立誓要為馬明心報仇，新舊教仇殺不已，清廷袒護舊教，勦洗新教，務絕根株，新教回民愈益懷恨，在官逼民反的號召下，田五等遂率眾起事。回黨李自黨亦指出「田五是馬明心徒弟，他要替馬明心報仇，所以造反，以便殺害舊教。田五原約五月初五日起事，因被人告發，所以四月十五日就反了。」如前舉數例，俱為回民頭人口供，可以了解回民新舊教的對立，清廷的治回政策，回亂的原因，及清軍平亂的經過，因此，勦捕逆回檔實為探討清代邊疆問題的牢觀史

料。

八、安南檔

安南與中國疆域毗鄰，兩國關係，源遠流長。在地理上，實同一體，在文化上，同出一源，自秦漢以降，安南即置於中國郡縣直接統治之下，與內地並無區別。唐末五代以後，安南脫離中國而獨立，由內郡變爲藩屬，惟其歷朝君主對中國文教的推行，仍不遺餘力，修建文廟，開科取士，使用漢字，奉中國正朔，安南遂成爲儒家文化的分支。清人入關以後，安安與清廷仍維持宗屬名分，虔修職貢。但安南內部因陷於南北紛爭的局面，廣南阮氏即舊阮控制南方，儼然爲一獨立國，北方鄭氏擅權，黎王徒擁虛位而已。清高宗乾隆年間，西山阮文惠兄弟即新阮崛起，旣滅廣南，復敗鄭氏，攻陷東京，黎王出奔。清高宗以春秋伐叛之義，遣大軍聲罪致討，扶持黎王復位，實現濟弱扶傾，興滅繼絕的理想。惟清軍小勝而驕，疏於戒備，爲阮文惠所乘，清軍潰退。阮文惠抗拒於前，輸款於後，經四度乞降，清高宗遂册封阮文惠爲安南國王。阮文惠雖統一安南，然而未能澈底消滅舊阮殘餘勢力，阮光纘嗣統後，舊阮族裔阮福映假借外力以復國。是時清朝教匪倡亂，會黨活躍，內亂方殷，安南海盜滋擾中國沿海，招集內地亡命之徒，辜恩納叛，清廷嚴斥阮光纘，改變對安南的態度，當阮福映領兵北伐，擊敗西山阮氏，遣使納貢請封，清仁宗即册封阮福映爲安南國王。安南檔即乾嘉年間，軍機處抄錄有關安南事件，以備存查的檔册。

清代安南檔計三册，自乾隆五十三年六月十七日至五十四年七月十五日止爲第一册，計六三〇葉，因封面殘缺，且與方本上諭檔形式相近，故歸入上諭檔內，惟乾隆五十三年及五十四年分

方本上諭檔春夏秋冬各季俱全，多出的這一冊，並非按季抄錄裝
釘，其體例與一般方本上諭檔不同，軍機處月摺包安南專案也是
起自乾隆五十三年七月，時間相符，雖原檔封面已脫落，其應為
安南檔，似可確定。自乾隆五十七年至六十年止，為第二冊，原
檔未遷運來台，全文曾刊載於《文獻叢編》。自嘉慶元年正月至
同年十二月止為第三冊，國立故宮博物院現藏安南檔僅前述第一
及第三冊，計二冊。安南檔內所錄多為寄信上諭、明發上諭、奏
片等，此外間亦抄錄檄諭、照會及詔敕等。各類文書俱由軍機大
臣撰擬，或以內閣名義頒發，或冠以督撫全銜。例如乾隆五十三
年八月二十七日，清廷檄諭安南各鎮目同心協力為黎王捍禦外
侮，原文冠以雲貴總督全銜，書明「為愷切傳諭事」字樣，文末
書寫「須至檄諭者」字樣。暹羅與安南接壤，廣南地方與暹羅海
道毗連，遁逃甚易，清軍進討阮文惠後，恐其竄逸，故檄諭暹羅
國王酌派兵力於廣西沿海地方遙為聲援，原稿冠以「兩廣總督、
廣東巡撫全銜」，書明「為檄知事」字樣，文末書寫「須至檄
者」字樣，其文字略異，俱屬檄諭一類的文書。乾隆五十四年五
月初三日，軍機大臣擬寫頒發阮文惠敕諭一道，欽定發下後繙譯
滿文進呈御覽，照例由內閣繕寫用寶，冠以「奉天承運皇帝敕諭
安南阮光平知悉」字樣，文末書寫「特諭」字樣。其勅封安南國
王稿亦由軍機大臣擬寫，六月二十二日，軍機大臣撰擬冊封阮光
平為安南國王敕文呈覽後交內閣繕寫滿漢文，鈐用御寶，首書
「奉天承運皇帝制曰」字樣。軍機大臣與各督撫間多使用「札」
或「啟」，例如乾隆五十四年正月二十九日，安南檔抄錄啟文一
件：「啟者現奉諭旨查許世亨有無子嗣，其子嗣曾否出仕，許提
督係籍隸四川，為此啟知大人即行詳悉查明，並將年歲開入名單
速覆軍機處以便轉奏。如許提督現在並無子嗣，即將親弟姪查明

開單覆知，大人不必專摺具奏也。此佈，順候近祺，不一。張朝
龍係山西人，李化龍係山東人。照此札知各該撫。正月二十九
日。」軍機大臣行文鎮道微員時則使用箚諭。安南檔內抄存各類
文書，足見軍機大臣職責範圍的廣泛。

　　《文獻叢編》所刊安南檔共計二十五件，除字寄外，尚含軍
機大臣議奏事件、勅諭、照會、供詞、及賞賜物件清單等。乾隆
五十九年十月二十二日，軍機大臣將江蘇委員解到安南黎王族裔
黎維治等詳加詢問，錄供呈覽。據供黎維治原名黎維溥，安南內
亂後，黎王令其在清華糾兵恢復失土，黎朝覆亡後，輾轉投至廣
西田州，以打聽黎王下落。原檔內抄出黎維溥親筆供詞，並附錄
黎朝世系表，可改正清代官書的錯誤。《清史稿》以乾隆二十六
年黎維禕薨，王嗣子黎維祧以訃告請襲封⑱。《明清史料》載
「安南國王黎維祧告哀奏本」稱黎維祧先叔黎維禕於乾隆二十四
年閏六月初八日違世，黎維祧以嫡姪承襲王位⑲，俱誤以父襲子
位。據黎維溥親書世系表所列，黎維禕為國王黎維祧的長子，黎
維祁為黎維禕的長子⑳。因此，探討中越關係，實不能忽視安南
本身的記載。

九、廓爾喀檔

　　廓爾喀（Gurkha）位於後藏西南，其疆土與西藏犬牙相錯。
在十八世紀以前，廓爾喀僅為尼泊爾（Nepal）的一個部落，位
於加德滿都西北，相距約六日路程㉑，為印度拉加普族（Raj-
puts）所建立的王國㉒。乾隆三十四年，廓爾喀王博赤納喇（Pri-
thwi Narayan）乘尼泊爾內訌，舉兵征服諸部，遷都加德滿都，
取得尼泊爾的領導權，建立新的王朝。博赤納喇卒後傳位其子西
噶布爾達爾巴克，旋傳位於年僅四歲的王子喇特納巴都爾，因沖

齡即位，由其叔巴都爾薩野攝政。廓爾喀統一尼泊爾後，以後藏相距內地窵遠，清廷鞭長莫及，曾先後兩次入寇西藏，第一次是在乾隆五十三年，第二次在乾隆五十六年。清高宗為永綏邊圉，命大將軍福康安等統率巴圖魯、侍衛、索倫、達呼爾及降番屯練等精銳勁旅入藏進勦廓爾喀，深入其境七百里，直逼加德滿都。廓爾喀進表乞降，接受冊封，五年一貢，雖至清末，仍虔修職貢。清高宗對廓爾喀的用兵，不僅收復西藏失地，且鞏固了清廷在西藏的統治權，在政治上提高駐藏大臣的地位與權力，在宗教上則採用金瓶掣籤的辦法，解決了此後宗教首領爭繼的問題㉓，廓爾喀檔即探討清高宗降服廓爾喀的重要史料。

國立故宮博物院現藏廓爾喀檔計十三冊，其中乾隆五十六年分共三冊，五十七年分共九冊，五十八年分一冊。內含寄信上諭、明發上諭、知會、咨文、稟帖、檄諭及軍機大臣議奏事件。軍機處的廷寄，間亦改繕發抄。例如乾隆五十六年十月十八日軍機大臣擬寫寄信諭旨，進呈發下後，由六百里加緊分寄外，即將原稿以硃筆勾去，再改繕明發諭旨發抄，而冠以「內閣奉上諭」字樣。軍機大臣除議覆具奏外，多以奏片呈覽，例如乾隆五十七年七月初二日軍機大臣遵查康熙年間平定西藏舊案，其由西寧一路進發官兵，係命撫遠大將軍允禵率領，於康熙五十七年十二月十二日起程，駐箚西寧，至五十九年八月，平逆將軍延信領西路官兵由青海前進，屢次得勝，克復西藏。軍機大臣查明後，即繕片具奏。廓爾喀檔內抄錄了數件稟帖，乾隆五十七年二月二十三日，軍機大臣遵旨將譯出廓爾喀拉特那巴都爾沙瑪爾巴等呈寄鄂輝、成德稟帖及在藏呼圖克圖喇嘛等各信交大學士、九卿閱看。其呈鄂輝等原稟云：「拉特那巴都爾字，請鄂、成二位大人台安，我們這裡托庇甚好，從前唐古忒、廓爾喀搆釁起事之時，蒙

各位大人立約講和後，因唐古忒不依前約，是以我們纔將丹津班珠爾圍困，帶兵至扎什倫布。今接二位大人來諭，一切領悉，但從前兩處之事，皆係二位大人所辦，今有如何訓諭之處，我們無不敬謹遵奉，爲此謹具緞一方呈遞。」原稟爲藏文，係一種書信。其致呼圖克圖全文如下：「拉特那巴爾字寄嚼嚨呼圖克圖，恭請文殊師利大皇帝萬安，你們將從前講和的話忘記，所許銀兩至今並未給領。當初立約，原說各守疆界，不可失信，彼此立誓，若定約之後，再生事相爭，便同畜類。今因你們不給銀子，故將丹津班珠爾拘留，仍在此好生安頓居住，並無別的意見，不過因你們背卻前言，又致相爭，未免忿激，爲此特具紅緞一疋，哈達一方呈寄。」㉔廓爾喀入寇後藏時，理藩院侍郎巴忠以欽差大員名義赴藏查辦，將就了事，擅允西藏與廓爾喀私下解決紛爭，許銀贖地。廓爾喀聲稱「聶拉木等處是其搶得，現雖投順天朝，仍須藏裏多用銀兩取贖方肯退還，藏人等希圖完事，定議許給元寶三百個。」㉕乾隆五十七年二月初六日，因鄂輝將四川敘馬營都司嚴廷良咨送到京，軍機大臣詢問藏內情形繕錄進呈。據稱「上年五月內保泰派噶布倫前往邊界一帶巡查駐邊的兵丁，彼時我聽那噶布倫說，此次起釁緣由，係與廓爾喀講論地租銀錢的事，他們彼此爭鬧的，我隨打聽係何項地租？爲何爭鬧？有唐古忒通事人等吵嚷說即係上次許給廓爾喀元寶的事。」二月二十三日，據南平營都司徐南鵬稱「五十六年六月間，前藏噶布倫往邊界巡察，聽得他們約廓爾喀的人到聶拉木講說給還地租銀錢之事，不料七月間廓爾喀人與噶布倫等彼此爭鬧，將噶布倫並教習漢兵二名一併裹去。我就詢問唐古忒人，據他們說從前藏內曾經許歸廓爾喀邊界地租每年議給元寶三百個。近來廓爾喀並要藏內使用他的新錢，因唐古忒沒有將元寶全行給予，又不肯使用他的

新錢，所以爭鬧起來的。」廓爾喀檔內抄錄極多的供詞，乾隆五十七年閏四月十一日，西藏札蒼喇嘛羅卜藏策登等四名解到軍機處，軍機大臣派員連夜隔別熬訊，問羅卜藏策登云「上年廓爾喀滋擾扎什倫布，賊匪未到之前，你並不思率眾保護廟宇，反託言占卜無庸打仗，惑亂眾心，以致眾喇嘛先期逃遁，（下略）。」據供「我係聚巴扎蒼，年六十六歲，原是約束各扎蒼僧眾傳習經典的。我本係僧人，歷來全仗佛法護衛，聽得廓爾喀賊匪要來搶刦，就是急難到了，僧眾聚集商議，羅卜藏丹巴就去求吉祥天母的龍丹占卜，打仗好，不打仗好，占得不打仗好，羅卜藏丹巴就遵依天母的指示，一同告知眾人無庸打仗，各自逃散的，（下略）。」其占卜的方法，是寫作打仗好，不打仗好兩條，將糌粑和為丸，放入磁器求卜，占得不打仗好一丸，眾人遂不戰而潰，人心渙散，廓爾喀遂輕易攻佔扎什倫布。乾隆五十七年六月三十日，問廓爾喀阿爾曾薩野，「廓爾喀佔據各部落是何時起的，地方大小實在如何？巴勒布及葉楞、廓庫木各王子的子孫現俱在何處？逐一供來。」據供「現在王子喇特納巴都爾的祖父博赤納喇做王子時佔據了巴勒布，搬到陽布地方居住，到如今有二十多年了。博赤納喇還佔搶過里雜布地方，為廓爾喀東界，及至喇特納巴都爾是四歲上就做王子的，如今十七歲了，王子的叔叔巴都爾薩野管事，於上年八月又搶噶達哇拉西里納噶一帶地方，為廓爾喀西界，約有二十天路程，大約東西地界較南北更為寬長，這是我知道。」陽布又譯作雅木布，即加德滿都。咱瑪達阿爾曾薩野又將陽布的建築及其形勢逐一供出，城寨大小及要塞地方，俱有詳盡的吐述。至於廓爾喀的政治組織及軍事佈署，在阿爾曾薩野的供詞內報導尤詳，有助於敵情的認識。因此，廓爾喀檔所抄錄的珍貴原始資料，可以說是探討清高宗整理邊界的第一手史料。

十、苗匪檔

　　湘黔接壤地區，是苗人聚居地方，因漢民移徙日衆，苗地多爲客民所據，漢苗仇視，苗人遂倡言逐客民，以復故地，苗亂遂起。乾隆六十年正月，貴州銅仁府大塘山小營寨苗人石柳鄧等倡亂，湖南永綏苗民石三保、鎭箪地方苗民吳隴登、吳半生等俱各起兵圍攻廳城，旋陷乾州，川湘黔三省邊境，同時戒嚴。清軍進勦，道險難進，苗人負嵎自固，歷時數歲，至嘉慶二年，苗亂始平。苗匪檔即探討苗人起事原因及清軍平定苗亂經過的重要資料，國立故宮博物院現藏苗匪檔計自乾隆六十年二月至嘉慶二年四月止共八册，除各類諭旨外，尙有知會、札諭、啓、箚及略節等文書。略節間亦作節略，即約略敍述事件的大意或要點，而用書面提出的文書㉖。苗匪檔內抄錄「勦辦乾州苗匪略節」、「勦辦當陽賊匪略節」、「勦辦灌灣腦賊匪略節」、「勦辦梓山龍門山賊匪略節」、「勦辦旗鼓寨賊匪略節」等，對歷次變亂始末及清軍平亂經過俱作扼要敍述。

　　苗匪檔內所抄錄的供詞，指出苗亂的原因及經過。湖南苗人百戶楊國安之子楊清被押解入京後，軍機大臣嚴加訊問，據供「我是湖南鳳凰廳强虎哨人，年二十五歲，父親楊國安充當鳳凰廳右哨百戶，管有九寨，共二百多煙戶。上年十二月二十八日，我父親往鴨保寨趕場回家，說起鴨保寨百戶吳隴登的兒子吳老管、吳老黃、吳老鐵等計議要做放火打劫的事，吳隴登不許他們做的話，我父親那時在家商量，就要去稟官，因時已歲暮，又想著吳隴登從前五十年勾補寨苗子鬧事時，他曾經率衆殺了許多苗子，受過官賞袍套衣料，現在阻當他兒子自然不致鬧事，所以沒曾稟官，不料到今年正月二十三日果然吳老管們串通黃瓜寨苗人

石三保從鴨保寨放火，一路焚燒，民人紛紛逃難。」清廷以楊清知情不報，於乾隆六十年四月初十日，降旨將其處絞。據兵丁林勝仲供稱，苗人是在乾隆六十年正月二十一日三更時候放火焚掠黑土寨附近地方，因山路叢雜，夜晚昏黑，官兵行動不便。二十二日黎明，湖南鎮箽鎮總兵官明安圖帶領兵丁三百餘人與苗子打仗，但苗子越殺越多，官兵彈盡援絕，明安圖與副將伊薩納等俱陣亡。據西成稟稱「苗子行走山路如猴子一般，十分便捷，就是最險峻無路處所，他們亦可以上下。」苗亂的原因，據苗目吳半生供稱「上年冬天，聽見各寨都出了癲子，發癲的時候，就拖刀弄鎗要殺客民。又說我們出了苗王，也不知是那一個。今年正月，苗子石三保糾約貴州的苗子石柳鄧，湖南的吳隴登，說苗子田地都被客民佔了，心裡不甘，聲言各寨的苗子都要幫他奪回耕種，所以遠近各寨都想趁此搶奪田地。石三保又邀同平隴的吳八月到黃瓜寨替他主謀，到處邀人，小的也就發起癲來。石三保就同蘇麻寨一帶苗子都說小的是吳王轉世，邀小的一同起事，凡有客民房屋一概燒了，搶的糧食就散給打仗的苗子做口糧。」軍機大臣以吳半生、石三保、石柳鄧、吳隴登等糾合苗眾，搶奪客民田地既多，且係湘黔兩省邊界，斷非倉猝起事，而將究竟起自何時之處嚴訊吳半生，據供「我們湖南永綏廳屬黃瓜寨與貴州松桃嗅腦等處俱係境壤，毗連松桃，又與四川之秀後交界，在在均係苗人居住，岩碉叢深。上年十月間各處苗子發癲嚷著要燒殺客民，奪回田土，到正月十六日，石三保、石柳鄧到黃瓜寨會集。吳隴登說若肯幫我們起事，不但可得田地，還可做官，遠近傳說，苗子就多聽信，分路前去燒搶，這實是石三保他們首先起意的。」其中吳八月是石三保的表兄，因會寫字，故由石三保寫立傳帖，以糾約各寨苗子。所謂吳王，即指吳三桂。據石三保供稱

「苗子們從祖輩止知道有個吳三桂是吳王，所以說是吳三桂轉世，就號爲吳王的。」易言之，苗衆倡亂已非一日，苗民被客民盤剝，漸多失業，地方官審斷不公，遂敢於聚衆焚搶。

十一、供詞檔

　　清仁宗嘉慶年間，南會北教案件層出不窮。自嘉慶七年勘定川楚教亂後，白蓮教的活動，並未終止，其餘黨遍及諸省，嘉慶十八年，又有天理教之亂。直隸林清等率衆起事，河南李文成亦據滑縣舉叛旗，山東白蓮教徒皆起而響應。清軍平定天理教亂後，將各要犯檻送京師，嚴加鞫訊，錄供備查。國立故宮博物院現藏供詞檔計二册，嘉慶十八年九月及十月分各一册。內含林清、劉三、熊進才、龔恕、田馬兒、董幗太、陳爽、范采、劉進亭、高大、劉九、楊進忠、劉金、趙增、屈四、李潮、趙密、劉得山、高老、李老、盧喜、李洪、李玉隴、張老、穆七、張泳貴、李九、張泳瑞、王李氏、李蘭、劉潮棟、李明、祝林、劉五、安幗泰、王二格、賀萬金、金黑、邊富貴、李元隴、高五、劉狗兒、陳亮、王博、李三、李六、于吉慶、閻進喜、劉幅受、宋維銀、董幗雲、崇泳安、李奉全、張自聲、宋進耀、郭潮俊、高成、劉進才、閻正里、任奉聖、邊文良、朱套兒、張步高、陳紹榮、宋進榮、曹幅昌、孫發、韓達子、宋文登、張昆、陳鉅釧、安順、王文茂、裴明阿、王五、富慶、劉進得、李得全、王老、鄭漢魁等人。前列各要犯分隸直隸宛平縣、榮城縣、雄縣、滄州、通州、遵化州、大興縣、交河縣、固安縣、山西崞縣、江蘇陽湖縣、浙江紹興府山陰縣及各旗屬下之人，包括正藍旗、正黃旗、鑲白旗、正紅旗等，例如坎卦教頭目之一的陳爽就是正藍旗豫親王府包衣。就其職業而言，除多數務農外，尚包括其他行

業，例如林清曾充南路廳巡檢司書吏，熊進才向在東四牌樓賣果子營子，高大是楊進忠雇用的工人，劉金等當太監，穆七在武王侯衙衙十六公府當廚役，劉潮棟開設慶隆戲園爲生。各犯分屬榮華會、紅陽教、白陽教、龍華會、巽卦教、乾卦教、艮卦教、坤卦教、兌卦教、坎卦教、離卦教、震卦教等。

　　林清即劉興幗，直隸宛平縣黃村宋家庄人，嘉慶十一年，教頭宋景耀傳授林清「眞空家鄉，無生父母」八字眞經。是時劉呈祥掌坎教。嘉慶十三年，劉呈祥因邪教案被拏，犯案問徒，坎卦教無人掌管，教徒們公推林清掌坎卦。林清旋因陳懋功等控案牽連在保定，適有河南滑縣書吏牛良臣即牛亮臣亦在保定結訟，彼此熟識，牛良臣告以滑縣李文成亦傳八卦教，林清往訪李文成時，李文成謂林清前世是「卯金」，所以改姓劉。林清既承繼劉呈祥的勢力，復改姓劉，以劉邦起兵滅秦相號召，旨在反清復明。林清等推算天書後指出彌勒佛有青羊、紅羊、白羊三教，此時白羊教應興，以羊字代替陽字，青羊即青陽，紅羊即紅陽，白羊即白陽。林清等遣教徒四出傳道，以歸教有好處，勸人入教，戒酒色財氣，不時念誦八字咒語，病症可痊，且免遭劫，愚民爲求福佑，以除災殃，遂紛紛聽從入教。據林清供稱，衆人推其掌教，先掌坎卦一股，後總領八卦，其中除坎卦外，其餘七卦俱由滑縣李文成所領，而以林清爲當家，七卦內有事，即報知林清。據稱林清是太白金星下降，應做天王，衛輝人馮克善應做地王，李文成應做人王，事成以後，由人王統治，至於天王、地王則同孔聖人與張天師一般。八卦人數，每卦多少不等，以震卦、離卦兩股人數最多，其中震卦各地領導人，滑縣是于克俊、磁州爲趙得一即趙大，長垣頭目爲賈士元、羅文志、衛輝頭目爲馮克善，手下人各有數百之衆；離卦一股，道口鎮頭目爲王休志，手下有

一二千人，曹縣頭目爲許安幗，德州爲宋躍隆，金鄉爲崔士俊；順德府巽卦教頭爲楊遇三，宣化府乾卦頭目爲華姓之人，歸化城艮卦教頭爲王道隆，重慶坤卦教頭爲魏正中，潼關兌卦教頭爲王忠順。林清講教道理較深，勢力亦大，故爲總教主。衆教徒以奉天開道白小旗爲號，白布二塊，一塊拴腰，一塊蒙頭，口誦「得勝」。八卦教徒糾聚日衆，遂密議伺機起事，因「天書」上有「八月中秋，中秋八月，黃花滿地開放」之語，書中既有兩個中秋，據林清等推算，應指閏八月，嘉慶十八年九月十五日，正是第二個中秋，所以與李文成約定在九月十五日起事。林清所領一股主要爲坎卦教的人，由陳爽、陳文魁率領一百餘人，分東西兩路進入紫禁城，欲與河南一路趁回鑾時劫駕，因李文成一路未如期到達，事遂不成。宮廷太監劉得財、劉金、高廣幅、張泰、閻進喜、王幅祿等曾參與密謀起事會議，當陳爽率衆由宣武門、右安門、正陽門突入紫禁城後，太監曾從中引路，其中劉三一路由南西門、順城門至西華門外時，由太監張泰、高廣幅及劉姓等引進隆宗門。當龔恕率教徒由南西門走進前門至東華門外南池子地方，內監劉得財先在酒鋪等候，指引進入東邊蒼震門，據供引路的太監共有六人，都是教內的信徒。韓書瑞（Susan Naquin）教授所著「嘉慶十八年八卦教派之起事」（Millenarian Rebellion in China : The Eight Tigrams Uprising of 1813）一書，曾充分運用供詞檔。

十二、勦捕檔

　　勦捕檔爲清代勦捕地方變亂抄存的檔冊，自嘉慶元年至同治十三年止，現存三三八冊，內含勦捕教匪檔、摺片檔、川陝楚善後事宜檔、勦辦教匪南山清檔等。在現存勦捕檔中，嘉慶二年、

四年、五年、六年、七年分，同治二年至十三年分，每月一冊，全年十二冊，閏月增一冊，同治十一至十三年重繕一套，全年二十四冊或二十六冊。勦捕教匪檔，嘉慶四年分計三冊，六年分計三冊，七年分計四冊。勦辦教匪、南山清檔嘉慶十九年分計一冊。勦捕摺片檔，嘉慶二、三、五、六、七、十一、十二年分，各一冊。勦捕摺片檔是一種收文簿，將每日所收摺片摘由登記，以備存查，其性質與隨手登記簿相似，可以說是一種目錄。例如嘉慶五年正月初三日，「吳熊光摺」，計三件：「一覆奏遵查景安前在南陽辦理淅川；一完顏岱原稟查明景安前在南陽並淅川一案清單；一片一得雪分數，防堵豫省邊界。原檔是一種小方本，根據每日記錄，可以查閱每日奏摺件數及其內容。勦捕檔內間亦書明繕校、覆校人員姓名，例如嘉慶元年正月至三月分計一冊，共二三四葉，末葉書明「中書孫蘭枝恭繕校，中書譚用德恭詳校，中書薛凝度敬謹覆校。」勦捕教匪檔係初繕本，勦捕檔則為重繕本，清代以重繕本為正本，而以初繕本為副本或原本。例如勦捕教匪檔嘉慶四年七月初一日起至八月十五日止為一冊，共四〇八葉，八月十六日起至九月三十日止為一冊，共一四四葉，重繕本改為每月一冊，即七月分一冊，計一八八葉，八月分一冊，計二二八葉，九月分一冊，計一五〇葉。重繕本既經繕畢，即由校對人員將重繕本與初繕本對校改正。因其數量頗多，探討嘉慶與同治兩朝民亂，勦捕檔實為重要檔冊，例如嘉慶年間的川楚白蓮教亂，同治年間的髮捻之亂，歷時既久，靡帑尤鉅，勦捕檔記錄頗詳。

　　勦捕檔內抄錄的文書，種類亦夥，包括寄信上諭、明發上諭、知會、詔書、交旨、硃筆諭旨、咨文、箚、札、牌文、函啓、奏片等類。勦捕檔嘉慶十八年九月十八日分，抄錄「遇變罪

己詔」，原詔略謂「朕以涼德，仰承皇考付託，兢兢業業，十有八年，不敢暇豫，即位初白蓮教煽亂，四省黎民遭劫，慘不忍言，命將出師，八年始定。方期與吾赤子永樂昇平，忽於九月初六日河南滑縣又起天理教匪，由直隸長垣至山東曹縣，亟命總督溫承惠率兵勦辦。然此事究在千里之外，猝於九月十五日變生肘腋，禍起蕭牆，天理教逆匪七十餘衆犯禁門，入大內，戕害兵役（下略）。」因天理教起事，仁宗下詔罪己。交旨是軍機大臣面奉諭旨而傳旨交辦的事件，例如嘉慶元年九月二十四日勦捕檔抄錄交旨一片，原文云「交兵部、順天府，現在奉旨派健銳火器二營二千名前赴河南一路勦捕賊匪，定於二十六日頭起啓程，分作八起，挨日陸續行走，每日兵二百五十名，官員在外，所有應需車輛馬匹等項，即照例速行預備，毋得拘泥專候直隸總督文到，以致臨期遲誤，有干參處，此交。九月二十四日午初。」札、箚與知會或咨文的主要差別，是因受文者職稱高低而異，凡織造、同知、知府、道員、按察使、布政使等飭行事件，即使用箚或札文，督撫部院用知會或咨文。牌查事件則指文報飛查時所用火牌，牌催驛遞軍營文報。

　　清代實錄館纂修歷朝實錄時曾取材於各種專檔，惟多經潤飾或刪略。例如嘉慶四年七月初一日丁巳，勦捕教匪檔抄錄諭旨二道：一為寄信上諭；一為內閣奉上諭。清仁宗實錄僅記載明發上諭一道，冠以「諭內閣」字樣，明發上諭原稿抄錄直省現有兵數、額設兵數、原派征兵數、續派征兵數、存營兵數、新募兵數等清單，實錄將原開清單俱行刪略。七月初三日己未，勦捕教匪檔抄錄寄信上諭三道，實錄僅載一道，內容多經刪略。其餘遞發參贊大臣副都統明亮等字寄二道，實錄未載，字寄內指出「軍營陋習，皆始於近年，內有和珅矇蔽，外有福康安、和琳、孫士毅

等作俑捏報，」以致軍紀敗壞。諸將久握兵權，稽延時日，老兵靡餉，養敵自重，「賊氛」日熾，寄信上諭已充分指出乾隆末年以來的軍營積弊。經略將軍勒保所領滿洲兵丁不以防守為事，在城內佔住民房、酒肆，歌唱喧鬧，驕情滋事。嘉慶四年十月初四日，寄信上諭述及外委孫起鳳稟稱「自五月至八月衹有鄉勇殺賊四名，官兵未與賊打過一次，亦未見過賊匪。」交戰時既以鄉勇為前鋒，旗兵在後，官兵與敵人不相值，鄉勇傷亡，匿而不報，偶或得勝，則冒為己功，清朝的經制兵腐敗至極，亂事蔓延益廣。

　　勒捕檔內抄錄頗多的供詞，例如嘉慶元年四月初九日，白蓮教徒聶傑人供出山西樂陽縣人李犬兒是「神將轉世」，同教的人都要保護他。聶傑人父子俱拜湖北宜都縣人張正謨為師，是年九月二十四日，張正謨等被解送入京後，軍機大臣派人連夜審訊，據供「李犬兒是戊戌年生的，兩手有日月兩字，相貌異人，劉之協是軍師，朱九桃是輔佐。他的那王家莊有大石一塊，忽然迸開，現出經文，有一旦夜黑風起，吹死人民無數，白骨堆山，血流成海四句，衆人若念熟了就可免災。」李犬兒住在長春觀，曾傳符一道，有「貫寸長」三字，是倒隱長春觀的地名。據劉之協供出每日所誦經咒是「從離靈山失迷，家住在娑婆苦痛殺，無生父母稍書信，特來請你大歸家」四句。劉之協又供稱「我們的教名，本是天主教，後名三陽教。」劉之協以劉四兒為彌勒佛轉世，以輔佐牛八。以牛八代替朱姓，藉反清復明相號召，白蓮教每託名牛八，指稱前明後裔。劉之協又供稱湖北的白蓮教是由其本人所傳，四川的白蓮教則由王廷詔等所傳。「彼此商定原約嘉慶元年三月初十日是辰月辰時，所有入教的人一齊起事，為的是興旺意思，原想用一色支干使同教人看得新奇，好信服。」「我

傳習的經文記得不全，只記得經文內容說天是一大天，人是一小
天，人身雖小，配合於天，天道運行，金木水火，人性所學，仁
義禮智。天有十二時，人有十二相，天有風雲雷雨，人有喜怒哀
樂，天生乎人性，人心不合於天，今人好善以相而求，皆不得其
善，善是學也，學是性也，性是德也，德性者循理而來也，從來
有簡明之路，人錯認了，儒書從新指點出來。天命之謂性，天命
者三教之根本也，人性者氣象之源也。孔子曰：非禮勿視，非禮
勿聽，非禮勿言，非禮勿動，此四者人身之用也，由乎中而形乎
外制於外，所以養其中也。中正之道，人人本有，個個不知，豈
不然哉，豈不痛哉，且爲人者，須把性理終窮，不明性理，不明
事理，枉爲人矣。道者性理所發也，氣者性之流行也，且學君子
術者能知生前來路，死後歸結，以下就記不得了，是伍公美、王
學瓏從劉松處傳來，我念熟了，就念給人聽，識字的也都念得
來，念了這經文，死了不轉四牲六道的是寶。」據張效元供稱，
白蓮教徒「以身穿青藍衣服，頭頂三尺藍布，腰纏三尺藍布爲外
號，又以傳誦的歌詞天上佛、地上佛，四面八方十字佛，有人學
會護身法，水火三災見時無作爲內號。」勦捕檔內所錄供詞甚
夥，對研究白蓮教的信仰、組織及起事經過，俱可提供極珍貴的
原始資料。至於清廷平定地方變亂的經過，征調兵丁，動撥庫
帑，籌辦軍需等項，勦捕檔記錄亦極詳盡。

十三、結　論

　　國立故宮博物院現藏清代專案檔，約可分爲三類：一爲清廷
用兵隣封整理邊界的檔册，內含緬檔、安南檔、廓爾喀檔等；一
爲勦辦民間秘密宗教及髮捻等內地民亂的檔册，內含東案檔、東
案口供檔、林案供詞檔、勦捕檔等；一爲平定少數民族之亂的檔

冊，內含金川檔、苗匪檔、勦滅逆番檔、勦捕逆回檔等。清高宗承康熙、雍正盛世餘緒，國家物力豐盈，惟因邊境不靖，蠶食疆界，清高宗或爲永綏邊圉，或爲興滅繼絕濟弱扶傾，遣兵聲罪致討，以維持東南亞的和平秩序，並非好大喜功窮兵黷武的表現，緬檔、安安檔、廓爾喀檔等檔冊，於清高宗用兵始末及處理屬邦問題的態度，皆可窺知其本意。乾嘉年間，一方面由於生齒日繁，生計日艱，一方面由於滿漢種族意識的復活，漢人紛起抗清，南會北教秘密社會的活動日趨活躍。南方天地會以異姓結拜，歃血飲酒，傳授口訣暗號，強調義氣千秋，密謀起事，天地會起事案件遂層出不窮。民間秘密宗教假藉釋道，盛行於北方民間，揚言劫數將至，凡口誦「眞空家鄉，無生父母」八字眞經者，即可逢凶化吉，消除災禍。當新的千福年降臨時，即可結束人世間的罪惡，返回淨土。清仁宗「御製邪教說」曾指出「白蓮教之始，則爲騙錢惑眾，假燒香治病爲名，竊佛經仙籙之語。衣服與齊民無異，又無寺廟住持，所聚之人，皆失業無賴之徒，所以必統爲盜賊，是又僧道之不若矣。」㉗失業民眾，迫於生計的艱窘，在各教派的煽惑之下，民亂遂不可遏抑，各供詞檔所述各教派收徒傳道，計議起事經過，實爲探討地方變亂的直接史料。清初踵明遺規，於西南邊區仍採「以夷治夷」之策，廣置土司，世宗雍正年間，將湘黔苗疆改置流官，惟於治理苗人並未提出積極的政策，苗疆漢化的結果就是漢人勢力的與日俱增，漢人客民與苗子土著或因買賣生理，或因開墾苗地，以致漢苗仇視，放火搶掠。苗亂因而擴大，苗匪檔就是探討漢苗問題的珍貴資料。至於金川事件，與苗亂情形相似，蜀西地方向設土司以爲羈縻，但因地險碉堅，各土司每負固據險，攘奪仇殺，叛服無常，劫掠漢民，清初治理邊疆少數民族究不可謂爲成功。清軍平定回部後，

其治回政策亦不算成功，滿洲大員貪墨昏庸，虐待回民，對於回人新教與舊教之爭，未能秉公處理，其激起叛亂，已非一日，自清初至清末，陝甘回亂，迄未蕩平，甚至因回亂導致中外交涉。欲探討清季回亂的由來，必先了解清初以來的治回政策及回亂背景，勦捕番回檔即爲研究清代回民問題的罕見資料。國立故宮博物院現藏清代檔案中有關邊疆方面的資料，相當豐富，除宮中檔奏摺原件、軍機處月摺包奏摺錄副、上諭檔、月摺檔、外紀檔及寄信檔以外，各種專案檔仍不失爲一種珍貴史料。

【註　釋】

①　張德澤撰〈軍機處及其檔案〉，《文獻論叢》（臺北，臺聯國風出版社，民國五十六年十月），論述二，頁 71。

②　《緬檔》（臺北，國立故宮博物院），乾隆三十三年分，下冊，頁 155。乾隆三十三年十一月初四日，檄諭。

③　拙撰〈清高宗時代的中緬關係〉，《大陸雜誌》，第四十五卷，第二期（臺北，大陸雜誌社，民國六十一年八月），頁 24。

④　拙撰〈清高宗兩定金川始末〉，《大陸雜誌》，第四十六卷，第一期（民國六十二年一月），頁 1。

⑤　梁章鉅纂輯《樞垣記略》（臺北，文海出版社，民國五十五年十月），卷一三，頁 12。

⑥　《清高宗純皇帝實錄》，卷八九〇，頁 15。乾隆三十六年八月初八日，丙子，寄信上諭。

⑦　《金川檔》（臺北，國立故宮博物院），乾隆三十六年分，下冊，頁 24。

⑧　拙撰〈清代上諭檔的史料價值〉，《故宮季刊》，第十二卷，第三期（臺北，國立故宮博物院，民國六十七年春季），頁 60。

⑨　拙撰〈清世宗與辦理軍機處的設立〉,《食貨月刊》,復刊第六卷,第十二期(臺北,食貨月刊社,民國六十六年三月),頁20。

⑩　《軍機處檔‧月摺包》(臺北,國立故宮博物院),第2765箱,95包,18896號。乾隆三十七年十二月初一日,溫福奏摺錄副。

⑪　《金川檔》,乾隆三十八年秋季分,頁75。乾隆三十八年七月初十日,木果木失事文武官員兵丁清單。

⑫　蕭一山著《清代通史》(臺北,臺灣商務印書館,民國五十一年九月),(二),頁244。

⑬　《清高宗純皇帝實錄》,卷九六六,頁18。乾隆三十九年九月丙辰,上諭。

⑭　同前書,卷九六七,頁53。乾隆三十九年九月丁丑,上諭。

⑮　《清代通史》,(二),頁246,「撒拉爾」誤作「徹拉爾」;總督勒爾謹誤作「勒爾錦」;蘭州知府楊士璣誤作楊士機。

⑯　《勦滅逆番檔》(臺北,國立故宮博物院),上冊,頁33。乾隆四十六年四月初一日,馬雲稟詞。

⑰　《勦捕逆回檔》(臺北,國立故宮博物院),下冊,頁185。供詞內所稱剛大人即甘肅提督剛塔。新教回民頭人馬四娃,《清代通史》誤作四四圭。

⑱　鑄版《清史稿》(香港,文學研究社),屬國傳,越南,頁1653。

⑲　《明清史料》(臺北,中央研究院歷史語言研究所,民國六十一年三月),庚編,第一本,頁65。

⑳　《文獻叢編》(臺北,臺聯國風出版社,民國五十三年三月),上冊,安南檔,頁418。

㉑　《欽定廓爾喀紀略》(臺北,國立故宮博物院),卷二九,頁1。

㉒　周祥光著《印度通史》(香港,九龍自由出版社,民國五十二年二月),頁118。

㉓ 拙撰〈清高宗降服廓爾喀始末〉,《大陸雜誌》,第四十三卷,第二期(民國六十年八月),頁61。

㉔ 《廓爾喀檔》(臺北,國立故宮博物院),乾隆五十七年二月二十三日,頁131,拉特那巴都爾書信。

㉕ 《欽定廓爾喀紀略》,卷一八,頁8。

㉖ 拙撰〈清高宗乾隆朝軍機處月摺包的史料價值〉,《故宮季刊》,第十一卷,第三期(民國六十六年春季),頁31。

天象示警・禳之以德──從朝鮮君臣談話分析天人感應的政治預言

　　自程朱學說傳入朝鮮後，儒家思想漸成為朝鮮政治、社會文化的指導原則。由於李氏政權建立後災變頻仍、民生困苦；因此，朝鮮諸臣便企圖以儒家「天人感應」說構築其政治預言，來勸誡統治者，使其反躬自省、革新政治。這類災異之說固然含有濃厚的迷信色彩，然而臣工藉託天象以直諫，進而導正政治弊端，卻也不無積極作用。

　　子不語怪力亂神，但孔夫子卻喜歡利用天文現象來解釋故事。他曾說：「為政以德，譬如北辰，居其所而眾星拱之。」古聖先賢相信天象和人事，常有相互影響的關係，不但上天能干預人事，人事也同樣能感應上天。《尚書・洪範》已指出天象有休徵，也有咎徵。休徵為祥瑞，天現祥瑞，以示嘉勉；咎徵為災異，天現災異，以示警告。古人相信宇宙萬物的靈魂是彼此相通的，天、地、人之間可以互滲。天人感應就是神人合一的信仰，有它特殊的意義，即嘗試利用自然規律，以嚇阻背道害義的統治者。

董仲舒像。

天人感應學説的起源

戰國時期，君權擴張。齊國臨淄人鄒衍，深觀陰陽消息，以變化終始之說，闡明治亂興衰的道理。《易繫辭》記載說：「天垂象，見吉凶，聖人象之。」陰陽災異之說，本在勸導人君悔過修德。西漢今文經師鑑於秦代專制之失，多喜言天人感應，欲以災異符命戒懼人君。陰陽家教人以天道爲依據而行仁政，漢儒容納其說，與儒學相輔而行，成爲兩漢學術思想的特色。

廣川人董仲舒治《春秋》，以春秋災異之變，推求陰陽所以錯行的道理，並著《災異記》，闡明以天權限制君權的用意。董仲舒指出爲人君者，其法取象於天，垂象於日月星辰風雨，示命於禽獸蟲魚草木。董仲舒在〈賢良對策〉開端就說：

> 謹案春秋之中，視世已行之事，以觀天人相與之際，甚可畏也。國家將有失道之敗，而天乃先出災害以譴告之。不知自省，又出怪異以警懼之。尚不知變，而傷敗乃至，以此見天心之仁愛人君，而欲止其亂也。

天現災異，並非惡意，但欲人君速自警惕，檢討過去，修德止亂，防患未然。《春秋繁露》也說：

> 天地之物，有不常之變者，謂之異，小者謂之災，災常先至，而異乃隨之。災者，天之譴也；異者，天之威也，譴之而不知，乃畏之以威。詩云，畏天之威，殆此謂也。凡災異之本，盡生於國家之失，國家之失，乃始萌芽，而天出災異以譴告之，譴告之而不知變，乃見怪異以驚駭之，驚駭之尚不知畏恐，其殃咎乃至，以此見天意之仁，而不欲陷人也。謹案災異以見天意，天意有欲也，有不欲也，所欲所不欲者，人內以自省，宜有懲於心；外以觀其事，

宜有驗於國，故見天意者之於災異也，畏之而不惡也，以
爲天欲振吾過，救吾失，故以此報我也。春秋之法，上變
古易常應是，而有天災者謂幸國。孔子曰，天之所幸，有
爲不善而屢極，且楚莊王曰，天不見災，地不見孽，則禱
之於山川曰，天其將亡予耶？不說吾過極吾罪也，以此觀
之，天災之應過而至也，異之顯明可畏也，此乃天之所欲
救也，春秋之所獨幸也，莊王所以禱而請也，聖主賢君尚
樂受忠臣之諫，而況受天譴也。

　天災是應過而至，人君若不畏天威，不受天譴，殃咎乃至。
天現災異，是所謂幸國，天不見災，地不見孽，則有亡國之虞。
人君必須隨時戒愼恐懼，修身審己，約束自身，否則殃咎乃至，

其化事興而知其歸見而知其終言之而無敢詐立之而不可廢取之而不可舍前後不相悖終始有類思之而有復及之而不可厭其言寡而足約而愉簡而達省而有具少而不可益多而不可損其動中倫作禮一其言當務如是者謂之知

欽定四庫全書　春秋繁露　卷八

其大畧之類天地之物有不常之變者謂之異小者謂之災災常先至而異乃隨之災者大之譴也異者天之威也譴之而不知畏乃威詩云畏天之威殆此謂也凡災異之本盡生於國家之失國家之失乃始萌芽而天出災害以譴告之譴告之而不知變乃見怪異以驚駭之驚駭之尚不知畏恐其殃咎乃至以此見天意之仁而不欲陷人也謹按災異以見天意天意有欲也有不欲也所欲所不欲者人內以自省宜有懲於心外以觀其事宜有驗於國故見天意者之於災異也畏之而不惡也以爲天欲振吾過救吾失故以此救我也春秋之法上變古易常應是而有

董仲舒仕《春秋繁露》中，以陰陽五行闡釋其天人感應說。

甚至有亡國之虞。這就是儒家的政治預言。

　　漢代的災異祥端說法，主要是由鄒衍系統衍生而來的天人感
應思想。西漢初年，崇尚黃老清靜的治術，其後又採用陰陽學
說，君臣都以修身自律。天人感應或災異之說，在兩漢確曾發揮
相當大的功效，所以兩漢多賢君，官清吏廉，政治頗上軌道。

朝鮮的政治預言

　　朝鮮與我國接壤，兩國關係，源遠流長，在地理上，唇齒相
依；在文化上，朝鮮也是儒家文化圈的重要成員。《朝鮮王朝實
錄》就是仿自我國歷代實錄體例而修成的一種編年史，以漢字書
寫。所載內容，包含李朝太祖元年，即明洪武二十五年（1392）
至哲宗十四年，即清同治二年（1863）共四百七十二年間的政
治、軍事、文化、社會、經濟以及對外關係等活動，內容廣泛；
因其所載俱屬李氏王朝事蹟，所以習稱李朝實錄。其中多處記載
朝鮮君臣論天人感應的文字，所援引的文獻記載包含我國古代儒
家的政治理念。

　　朝鮮國王太祖、定宗、太宗在位期間（1393-1418），因旱
魃肆虐，元陽不雨，赤地千里。諫官紛紛上書，引證我國儒家政
治理念，勸告國王遇災修省。明惠帝建文元年（1399）八月，朝
鮮國王定宗頒發宥旨，部分內容如下：

> 人事感於下，則天變應於上，故古之王者，每遇災變，必
> 修人事，或側身修行，或發政施仁，蓋反其本應天以實
> 也。近者天變地怪，屢彰譴告，實由寡人否德之致，慄慄
> 危懼，若涉淵冰，飭躬修省，思免厥愆，宜勤恤於民隱，
> 庶小答於天心，自建文元年八月初九日昧爽以前，二罪以
> 下，已發覺未發覺，已結正未結正，咸宥除之，雖一罪，

互相連逮，涉於疑似者，宜即申聞，取旨施行，敢以宥旨前事相告言者，以其罪罪之，所有事件，條列於後。

定宗宥旨所列條文，主要包括：獄囚淹滯，務須速斷；自戊辰至戊寅被誅人員奴婢，各還本主；中外公私宴飲，一律禁止；私自屠殺耕牛，嚴加禁斷。朝鮮國王遇災修省，以應天譴，並採取多項措施，具有穩定人心的作用，對於改善民生，頗具意義。

明成祖永樂元年（1403）正月，朝鮮國王太宗御經筵，詢問近臣說：「有非常之事，則謂之災變，禹任皋陶，天雨金三日，謂之祥端，何也？」代言金科對以「傳有言曰，金，貴物也，久旱而雨，比之金，謂之雨金。」禹與皋陶同德，舜把天下讓給皋陶，皋陶未接受，舜於是禪讓給禹。禹既有天下，於是專任皋陶，禹用賢德，上天感應，久旱而雨，連降三日，其貴如金，這就是天雨金的故事。成湯因七年旱災，遇旱而懼，以行事反躬自責，告於山川，「政不節歟？使民疾歟？何以不雨，至此極也？」上天見成湯自責至誠，果然有感格之應，天降大雨，方數千里，而終不為民害。

《左傳》莊公十一年記載「禹湯罪己，其興也浡焉；桀

禹為古代賢君之一。

紂罪人，其亡也忽焉。」三代賢君遭逢天災時，爲收拾人心，多能改過以應天道，並以天子名義，下詔自責，詔告內外，稱爲罪己詔。永樂元年（1403）八月，朝鮮國王太宗下罪己詔說：

> 予以否德，纘承丕緒，夙夜惟寅，莫敢或遑，期至於治，然而災異屢見，星辰失度，水旱相仍，矧茲海水變赤，其爲譴告至矣，予甚恐懼，若隕於淵，欲知致災之由而去之，則未知其由，欲求弭災之道而行之，則未得其道，以予寡昧，何以堪之，德行有闕而不自知歟？政事有失而妄自行歟？詞訟不平而冤抑未伸歟？賦役不均而流亡未息歟？忠邪混處而讒諂行歟？紀綱不立而刑賞紊歟？邊將失於撫而士卒嗟怨歟？奸吏巧於弄法而閭閻愁嘆歟？咨爾大小臣僚閒良耆老，其於致災之由，弭災之道，各以所見，陳之無隱，言之可用，即加採納，雖或不中，亦且優容，於戲，惟修德可消變異，固當躬行，然求言欲聰明，願聞讜議。

朝鮮國王太宗在罪己詔中所自責的項目很多，除了德行外，還包括政治、詞訟、賦役、人事、紀綱、刑賞、將士、吏治等項，範圍很廣。永樂四年（1406）年七月，朝鮮國王太宗召見近臣，君臣談論雷震的問題。《朝鮮王朝實錄》記載君臣談話的內容如下：

> 上曰：雷震人是何理也，吾未之知也？左右對曰：世謂雷震曰天伐。人之罪惡貫

李氏王朝的開創者李成桂。

盈，則天降之伐矣。上曰：吾嘗觀經史，歷代權姦，盜國
脅君，尚得保全，不受天罰，何也？人或遭厄運，適觸邪
氣而已，然予則心實懼焉。又曰：災異之變，古書皆曰：
由人事之所感。中庸又曰：吾之氣順，則天地之氣亦順，
蓋一人之氣，遽致天地之順，此理最妙。

　　災異的變化，古人相信是由人事所感，雷震就是一種天伐。
人君氣順，則天地之氣亦順，就不至於觸邪氣而因雷震遭受天伐
了。

儒家文化對朝鮮政治的影響

　　明末清初以來，朝鮮災異頻仍，常見的如星文示異、太白晝
見、白虹貫日、日月暈珥、流星黑氣、熒惑入於太微、昏霧戾
氣、多雷地震、水旱風暴、雌雞化雄、巨石自走、冰雹暴下、天
火燒穀、雷吼窮陰之節、地震歲首之月等等，不勝枚舉。其中太
白就是金星，又稱啟明星，《史記索隱》就說過，「太白晨出東
方，曰啟明。」傳說太白星主殺
伐，我國詩文中多以太白比喻兵
戎。太白晝見，是一種星變。朝
鮮領敦寧府事金尚憲上書指出，
「嘗聞太白，西方之氣，其出主
兵喪星事，非人人所可知，亦非
所敢言，但以前史所驗推之，實
為可懼。」星辰之變，就是上天
示警，君臣必須遇災自省。

　　明憲宗成化二十一年
（1485），朝鮮大旱，慶尚道

朝鮮所刊行的《群書治要》。

災情最重，不僅禾穀蔬菜焦枯，甚至橡栗也不結實。朝鮮國王成宗頒下御書，令諸臣各陳所見。同年七月，副提學安處良疏陳天人感應的道理，他指出：「天人之際，精禨有以相盪，善惡有以相推。事作於下，變見於上，災祥之應，各以類至。」因此，他引《尚書‧洪範》的大意，認為人君行善道，則天現休徵；人君行惡道，則天現咎徵，天象的變化，都是人事得失的反應。

朝鮮國王仁祖在位期間，掌令李應蓍引漢儒的政治理念，以說明天人感應的道理。他上書說：

> 人君父事天，母事地，子養人庶，不得於其父母，不得於其子，則為人君者，當作何如心也？近年以來，陰虹貫日，太白守晝。今日之父怒矣，以地則震，以石則移。今日之母怒矣，連歲飢儉，徵斂多色，流離載道，餓莩盈壑，則今日之子怨矣。父母譴告，赤子顛連，則雖兢兢業業如堯，業業如舜，側身修省如周宣，猶恐不得上當天心，下塞民望，況不恤人言，惡聞其過，歸時變於天數，置民怨於度外？

人君事天如父，事地如母，種種災異，乃是父母譴告其子的現象，人君當側身修省。禮曹正郎徐抃上書時引《周詩》三后在天等句，以闡明三后之靈，與天為一，作福作災於後王後民之意。

朝鮮國王仁祖崩殂後，由第二子孝宗繼承王位。禮曹正郎徐抃疏稱：「仁祖大王在天之靈，與天為一，天之怒，即先王之怒也，父之於子，匪怒伊教，則豈無轉怒為慈之道乎？惟在殿下潛心對越，以先王之心為心，克敬克孝而已。」天之於人君，猶如父之於子，人君克盡孝道，改過悔罪，則上天可以轉怒為慈。

朝鮮國王孝宗初年，災異頻傳，工曹參議鄭斗卿上疏時，曾

舉穀生湯庭的故事，以勸告孝宗悔過遷善，其原疏略謂：

> 近年變怪百出，若以爲妖孽，無與興亡則已，不然則豈不
> 懼哉，故無智愚，罔不憂天災。臣之所憂，在人不在天，
> 何則？昔穀生湯庭，三日而大拱，湯問伊尹。伊尹曰：
> 穀，澤野之物，今生天子之庭，殆不吉也。湯曰：奈何？
> 對曰：臣聞妖者禍之先，祥者福之先，見妖而爲善，則禍
> 不至；見祥而爲不善，則福不臻。湯乃齋戒靜處，夙興夜
> 寐，弔死問疾，赦過賑窮，七日穀亡。其後中宗高宗時，
> 亦有桑穀雉雛之變。由此觀之，賢聖之君，亦有妖孽，但
> 禳之以德，稽諸書，從諫不咈，先民是若，不邇聲色，不
> 殖貨利，克寬克仁，彰信兆民者，湯嚴恭寅畏，天命自
> 度，治民祗懼，不敢荒寧者，中宗嘉靖殷邦，不敢荒寧，
> 大小無怨者高宗，茲三君者，厥德如此，故災不敢爲孽，

朝鮮官員及官婦圖像。

> 豈偶然哉？今我殿下，懋敬厥德如古人，則災可禳矣，不
> 然，臣竊恐亂亡之在朝暮也，臣所謂在人不在天者，此
> 也。

　　桑穀是野草，穀生湯庭，就成了草妖。鄭斗卿以成湯故事爲
例，勸告朝鮮國王以成湯之心爲心，遇災自省，禳之以德。

　　堯和舜仁慈寬大，才德謙讓，他們不僅是我國傳統政治思想
中的理想君主，同時也是朝鮮國王的楷模。孝宗即位以來，天災
地異，人妖物怪，變不虛生。前領敦寧府事李景奭有感於災異頻
傳，於是應旨上箚說：

> 嗚呼！殿下之心，即堯舜之心，行堯舜之政，則是亦爲堯
> 舜。堯舜之道無他，孝悌而已；堯舜之政無他，仁義而
> 已。推孝悌之行，教萬民而興於孝悌；修仁義之政，率萬
> 民而興於仁義，則爲民者，平居可以按堵而奠枕，臨亂可
> 以親上而死長，夫豈有逆理亂常之事，愁怨疾視之民哉！

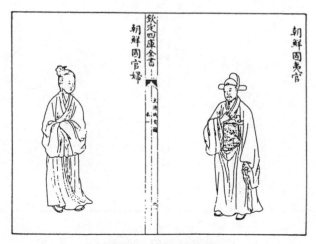

朝鮮民人及民婦圖像。

　　仁義之説，不行於世久矣，人有談仁義者，則德之者必以
　　爲適焉，孰能從而行之。然桓文假之而伯諸侯，唐太宗勉
　　之而致太平，特患人君者不行耳，行之則必有效，爲之與
　　不爲之，勿拘拘於常規，奮發大有爲之志，繼之以無倦，
　　心堯舜之心，政堯舜之政，就所講之詩書，體認其最緊切
　　處，聖帝明王之所以任賢安民，必務躬行，衰世亂代之所
　　以基禍致亡，必務懲改。至於珍臺閒館之中，幽獨得肆之
　　地，念念常存，勉勉不已，必以唐虞三代之治爲期焉。

　　堯舜之道，只是孝悌而已；堯舜之政，只是仁義而已。以廣
虞之治爲期，就是以堯舜爲理想君主。

　　朝鮮禮曹判書洪命夏上箚時也指出孝宗即位以來，非常之
炎，可愕之變，無歲無之，無日無之；冬春易令，木石逞妖，氣
象愁慘，人心疑懼，未知有何禍機，伏於冥冥之中。洪命夏認爲
弭災之道，不外修堯舜之德，推是心而爲政，則「堯舜之治，不
難致也。」人君夙夜警懼，責己猶恐不及，求言猶恐不廣，「此
正轉災爲祥，易危爲安之日也。」

　　朝鮮繕工副奉事魏伯珪疏陳時務時亦指出教化未興，學校廢
弛，軍情惰壞，國無控弦之卒，庫無應變之貯，水旱疾疫，邑里
殘敗。因此，魏伯珪疏請朝鮮國王以堯舜自期，並節錄我國古代
賢君格言進獻朝鮮國工，其要點爲：「堯之允恭克讓，舜之舍己
從人，禹之克勤克儉，湯之從諫弗咈，文武之明德慎罰。」句中
「允恭克讓，舍己從人，克勤克儉，從諫弗咈，明德慎罰」，就
是所謂「帝王二十字符」，是我國古代賢君修身齊家治國平天下
的座右銘。魏伯珪疏請朝鮮國王以堯舜等賢君相期許，由此可以
說明儒家文化在朝鮮的普及，儒家的政治理念，已普遍爲朝鮮君
臣所接受。朝鮮君臣見賢思齊，其目的就是想建立一個儒家化的

理想國家。

天人感應思想的積極作用

　　我國歷代政治，皆以儒家思想爲基礎。孔子認爲「孝弟也者，其爲仁之本。」在政治上主張德治，國君行仁政，以惠民、養民。漢代以來的政治思想，受戰國末年陰陽學、五德終始論及公羊春秋通三統學說的影響，大抵主張天人相應，政治教化，應隨時變革，相信天是有意志的，天主宰著人世間一切事務。天降祥瑞或災異，都是一種徵兆，人君必須順從天命，遇災修德。高麗末期，程朱學說傳入朝鮮後，儒家思想遂成爲朝鮮政治、社會、文化等方面的指導原則。

　　李氏政權建立後，朝鮮內部不振，外遇強鄰，革新政治，求富圖強，就成爲朝鮮君臣共同的願望。但由於災變頻仍，民生困苦，因此，天人感應的思想極爲盛行，朝鮮諸臣嘗試利用自然規律來勸告國王反躬自省，他們將自然界的災變，解釋爲天象示警的徵兆，希望國王改革政治，修德弭災。朝鮮國王於是下詔罪己，避殿減膳，諸臣亦紛紛自劾，甚至引咎辭官。朝鮮君臣相信以德禳災，改善民生，是拯救國家危亡、消除民怨的唯一途徑。

　　人君具備孝悌的道德，容納直諫，以仁義立國，實行仁政，與民休息，以堯舜禹湯文武等歷代賢君相期許，見賢思齊，就能感動上天，轉災爲祥，易危爲安，天災人禍就可以避免了。朝鮮君臣的政治思想，雖然含有濃厚的迷信色彩，但天人感應思想的盛行，利用自然規律來嚇阻背道害義的人君，諸臣每藉天象示警直諫，天人感應思想在朝鮮君臣的政治信仰方面，確實具有積極的意義。

　　在災變頻仍的朝鮮社會裡，以我國歷代興亡經驗爲殷鑒，實

行仁政，天人感應思想的盛行，確實有它的正面作用。朝鮮君臣接受儒家的政治理念，以儒家思想爲標準來分辨賢君或昏主，以儒家政治理念來衡量仁政或暴政，一方面充分反映朝鮮君臣確實把握了長治久安的施政原則；一方面也可以說明儒家文化對朝鮮政治確實產生了深遠的影響。

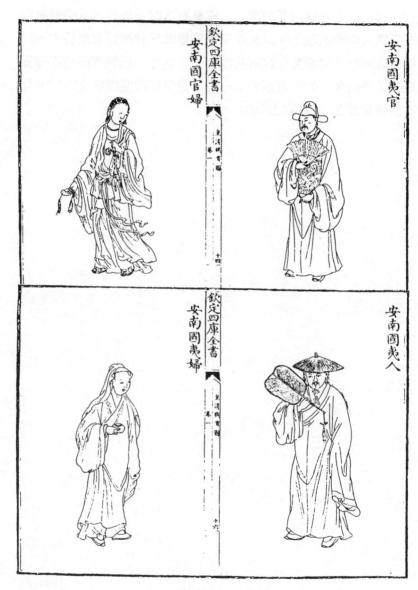

安南國官員民人圖像

清高宗冊封安南國王阮光平始末

　　在東南亞各國中，安南與中國因疆域毗鄰，兩國接觸最早，關係亦最密切。安南在中國郡縣統治時期，由於地方官吏的積極倡導，中國文教日漸普及，「教其耕稼，制爲冠禮」，「建立學校，導之禮義」，「化國俗以詩書，淑人心以禮樂」。安南獨立以後，歷朝君主對於中國文教的推行，仍然不遺餘力，修建文廟，開科取士，採取中國化的政治制度。其與中國往來固然使用天朝的正朔及文字，歷朝學者亦以漢文從事著作，尤其嗜讀漢文書籍。因此，在文化史上，安南已成爲中國文化圈的重要成員之一，也是儒家文化的分支。在所謂安南自主時代，其君主對內雖然維持獨立政權，但與中國始終維持名義上的宗屬關係，新君繼位，須經中國册封，才能取得對內對外的合法地位。清朝入關以後，安南仍然陷於南北紛爭的局面，廣南阮氏控制南方，儼然爲一獨立國，北方鄭氏擅權，黎王徒擁虛位而已。惟黎氏傳國最久，臣服天朝最爲恭順。清高宗末年，西山阮氏崛起，旣滅廣南，復敗鄭氏，黎王出奔。清廷爲維持東南亞的和平秩序，派兵收復黎城，使黎王得以復位，這是字小存亡與滅繼絕的措施，而非好大喜功窮兵黷武的表現。然而清軍疏於防範，爲西山阮氏所乘，阮氏小勝求和，清廷册封阮光平爲安南國王。是時，西方勢力已伸入安南，清廷處理對外關係的傳統制度雖然不符合近代西方外交制度的模式，但於安定東南亞的秩序方面，確曾有過極大的貢獻。本文撰寫的目的，即在就故宮博物院現藏原始檔案校補《清史稿‧越南傳》及魏源著《聖武記》有關清廷册封阮光平記

載的闕誤，並探討清廷對安南政策轉變的由來。

一、西山阮氏之崛起與廣南之失陷

　　清朝入關以後，仍定安南六年兩貢並進。清高宗乾隆四十九年二月，國王黎維禟照例遣使由廣西進關朝貢。是年閏三月初七日，清高宗南巡駐蹕江寧府，安南貢使黃仲政、黎有容、阮鎧等由廣西、湖北取道江西、安徽，前赴江寧迎駕，就近瞻覲，清高宗特賜黎王「南交屛翰」匾額①。是時，安南內亂，西山阮氏崛起，旣滅廣南，打破南北長期對峙的局面，復逐鄭氏，獨霸安南，黎氏政權不絕如縷。乾隆五十二年五月初七日，兩廣總督孫士毅等始據黎維祁咨稱其祖黎維禟病故，其父早亡，以嫡長孫權管國事，並請補頒國印。但清廷於安南國情，仍茫然不知。阮氏擄走鄭氏，則權歸阮氏，此次咨文理應由阮氏主持，何以咨文內又有西山土豪侵入國城等語？阮氏仇殺輔臣鄭氏，已與篡奪無異，又爲何有所忌憚而一任黎維祁安然坐守都城？而且，安南失去國印，係乾隆五十一年五月間事，是時，國王黎維禟尙在，何以不將失印一事具題請補？迨至黎維禟身故，黎維祁又何以不遵例即時咨報？其中「實多疑竇」②。尤其令人費解的是乾隆四十九年八月初十、十二等日，清高宗在熱河山莊先後特賜蒙古、土爾扈特、杜爾伯特及安南貢使范阮達等三人宴食③，范阮達等人何以未將安南內情據實稟報？清高宗又何以不曾乘間垂詢安南近況？

　　西山阮氏文岳、文惠、文侶（又作文慮）兄弟④，其先原係乂安興元縣人，世居懷仁綏遠。阮文岳曾任雲屯巡吏，因嗜賭負欠官錢，始避居西山，即史家所稱新阮，以別於廣南舊阮。阮文岳在西山聚衆數千人，攻掠城邑，鎭將不敢過問。阮文岳雖極獷悍，但富機智，各地土豪，聞風附從，其勢日盛。乾隆三十年即

黎顯宗維祧景興二十六年五月，廣南阮福闊卒，世子阮福昊早故，權臣張福巒擁阮福淳嗣統，專恣暴虐，民心叛離，使人稱其為「張秦檜」⑤。乾隆三十八年（景興三十四年）二月，阮文岳兄弟即以討伐張福巒為名，正式起兵，攻佔歸仁城。華人集亭率忠義軍、李才領和義軍相繼來投。廣南阮氏於文治方面雖然略遜於鄭氏，武功方面卻頗有表現⑥。自阮潢退居廣南以來，利用優越的地理條件，一面抵抗北方鄭氏的壓力，一面向南開拓，南圻漸成富庶之區。及黎王權益下移，鄭氏竊藏國印，陰謀篡奪，但忌廣南富強，乃誘使阮文岳兄弟攻掠廣南，而欲從中漁利⑦。乾隆三十九年（景興三十五年）五月，鄭森欲乘機攻滅廣南阮氏，乃命黃五福為統將，潘黎藩、汪士琪為隨軍參辦，段阮俶為乂安督視，領三萬士卒水陸並進，揚言援助廣南，共抗西山阮氏，而潛師夜渡大灘江，進薄鎮寧壘。尋以黃五福孤軍深入，恐有不側，又命阮廷石、黎貴惇等留守黎城昇龍（又稱東京，即今河內），而分兵為四軍南下赴援，以范輝珠錠為前將軍、張洹為後將軍、阮儼、黎廷珠分別為左右將軍，鄭森自率大隊，居中策應。是年十一月，鄭森入乂安。十二月，廣南阮久法將張福巒執送黃五福軍營，阮文政卻率水陸各軍駐箚拜答江岸。黃五福密遣黃廷體率兵由山後暗渡沈磨灘，腹背夾攻，阮文政力戰陣亡，全軍俱歿，遂陷富春（今順化），阮福淳南奔。

乾隆四十年（景興三十六年）正月，阮福淳至架津，立阮福暘為世子，稱東宮，屯俱低。二月，阮文岳自湫盆源來攻，命李才等以奉迎東宮還會安為名，敗其守將阮文獻。黃五福踰海雲山自中山、俱低而進，阮文岳分遣集亭為先鋒，李才為中軍，迎戰於錦紗。「集亭兵皆廣東人，頂紅巾，帶金銀紙，手執藤牌大刀，赤身突戰，勢甚猛。」⑧黃五福前隊不支，牙校桂武伯陣

亡，屬將黃廷體、黃馮基率輕騎掠陣，黃五福驅兵繼進，集亭敗走，阮文岳退守板津，阮福淳以鄭軍入廣南，乃乘船走嘉定，遇風覆沒，阮福淳卒⑨，其族姪阮福映入嘉定，東宮阮福暘為阮文岳所擒。阮文岳一方面鑒於自錦紗敗後，其黨衆日益離散，一方面龍湖營留守敬郡公宋福洽復統軍來攻富安，阮文岳深恐腹背受敵，故當黃五福於是年五月進次珠塢時，即遣其屬將潘文歲持送金帛向黃五福乞降，鄭森即封阮文岳為前鋒將軍西山校長，令其家客阮有整齎敕印旗劍授之，並說阮文岳歸順鄭氏。十二月，黃五福因久駐珠塢，士卒多染疫而死，乃稟請回富春，升平、奠盤二府遂復為阮文岳所據。

乾隆四十一年（景興三十七年）正月，阮福暘逃歸嘉定嗣統，是為新政王。次年正月，阮文岳既得廣南地，乃遣其屬將杜富雋求鄭氏允其鎮守廣南，鄭森因憚於用兵，許以阮文岳為廣南鎮守宣慰使，於是富安、平順等處皆為阮文岳所有。阮文岳練兵儲糧，據險守隘，其勢遂不可制。是年三月，阮文惠進兵嘉定，下柴棍，阮福映集東山兵四千人抵抗，不支，新政王全家遇難，遂滅廣南阮氏。

二、阮文惠初陷黎城與國王黎維禑之崩殂

乾隆四十五年（景興四十一年）九月，鄭森幽禁其長子鄭楷。次年十月，改立其少子鄭檊為世子。乾隆四十七年（景興四十三年）九月，鄭森卒，世子鄭檊嗣統，乂安鎮守黃廷寶專擅國政。但鄭檊年幼多病，人情惶懼。十月，三府兵亂，殺黃廷寶，立鄭楷為元帥端南王，鄭檊被廢。乾隆四十七年（景興四十三年）十一月，乂安前奇阮有整因乂安與富春接界，欲乘京中兵亂與鎮守武佐瑤謀以計殺大將而據乂安，武佐瑤猶豫不決，阮有整

乃與其門下黃曰選挈家浮海奔歸仁，降於阮文岳。阮有整素為阮
文岳所雅重，故待以上賓之禮。阮有整將鄭氏實力盡告於阮文
岳，並說阮文岳儲餉繕械以圖富春。乾隆四十八年（景興四十四
年）正月，黎王立長孫黎維祺為皇太孫，降黎維禋為崇讓公⑩。
乾隆四十九年（景興四十五年）四月，鄭楷以裴輝璧為參從，欲
扶黎王以收人心。乾隆五十年（景興四十六年）三月，鄭楷率百
官上黎王徽號，稱「淵懿欽恭仁慈德壽皇帝」。自鄭森擅權以
來，諸禮俱廢，自此以後，百官朔望朝賀的禮儀始稍恢復。但
是，安南連年荒旱，米價昂貴，每石米需紋銀七兩以外⑪，盜賊
蠭起，兵驕將惰，紀綱蕩然。當乾隆四十九年正月三府兵復起騷
亂時，知縣枚允奎已指出「聞衆言籍籍，以為皇嗣孫是他輩迎
回。今皇上正在倦勤，嗣孫年德長成，方當請行內禪，使帝王之
位皆定於軍士，以重他不世之功。其中有觖望者又欲扶皇家一
統，以奪王家之權。」⑫因此，是時真正控制黎朝實權的即此驕
兵，士卒逼勒官府，動輒以破家毆殺相恐嚇。其移易將相，易如
反掌。三府兵驕橫日甚一日，黎廷一有舉措，則相聚訾議，文臣
武將束手無措，兵民仇殺，有如寇讎，國事遂益不可為。

　　阮文岳滅廣南後，聲勢既盛，遂自稱天王，年號泰德。富春
鎮守范俟貪懦無能，專事商販牟利，不修戰備。參從胡士棟返回
黎城後，曾屢請代以他將，鄭氏卻置之不問。乾隆五十一年（景
興四十七年）五月，阮文岳以其弟阮文惠為龍驤將軍，節制水陸
各軍，武文仕將左軍，阮有整將右軍，以鄭氏專國，人心不附，
藉口伐鄭扶黎，分道北上，過海雲山，屯將黃義湖首先戰死。阮
文惠乘勝直趨富春，范吳俟聞大兵猝至，莫知所措。適潮水暴
漲，阮文惠大放舟師，進薄城下，副將黃廷體獨率所部迎戰，彈
藥俱盡，范吳俟閉城不援。鄭氏軍隊終因衆寡懸殊，黃廷體、武

佐堅等俱陣亡，阮文惠驅兵大進，范吳俅開城乞降，駐守將士數萬人，渡河潰回黎城者僅數百人而已，於是葛營、洞海各處屯將皆望風敗走。鄭氏以富春本非黎朝疆土，得之無益，乃命鄭自權爲統將率二十七校士卒進駐乂安欲據險固守。阮文惠亦發士卒修築洞海長壘，欲堅守羅河舊界，阮有整卻獻策稱：「公一戰克捷，威震天下。用兵之道，一曰辰，二曰勢，三曰機，三者可乘，往無不勝。今北河兵驕將惰，朝廷無復紀綱，公挾此威聲，乘其已弊，誠以扶黎滅鄭爲名，天下莫不響應，此機與辰、勢均不可失也。」⑬阮文惠納其議，遂矯阮文岳之命，以阮有整爲水師前鋒，直取渭潢，阮文惠自驅大軍隨後繼進。乂安、清花鎮將裴世遂、謝名垂棄城而遁，屯兵驚潰，委棄倉粟百萬石。當鄭自權奉命守乂安後十餘日，裝備迄未就緒，士卒遷延不行，屢議易置統將。因此，當鄭自權起程後行不及三十里，阮有整軍先已佔領渭潢。鄭自權率所部各軍進駐金洞，山南鎮將杜世胤率步兵赴浮沙江岸，丁錫壤督領水師赴綠門會師迎戰。阮文惠以「偶人搖艣」，乘夜放行，丁錫壤於黑暗中不辨眞僞，砲箭齊施，彈藥俱盡。阮文惠率舟師鼓譟而前，繼出輕銳直擣杜世胤軍，杜軍首先驚潰，丁錫壤軍爭先棄船而走，鄭自權大隊不戰自潰，山南遂陷。黎城將士衆議紛紛，戰守不定。阮儷自乂安來，勸鄭楷命將駐守黎城，奉帝走山西以圖後舉，若與阮文惠交戰，驕兵不可用，國事更不可爲。鄭楷頗以爲然，但驕兵譁變，欲殺阮儷，阮儷遂奔西山。

　　鄭楷見阮文惠大軍節節進逼，急召陳功燦密議卻敵策略，另遣黃馮基率所部水師進駐翠靄江，鄭楷則盡發城中士卒布陣於西龍津。時東南風盛行，阮文惠率舟師乘風掩至，黃馮基水軍先潰，偏將阮仲燉、吳景桓陣亡，屬將枚世法被圍，自投於江，黃

馮基奪路潰走。阮文惠進據西龍津，鄭楷親執令旗指揮大軍，但兵無鬥志，不肯前進，阮文惠縱兵掩殺，鄭楷各軍俱潰。鄭楷急返黎城，至宣武門時，見城上盡列阮文惠軍旗幟，乃領象兵百餘名西奔，至安朗下雷，隨從盡散，為僉知吏番李陳瓚門生阮莊所執，鄭楷自刎而死，時為乾隆五十一年六月二十六日⑭。

阮文惠進兵黎城前，已先遣員密奏尊扶黎王。阮文惠入黎城次日，即晉謁黎王於萬壽殿。阮文惠奏稱：「臣本西山布衣，乘辰（時）崛起，陛下雖不衣食臣，而臣在遐荒，欽仰聖德久矣，今日獲覩天顏，足伸忱悃。鄭氏陵偪無道，故皇天假手于臣，討滅鄭氏以伸陛下之威，幸而成功，皆陛下福德所及，惟願聖體康彊，君臨天下。」鄭氏專國既久，一民寸土，黎王從未過問。是年七月，阮文惠為表示其尊扶黎王之意，奏請設大朝儀，獻上民兵簿籍，黎王力疾御殿接受簿籍，頒下一統詔書，並冊封阮文惠為元帥扶正翊運威國公。阮文惠受封不悅，以為元帥國公只是「空名籠罩」，阮有整密勸黎王以女玉欣公主妻之。阮文惠奏請於是月十五日受一統朝賀，黎王帶病臨朝。翌日，病勢沉重，命召阮文惠託以國事，但阮文惠謂「早晚南還，國事非所敢預」，辭不入。十七日，黎王維禠崩于萬壽殿，在位四十七年，享年七十歲，皇太孫黎維褆即位，改名黎維祁，以明年為昭統元年⑮。

阮文岳初遣阮文惠攻取富春，實無意北向取黎城。但阮文惠乘勝攻取黎城，阮文岳據報大驚，以為倉卒深入，勢難防守。而且，阮文惠向來「狡狠性成」，得志以後，據地稱雄，轉難駕馭，於是率親兵兼程北上，表面上是來接應，其實是在監視阮文惠的行動。七月二十九日，阮文岳馳抵黎城⑯，黎維祁率百官出迎於南郊門外，並議割地犒師，阮文岳辭不受，與阮文惠密議南歸。據阮輝宿稱，阮文惠等南返的原因主要是「阮岳外示尊扶，

內懷反側，各處官民憤激赴援，因而遁去。」八月十七日夜間
⑰，密令水陸各軍滿載珍寶貨物同時撤往歸仁城，黎城遂成一座
空城。

是時，清廷所注意的似乎只是安南喪失國印未曾具本請封給
印，不合體制等事，因此，當黎維祁咨請權給憑信時，孫士毅等
即指出「現在黎維祁未經具本告哀，未經奉旨承襲，輒先求給以
憑信，亦屬孟浪，似不便遽如所請。」⑱而且，安南何以失去國
印？能否尋回呈繳？必俟黎維祁覆文到日再行請旨辦理。

三、阮文惠再陷黎城與黎維祁之出奔

乾隆五十一年九月，鄭楷親族鄭橰自立爲元帥宴都王，黎朝
政權復歸鄭氏。但鄭橰柔儒不理政事，其士卒白日肆掠居民，無
所約束，衆人失望。朝廷政令，紛然不定，然每事掣肘，黎維祁
深表不滿，密詔天下勤王。十一月，鄭橰反以兵圍黎城，黎維祁
急召阮有整入朝保衛，鄭橰兵敗，出奔京北。十二月，拜阮有整
爲平章軍國重事大司徒。但阮有整執政後，威權日盛，援引親
黨，凡事擅裁，陵逼王室，黎維祁漸生厭念。乾隆五十二年（昭
統元年）二月，命潘黎藩爲平章事。

阮文岳等南返後，留其將阮睿守乂安。乾隆五十二年四月，
阮文岳於歸仁自稱中央皇帝，封其弟阮文惠爲北平王，居富春，
阮文侶爲東定王，居嘉定。阮文惠勢力日盛，爲阮文岳所忌，兄
弟有隙，竟以兵戎相見。阮睿約阮有整謀攻阮文惠不果，阮睿返
回歸仁。阮文惠召阮有整南返，阮有整辭以四鎮未寧，拒不赴
召，阮文惠遣武文仕節制水陸各軍進據乂安。因乂安是根本重
地，猛將精兵多聚於此，阮文岳兄弟以兵相攻，各不相上下，黎
維祁欲乘機收回乂安，遣皇親大宗正黎維祆、同平章事陳功燦、

戶科給事中吳儒等赴西山與阮文惠磋商交還乂安，阮文惠大怒，將黎維祆、陳功燦等下之於獄，不久又沉入江中。

乾隆五十二年八月，黃馮基以誅阮有整爲名，移檄諸路謀舉兵勤王。阮有整遣其將阮遹迎戰於大馮，自率大軍督戰，黃馮基兵敗被執。同時，黎維祁遣其弟黎維袖討叛臣鄭槰於東關，鄭槰遁往安廣，不久又走諒山，爲土民所逐，不知所終。十一月，阮文惠命武文仕帶兵進攻清花，並以吳文楚等接應。武文仕過土山，清花鎮守阮遹不敢應戰，退保禎山江，武文仕急趨南岸，並命吳文楚從山路潛渡漆馬江抄襲阮遹後路，阮遹陣亡，武文仕乘勝抵澗口渡，阮有整復發精銳二萬餘人由阮如泰統率拒戰，爲武文仕所敗，走山明，被執殺，武文仕遂進據青厥江，黎廷大駭。阮有整倉卒間盡發黎城三萬餘人於青厥江北岸築壘固守，遣其子阮有攸以戰船五十餘艘滿載大砲火藥於江口依岸停泊，但疏於設防，其船隻深夜盡爲武文仕軍所奪。阮有整星夜撤兵，各軍虛驚，爭相踐踏，全師大潰，阮有整父子僅以數百騎奔回黎城。

十二月，黎維祁命其弟黎維袖護送母后、王妃、王子、宮嬪等出城避難。阮有整收拾散卒殘兵數千人擁黎維祁渡河奔京北，武文仕入據黎城，縱兵搶奪。京北鎮守阮景爍先已密降於阮文惠，黎維祁旣至，阮景爍閉城稱疾不出，黎維祁等急渡月德江。是時，黎維祁隨行侍臣僅阮廷簡、范廷璵、朱允勵、張登揆、武禛等六七人而已。黎維祁走安勇，縣令阮倘率衆扈駕，誅阮景爍。是時，黎維袖率侍臣黎侗等三十餘人⑲，奉母后等走高平，黎維祁等則由安世走睦山，阮文惠屬將阮文和隨後追至。黎維祁命裴楊瓏、阮倘率兵迎戰，楊廷俊據山左、阮有整據山右援應，阮文和列陣於中野，暗中分兵繞過山後突襲，阮有整首先潰敗，其子阮有攸等戰死，阮有整被擒送黎城支解而死⑳，楊廷俊收拾

殘衆，擁黎維祁走保祿山寨。武文仕率兵來攻，楊廷俊弟楊廷瓏
被擒，武文仕未加殺害，令其持書勸楊廷俊投降，黎維祁據報，
恐楊廷俊不足恃，乃與阮廷簡等潛往嘉定，先後走至靈、水棠、
渭潢等處，范廷瑛、張登揆奉命各回本土募兵勤王，山南土豪陳
光珠、黃春秀、陳珽、阮曰選等各路義兵同時並起。黎王親族黎
維神、黎維禔起兵於清花，黎維祗亦起兵於定州，太原、宣光等
處先後響應，時爲乾隆五十三年（昭統二年）正月㉑。但所謂義
兵，都是鄉里子弟，未習戰陣，見敵輒潰。

　　武文仕入踞黎城後，因擒殺阮有整，自信威武足以服人，爲
所欲爲，自鑄印信，不受阮文惠約束。阮文惠命吳文楚即吳初與
潘文璘爲參贊入黎城以分其權，並監視其行動。吳文楚與武文仕
有隙，是年四月初六日，吳文楚密告武文仕反狀，阮文惠自提親
兵馳抵黎城，計縛武文仕，以「汝才出我上，非我所得而用」的
罪名斬了武文仕，而以吳文楚爲大司馬，代領其衆。安南陪臣阮
輝宿亦稱，「阮文惠復至黎城，假託勤王，攻殺阮任，遣人欲迎
嗣孫。該嗣孫知其詭譎，不肯回國，黎京又爲阮文惠所據。」吳
文楚領兵自黎城順流往攻渭潢，黎維祁自清花由陸路出山南走京
北。阮文惠在黎城召黎朝文武舊臣詣闕勸進，參知政事阮輝濯等
拒不應召，仰藥而死。阮文惠知黎城人心不附，乃以崇讓公黎維
襭監國，封吳文楚爲大司馬，以吳壬爲吏部左侍郎，潘輝益爲刑
部左侍郎，留兵八千守黎城，自引兵南歸富春。

　　黎氏舊臣阮輝宿、黃益曉、黎侗、阮國棟、阮廷枚等護送黎
王眷屬初走諒山，因土民卷簪等欲劫王眷爲質，以阻義兵，阮輝
宿等又護送王眷走高平，藩目閉阮儔引阮文惠屬將菊渙等來襲王
眷，五月初四日，王眷等二百餘人避居武崖縣博山社，但阮文惠
追兵由煥義侯等率三百人隨後追至。是月十二日，王眷逃至廣西

龍州斗奧隘外，隔河呼救，因追兵已至，王眷等涉水登岸，其不及渡河者俱被殺死，是時通判陳松、護都司陳洪順正在隘口巡查，斗奧隘守兵弁目黃成鳳、隘目鄒陞等首先聽到王眷喊聲[22]，陳洪順據報即會同陳松帶兵前往河邊察看，正在盤問之際，隔河追兵百餘人仍欲前來劫眷，因見北岸兵勇甚盛，不敢過河，隨即退去。陳松等查點王眷男婦老幼共六十二名，其中阮玉素是黎維祁母后，阮玉端是王妃，黎維詮是王子[23]，王眷等即由水口關入隘，陳松等於龍州暫撥房屋樓止[24]。

四、清軍收復黎城與興滅繼絕理想之實現

廣西巡撫孫永清據太平府稟報安南王眷避難內投後，即於六月初一日前往查辦。是時，廣西提督三德適在右江一帶督送平定林爽文黔省凱旋官兵出境，相距龍州較近，即於初三日馳抵龍州鎮壓。因龍州一帶逼近關隘，地方偏僻窄小，兼值酷暑盛瘴，恐內投黎王眷屬不服水土，三德即與左江鎮總兵尙維昇酌商，將黎王眷屬移至南寧府城安插。初三日，兩廣總督孫士毅一面將黎王眷屬內投情形奏聞清廷，一面飛飭左江鎮道馳赴龍州多撥兵勇督率防衛。因恐眷屬被戕害，又於附近新太協、左江鎮等處調兵一千名協同龍州兵練分佈巡防，以壯聲勢。初四日，孫士毅由潮州起程馳赴龍州調度。爲防止西山阮氏窺伺邊境，孫士毅又密飭三德續於龍州營分備戰兵內挑選二三千名在營待命。孫士毅抵龍州後查勘邊境關隘，鎮南、平而、水口三關舊爲安南人出入廣西關口，平而、水口兩關雖久經封閉，仍屬扼要地區，鎮南關爲進貢正道，向有兵勇駐守，但關外即屬安南地界，恐安南兵民闖越邊境，乃於左江鎮密抽標兵三百名，每關撥給百名以助防守。

地方督撫與清廷對於安南內亂的態度頗爲一致，孫士毅首先

指出安南國政久爲阮鄭二姓把持，但因黎氏恭順天朝，阮鄭二姓
有所忌憚，不敢遽行篡奪，而阮文惠兼併鄭氏，竊據國都，趕殺
王眷，並誘令高平、諒山等處土民歸順阮文惠，其防備天朝興師
問罪的態度，已極顯然。此時，若內地仍不動聲色，阮文惠將以
天朝不復有事安南，益得肆逆戕害黎維祁以絕眾望，黎氏舊臣及
地方鎮目見嗣孫既滅，無可依歸，必致相率附逆。其時阮文惠勢
力既盛，地位鞏固，恐轉難措手。不過，此時因屬國內訌，尚不
值遽費內地兵馬錢糧，大張撻伐。廣東、廣西、雲南既與安南壤
地緊接，孫士毅主張先聲後實，命左江、高廉、開化及臨元等鎮
各於本處整飭兵馬船隻，操練揚威，聲言屆期分道進討，並由各
該處檄諭各路鎮目去逆效順，協力討伐阮文惠，護送黎維祁返回
黎城復位。如此，不獨未經從逆者可以堅定心志，即已從逆者震
讋風聲，亦必反戈相向，以期「弔伐之師未動，興繼之業可
成。」㉕清高宗也認爲孫士毅所辦是「不動聲色之舉」，屬國內
訌，宗主國似不必干涉其內政，但若黎王已無國可歸或國祚將
絕，仍視若無覩，置之不辦，則非字小亡存之道。乾隆五十三年
六月十九日上諭云：

> 朕意此次該國內訌，嗣孫窘迫內投，呈內雖無請兵語句，
> 但其鎮目等果能糾集兵民，掃除兇逆，迎還嗣孫，固屬甚
> 善。若阮姓僅佔據黎城一帶地方，而他處尚爲黎姓所有，
> 其鎮目等雖不能殄滅阮姓，事定後仍可迎還嗣孫，另爲佈
> 置安頓，是黎姓國祚不至斷絕，亦不值興師代爲大辦。若
> 阮姓攻破黎城後，竟將安南地方盡行佔據，或黎姓子孫俱
> 被戕害，是該嗣孫將來竟無國可歸。安南臣服本朝最爲恭
> 順，茲被強臣篡奪，款關籲救，若竟置之不理，殊非字小
> 存亡之道，自當厚集兵力，聲罪致討矣㉖。

　　質言之，興滅繼絕字小存亡之道，是以春秋伐叛之義，向阮文惠聲罪致討。孫士毅進一步指出屬國面臨存亡之秋，宗主國應伐暴討罪：

> 如嗣孫尚在山南一帶有地可守，有兵可戰，是黎氏國祚未絕，即我朝封爵猶存，至地土之廣狹，國勢之衰旺，我天朝外藩甚多，勢不能為伊等尺寸計算，自不直（值）以內地兵馬錢糧代為大辦。倘阮岳竟欲全踞安南，不容嗣孫得階寸土，則百幾十年來，朝貢之國，忽焉漸滅，實與天朝體統攸關，不得不調集官兵伐暴討罪㉗。

　　是時，阮文惠佔有安南大部分，氣局將成，內地若仍不動聲色，不為黎氏助勢揚威，安南舉國將以黎維祁已難圖存而漸就渙散，因此，孫士毅奏請調集大兵為安南弔民伐罪。但清高宗認為黎維祁下落尚無確信，若遽聲言進討，不免太早，止宜飭令附近左江、高廉、開化、臨元各鎮以安南有事，恐不法之徒乘間逸入關隘，預備截拏為詞，各在本境整飭兵馬器械，朝夕操練，以壯其聲勢，但仍宜不動聲色，且不可稍涉張皇。此事「止可孫士毅一人知悉，其各鎮斷不可使知有用兵之意」㉘。

　　嗣孫黎維祁下落問題，既為清廷所重視，故當孫士毅抵達南寧府時，阮輝宿等六人即表示情願由間道先回安南探訪黎維祁實在下落，一面告知內投眷屬無恙以慰懸念，一面可幫輔黎維祁力圖恢復，俟平定國難再迎回眷口。然而安南與廣西接壤地方俱已附從阮文惠，若從廣西一路行走，恐遭戕害。雲南臨安府蒙自縣與安南宣光、興化地方相近，廣東欽州龍門海面與安南海陽、安廣地方相近，阮輝宿等六人議決留三人隨侍眷屬，三人分作兩路返回安南：即留阮輝宿、黃益曉、范廷懂等三員伺應眷屬，黎侗、阮國棟、阮廷枚三員各帶僕隸三四人分道返回安南，其出口

所需口糧夫馬等項俱由內地備辦。孫永清又於安寧府庫動支銀三百兩，每人賞給百兩作爲出口盤費，各陪臣隨身攜帶清廷給安南諭旨數道。其中雲南一路由阮國棟、阮廷枚各帶隨從四人原定由廣西百色赴雲南臨安府蒙自縣一路出口，雲貴總督認爲由蒙自一路出口雖係安南興化鎮所屬地方，但約計程途十九站始抵安南交界，不特道途紆遠，且須從八猛夷境行走，山路險峻，煙瘴甚盛。而開化府馬白稅口向爲商民前赴安南都竜廠大道，馬白以外過江即係安南宣光鎮境界，較爲近便，氣候亦較平和，富綱即馳檄廣南府知府宋成綏前往滇粵交界接替護送。八月初十日，阮廷枚等抵境，次日，宋成綏伴送起程。八月二十七日，行抵開化，孫士毅又專派開化府同知萬廷石、守備常格照料防護指引，九月初一日，自開化起程，初三日抵馬白後即由阮廷枚等自赴都竜覓路前進㉙。至於從廣東出口通信的陪臣黎侗帶同跟役黎宣、陳名案等於八月初四日抵達欽州，由水路出口，向安廣道前進，九月初八日，涉溪越嶺始至海陽道下洪府四岐縣民家面謁黎維祁。據稱安南各處盡爲阮文惠所踞，黎維祁無可依歸，是以潛匿村民家中，十日或五日另遷一處，九月十五日，黎侗攜帶黎維祁所繕寫申文由四岐縣起程轉回內地。

　　黎維祁出奔後，安南地方雖未全歸阮文惠，但安南二十府十三道，其未全陷者僅清花與宣光二道，各處居民多已被脅附從阮文惠，阮文惠又煽惑各處廠民捕獻黎維祁，許以十年內免輸廠稅。孫士毅亦據聞阮文惠平日兇狡遠甚於其兄阮文岳，阮文惠稱王建號，欲獨王安南，雖已讓出黎城，但「邪心尚熾」。乾隆五十三年七月初一日，阮文惠遣文淵州頭目黃廷球、阮廷璉齎表叩關進貢，表內署名阮光平。孫士毅命鎮南關署新太協王檀站在關上大聲呵斥，並將其表文擲出墻外㉚。在黎氏宗族方面，黎維祁

異母兄弟三人，長即嗣孫黎維祁，次爲珊郡公黎維袖，再次爲瓓郡公黎維祇㉛。當黎維祁出奔山南時，黎維袖在宣光、興化等處，黎維祇在太原、京北等處招集義兵，力圖恢復。因宣光城已失陷，黎維袖於轉往都竜途中爲阮文惠追兵擒獲，解至黎城遇害。黎維祇在波篷廠時，阮文惠遣刺客砍傷其頭股，賴廠民保護，始得無恙。是年九月，黎維祁命阮時傑入關求援，據阮時傑稱是時黎維祁在順安府良才縣春蘭社民家躲避，隨從人員只有三人，因阮文惠遣人四處偵察，黎維祁恐遭戕害，所以「瞞著衆人微服潛匿」，清高宗歎稱黎維祁「竟是一無能爲之人」。黎維祇經波篷廠頭目李宏旺從歸順州平孟隘送入內地，經右江鎮總兵蒼保、鎮安府知府陳玉麟妥爲照料。孫士毅奏請黎維祇權攝國事，但清高宗以黎維祁爲黎維�長孫，例應承襲，若令黎維祇權攝國事，將來弟兄之間又不免多一番周折。孫士毅以黎維祇爲嗣王之弟，在安南境內可以號召義兵，藉分阮文惠勢力，若留置內地，於事無益。是時適因土田州岑宜棟帶領土兵從歸順州出口，孫士毅又奏請黎維祇隨同岑宜棟前赴牧馬等處征剿。

阮輝宿等屢稱安南人心戴舊，義兵可恃，俱欲滅阮扶黎，只要清軍入剿阮文惠，安南義兵必聞風響應。乾隆五十三年七月，安南民人陸文明等率領千人向廣西守關將弁具呈情願自備口糧衝鋒殺敵。是月二十一日，阮文惠心腹牧馬兼管高平督鎮朱文琬得清軍將次進討之信，即於是夜帶兵三百餘名逃回黎城，留督同阮遠猷、該騎朱廷理在牧馬駐守。八月間，牧馬土司閉阮律、閉阮豪等招集土勇數百人將阮遠猷、朱廷理等擒送內地㉜。文淵、文蘭、脫朗、七泉、溫州、祿平、安博七州地方官接到孫士毅檄文後，都表示願意遵奉天朝約束，興黎滅阮，並繪七州地圖呈獻。諒山鎮目潘啓德是阮文惠心腹，於接獲孫士毅檄文後，亦棄邪歸

正，八月初六日進關內投。七泉州花山社頭目阮仲科、阮仲鄧等五人亦到鎮南關稟稱願帶民人七百名隨同清軍征討阮文惠。阮文惠雖極力煽惑各處廠民背黎從阮，但各廠民，眷懷故主，不肯允從。潘啟德背阮歸黎後，吳文楚即命協鎮陳名炳領兵攻奪諒山，是月二十四日，潘啟德稟請內地發兵救援。陳名炳行至諒山時，見各處村莊道路都張掛天朝檄文，十分害怕，不敢攻打諒山，乃遣人赴潘啟德軍投順。

安南民心戴舊，義兵四起，征討阮文惠，已非難事。乾隆五十三年八月二十八日，孫士毅已奉清高宗諭旨酌量情形，令廣西提督許世亨等帶兵前往進剿㉝。其滇省蒙自一路，亦令富綱聲言前進，並代為擬寫檄稿發往安南，給予阮文惠等一線生路。孫士毅一路須倍加嚴厲，聲罪致討，使其震懾兵威，自知罪在不赦陷於窘迫，奔走無路，而富綱則作為己意，許其悔罪自新來投，代行奏聞，貸其一死，量予安插。孫士毅奉旨後即檄調廣東兵五千名，由總兵張朝龍、李化龍率同得力將備由水路前赴廣西邊境，預備出關。此五千名粵東兵內，包括督、提標各一千五百名，左右翼兩鎮各一千名，俱係年平定林爽文從臺灣凱旋的官兵，其帶兵將備皆曾經行陣。原在鎮南關各隘分駐廣西兵四千名，另添調一千名，總計一萬名。雲南方面，開化、臨安、廣南三處防邊原駐兵丁共三千名。九月十五日，富綱奉旨進討後又於開、臨二鎮各營內再撥調二千名，由開化鎮總兵孫起蛟統領前赴馬白屯駐，在邊境督率將弁每日操演鎗砲，大張聲勢，揚言不日進剿。另於督、撫、提三標及附近各鎮協營密備數千以資續調，通計滇省派備兵數共一萬餘名。因保樂州土官農福縉願意效力，孫士毅即命其帶領義勇進攻高平，土田州土司岑宜棟亦帶土兵一千五百名，赴太平隨營征剿，都竜土官黃文溱與保勝屯土官黃文韜俱表

示願率土兵前往協同清軍征討阮文惠，波篷廠幕友林際清爲衆望
所歸，清廷特賞給知縣職銜，給以頂帶，令其統率廠衆隨同清軍
進剿。清高宗認爲「伊等皆因聞天朝聲罪致討，是以群起響應，
思滅阮扶黎，若仍按兵不動，伊等自復心生觀望。此是極好機
會，看來此時內地官兵竟有不得不動之勢。」但因是時關內關外
雨水過多，道路梗塞。阮時傑亦稱「安南連年亢旱，今年交秋以
後，雨水太大，山徑道路到處衝斷。自諒山至黎城有江四重，江
流湍急，兵馬勢難行走，須俟十月中下旬天氣晴朗，大兵方可無
阻。廣西防守各關隘兵丁四千名，因積雨濕潮，氣候不佳，兵丁
患病極多。而且，廣東官兵尙未抵達，故此時未能進剿阮文惠。
因廣南距黎城甚遠，地勢險要，又濱臨大海，遁逃甚易，孫士毅
奏稱「風聞暹羅國海道逼近廣南，曾與阮賊彼此攻殺，未知是否
確鑿。就臣下見，暹羅鄭王臣服天朝，甚屬恭順，兼係新造之
邦，兵力亦必充裕，與其多費內地兵馬錢糧，將廣南取回歸於黎
氏，仍貽後患，可否請旨諭知暹羅國王，趁天兵進剿阮賊不暇他
顧之時，令其就近佔取廣南，即將其地永隸暹羅，徵納賦稅，該
國自必樂從。」㉞清高宗初閱孫士毅奏摺，認爲尙屬可行，但坐
而思之以後指出「此爲下策，從來撫馭外域之道，惟仗天朝威
重，全不藉外域兵力佽助。況暹羅本與阮文惠彼此相攻，今若令
其佔取廣南，將來事定後，自必將廣南給與暹羅。」㉟

　　爲解決糧餉問題，孫永清奏請於太平府城暫行設局總辦一
切，由延建郡道陸有仁率同太平府知府林虎榜管理，自鎭南關以
外隨營糧站等事則由右江道宋文型率同南寧府知府顧葵、鎭安府
知府陳玉麟管理，自鎭南關至黎城共設糧臺十七處。孫永清除將
廣西司庫存銀三十餘萬兩陸續撥用外，又奏請由附近省分撥銀五
十萬兩解往支用。雲貴總督富綱是「滿洲世僕，受恩最重」，故

奏請帶兵五千名與提督烏大經出關征討，但清高宗不允其請求，
「汝若果可驅使，早已用汝矣，不必。」一軍兩帥，職分相等，
不相統攝，必致互相觀望，富綱終不果行。

　　廣東官兵奉調後即分起開拔，但計程至十月二十日以後方能
陸續抵達鎮南關，未免太遲。而且，十月內沿邊天氣晴霽，有利
軍行。孫士毅不及等候官兵到齊，先將廣西現有官兵會同提督許
世亨於十月二十八日卯時祭旗開關啓行㊱。孫士毅原奏廣東、廣
西二省各調官兵五千合計一萬名，以八千名進剿，二千名留後，
但現在廣東官兵尚未到齊，總兵張朝龍等亦未趕上，孫士毅即將
留後二千名廣西官兵一併帶同前進。在廣西官兵五千名內，除在
諒山留後接應，防護糧運、文報及分撥各關隘防守不計外實際出
關者僅三千八百名，合計廣東督標第一起五百名，共四千三百
名。因安南山徑陡峻，大砲難以攜帶，只有劈山砲，體質輕便，
可以遠運，但廣西省向無此項砲位，孫士毅即知會廣東巡撫、提
督派員運送劈山砲二十尊應用。自鎮南關至諒山，道路平易，孫
士毅在諒山停留二日後繼續前進。諒山城外有江水一道，潘啓德
將竹筏編爲浮橋，清軍接隊前進。自諒山至黎城，道路錯雜，峻
嶺崇岡，灌莽叢雜，險仄難行，阮文惠派兵分六屯埋伏，每屯少
者一二千人，多者三四千人。十一月初一日，孫士毅與許世亨商
定分兵兩路：一支由諒山左側枚坡地方前進，命知縣職銜林際清
率領安南廠民義勇帶領前進，因地勢險窄，兵多難行，清軍計千
餘人；一支從諒山右側江漢地方前進，由潘啓德挑選土兵帶道，
此路地勢略寬，是從前安南使臣往來貢道，後爲盜賊淵藪，商賈
因而絕跡，其較險峻者只有母子嶺及畏天關俗名鬼門關等處。是
時，烏大經亦奉命帶領滇省官兵出關，略爲前進。孫士毅由諒山
一路前進，所過村寨，都因兵燹殘破不堪，人煙稀少，道旁白骨

纍纍。十一月初六日，續到廣東督標兵一千名。因枚坡一路，道路叢雜，又分兩路：一隊由枚坡前進，一隊由苕高、菊椿前進，兩路在嘉觀會齊。阮文惠原派兵屯箚嘉觀，因聞清軍聲勢壯大，即將屯兵撤回，將鎗刀、火藥留交土官潘欽允等率領土民防守，當清軍圍攻嘉觀屯時，潘欽允即率領土民乞降。至於江漢一路，是由仁里、唐甲、枚稍等處前進，阮文惠退守先麗、芹驛、訶訏柱右等處，恃險堅守。因清軍尚未全部到齊，孫士毅等暫緩兼程前進。

　　由安南返回孫士毅軍營的廣東巡洋把總許昌義稱黎城內大司馬及水軍都督每日操演兵丁，又在富良江建造大船，每船兩旁設有多槳，船內各架大砲，其生鐵砲子每個約重二三十斤，並懇求清廷罷兵。黎個卻稱黎維禥為人癡呆，已經投順阮文惠，因此在稟文中於黎維祁頗有微詞，而於阮文惠則備加讚譽，阮文惠以其易於愚弄，故假之出名㊲。

　　黎個探訪黎維祁返回內地後稱一俟大兵抵諒山，黎維祁即趨赴軍營，但當孫士毅等統率大兵至處北地方時，黎維祁仍無確信。十一月十一日，孫士毅命黎個自軍營起程探訪黎維祁下落。是月十二日，因廣東、廣西官兵俱已到齊，孫士毅即以二千名分撥沿途防守，以八千名進剿，號稱十萬。孫士毅一路察看形勢，見阮文惠派人新築木寨，極為堅固，四圍掘壕，密插竹籤，但清軍未至，屯兵先已逃竄。路徑窄狹，迎面二人不能往來，恐有埋伏，孫士毅挑選勇幹將備率領弁兵數百名由黎維祁陪臣阮挺及義勇等一同帶路乘夜從深箐內潛行，阮文惠將各寨守兵撤回壽昌、市球、富良江岸固守。十三日，左江鎮尚維昇、副將慶成、參將王宣、遊擊蕭應得、守備張雲等帶兵一千二百名抵達壽昌江，阮文惠軍不支，退保南岸，擠斷浮橋。時值濃霧瀰漫，千總廖飛鴻

不知浮橋已斷，仍帶兵前追，同兵丁二十餘人一齊落水，攀援竹
筏登岸。清軍隨即砍竹編筏，渡過壽昌江。孫士毅為了要與嘉觀
一路夾攻阮文惠軍，又分兵一隊派南澳鎮總兵張朝龍帶兵一千五
百名由山僻小路疾趨三異，張朝龍行至三異、柱右交界地方，阮
文惠軍在山坡上豎立紅、白、黑等色旗幟，清軍既至，阮文惠軍
搥鼓進攻，張朝龍率參將楊興龍、遊擊明柱、都司富桑阿、守備
劉光國奮力迎擊，阮文惠軍敗退。張朝龍先已命遊擊劉越帶兵二
百名埋伏穎繼山坳內，十四日黎明，阮文惠軍二百餘名潰退至
此，為劉越所敗，跳入溪河而遁，弁員張墦帶領安南廠民義勇於
壽昌江下游樹林復突出截殺，是役，阮文惠軍被擒計七十九名
㊳。遊擊張純、都司珠敦帶兵於十一月十二日自嘉觀一路前進，
阮文惠軍由戴紅帽頭目率眾從山梁向下俯衝，為清軍所敗，被殺
十人，生擒十三人，其指揮弁目亦中鎗落馬身死。張純等從嘉
觀、雲籠追至訶訏，張朝龍從三異、柱右前進，兩面夾攻，復於
樹林內殺死阮文惠軍百餘名，生擒五十二人，俱解赴軍營梟首示
眾。至於善於用兵的陳名炳原已歸順天朝，後因在處北地方接到
阮文惠大司馬吳文楚來信，遂託稱其家口被拘囚，而仍投回黎
城，吳文楚命其帶兵在柱右等處駐守。孫士毅據報後即密派副將
慶成、守備黎致明等帶兵三百名前往搜捕，陳名炳及指揮黎廷、
內衛栗全等俱被擒獲。

　　吳文楚見壽昌江兵敗，即從黎城添調五六千人，命內候潘文
璘統率，固守市球江，在南岸山梁及坡嶺屯箚，並於沿江一帶豎
立竹木柵欄。十一月十五日，清軍由三層山至市球江北岸。因北
岸地勢低下，阮文惠軍列砲猛攻，清軍仰攻困難，即由浮橋向前
直撲，阮文惠自高壓下，分由浮橋及駕駛小船直前衝突，火力甚
盛，清軍損失極重，遊擊于宗範中砲陣亡，遊擊陳上高、守備張

雲、千總陳連等身負重傷，總兵尚維昇手指亦受傷，許世亨即令兵丁壘土築墻，盡力抵禦，自是日巳時至十六日黃昏，雙方排列砲位，隔江攻打。孫士毅見江勢繚曲，地形隱蔽，乃命義勇佯於右首搬運竹木搭蓋浮橋作欲渡之勢，而密令總兵張朝龍帶兵二千名於夜半用竹筏及農家小船在左首二十里地方，裹帶乾糧陸續暗渡。張朝龍留兵五百名佔住江口，以一千五百名帶領前進，以義勇爲嚮導，孫士毅恐兵力單薄復命總兵李化龍帶兵五百名接應。十七日丑刻，清軍分別乘坐竹筏，由正面搶渡浮橋，奮勇向前，張朝龍由南岸山梁繞出其背，突襲阮文惠市球大營，火光四作，阮文惠軍於夜間不辨清軍多寡，從何而降，全軍潰散，越壘而走，潘文麟奔回黎城。是役，據孫士毅目擊阮文惠軍被殺，積屍江岸或漂流至江面者至少在千人以上，生擒五百餘名，其中除被脅從村民在營房擔水搬柴者割去右耳放回外，其餘四百二十三人俱已正法梟示，清軍奪獲砲位三十四座㊹。阮文惠軍潰回黎城者僅一二千人，吳文楚與吳壬議棄黎城，收拾餘眾走清花，並馳書告急於阮文惠。

　　十一月十九日黎明，清軍抵達富良江北岸，阮文惠軍駕駛大小船隻在江心施放鎗砲，清軍亦覓取沿江農家小船及竹筏數隻乘載官兵百餘人進擊，前後接仗五六次，阮文惠軍被殺百餘人，生擒十七人。但因沿江竹林已爲阮文惠砍伐殆盡，不能多編竹筏，許世亨、張朝龍等督率官兵二百餘人於二十日五鼓乘筏直衝南岸，奪獲船隻三十餘，更番渡兵二千名。是日黎明，清軍分路追殺，生擒一百八十七人，其餘三四百人，分乘十餘隻船順流而下，遊擊張純帶領小船三十餘隻隨後追至，拋擲火毬，圍燒其船，結果無一得脫。清軍作戰向以割取敵人首級或耳記之多少論功行賞，但孫士毅以「追殺賊人間不容髮，與其割已死之首級、

耳記而縱生賊於數十步之外，甚至彼此爭割，耽誤尤甚。」因此，是役「不令於剿殺喫緊時割取，致滋延誤」。清高宗讚賞不已，「所見是，不料汝讀書人具此識見，以手加額慶得一好大臣，較之定安南，尤為快也。」

　　清軍既渡富良江，阮文惠軍不戰自退，二十日，清軍收復黎城。黎城周圍用土壘城，高約四尺，上植叢竹，內有磚城二座，不甚寬廣，為國王所居。孫士毅、許世亨入城宣慰後即箚營於城外富良江岸。是日二鼓，黎維祁趕赴軍營，與孫士毅見面。孫士毅出關時，清高宗恐收復黎城後，册封往返稽時，以致王師長久暴露於外，故先命禮部鑄印，內閣撰敕，郵寄軍前。孫士毅宣諭擇日行禮，黎維祁以「陵寢尚陷賊境，未獲展拜」，懇請暫緩册封，孫士毅答以清高宗有命，「不可久稽」，更不應以「私情瀆請」。二十二日，孫士毅進城傳旨册封黎維祁為安南國王⑩。孫士毅因功封一等謀勇公，許世亨封為一等子爵，其餘鎮將文武各員賞賜有加。雲南一路，烏大經等於十一月二十日，始由馬白出口，二十三日，抵都竜城，土目黃文桐及陪臣阮廷枚等督兵攻取宣光。烏大經留兵三百名駐守，然後分兵前進。

五、阮文惠三陷黎城與黎朝之覆亡

　　清軍收復黎城時，黎維祇與土田州岑宜棟等正在高平、牧馬、太原一帶作戰，孫士毅命黎維祁進城聽候國王黎維祁使令，黎維祇自定州率高平、太原諸藩臣入朝，黎維祁封其為翊武公。黎維祁復位後一方面大加封賞，另一方面誅戮報復，漸失人心。加尼從諸臣范廷璵為吏部尚書平章事，黎惟亶、武楨為參知政事，阮惟洽、朱勵為同知院事，陳名案為副都御史，黎侗為中軍都督長派侯。至於吳王、潘輝益等因曾降賊被黜為平民，又罷阮

俒郡公爵號，貶潘黎藩爲東閣學士，宣光鎭守范如璁及駙馬楊彭等賊至先降，范如璁又執皇弟黎維袖送敵營遇害，楊彭引兵追逼黎維祁，故俱被誅殺。《欽定越南史通鑑綱目》亦稱「帝性褊刻，宗室女有嫁賊將而孕者命刳之，又刖其皇叔三人，投于宮市，人情稍稍疑貳。」故當是年十二月除夕阮國棟、陳名案入內地迎請國王母眷返回黎城時，見黎維祁行動乖戾，專以喜怒誅賞。母后稱「我辛苦請得援兵來，國家能經幾番恩讐破壞，亡無日矣。」母后等號泣不肯入宮，經陪臣阮輝宿婉勸後始息怒。清軍入黎城時，廣西右江道宋文型曾隨軍辦事，據宋文型稱「黎侗並不幫黎維祁，惟日事屠殺，報復平日睚眦之私，于黎維祁毫無出力之處，經孫士毅加之訓飭，伊即稱病不出，以此人心渙散，黎維祁一蹶而不能復振。」④孫士毅在黎城時亦聞「黎維祁在城內誅戮叛臣數人，大概係隨從出奔之黎侗等在旁慫恿。臣即向黎維祁禁阻，並面寫數百言，諭以此時務須寬大，收拾人心，以安反側，萬不可日圖報復，致令衆叛親離。」⑭

黎維祁雖已復位，阮文惠的勢力仍未消滅，爲直搗富春擒殺阮文惠，孫士毅曾屢催黎維祁僱覓船匠購備木料、油、釘等項以便廣東水師將備督率匠人打造船隻，黎維祁雖「口稱唯唯」，但始終「毫無動靜」，孫士毅再四催辦，黎維祁告以人民離散，所有船匠及木料等均無從趕辦。《欽定越南史通鑑綱目》曾指出安南人心離散的原因云：「辰連歲荒歉，是年爲甚。清兵在京者肆行抄掠，民益厭之，朝廷徵催兵糧，州縣皆不應，帝乃命官分理其事，民至有涕泣輸納者。清人餉餽道遠，所得糧錢，盡以供之，諸道義兵及清人舊兵數萬人，皆枵腹從戎，人心益離散矣。」⑭清軍紀律固然不佳，黎維祁懦弱無能，尤爲成敗關鍵。孫士毅出糧征討後，清高宗諭云：「黎維禥係黎維禟之子，阮惠

假令監國，爲時已久。想該國無識反側之人，見黎維禔係黎氏親
支，因而從順者，諒必不免。將來黎維祁復國後，若將黎維禔仍
留該處，致阮賊餘黨假令鼓惑，不能不慮。」因此，命孫士毅傳
諭黎維祁將黎維禔送回內地，另爲安揷。但黎維祁認爲「黎維禔
爲人蠢愚，易於管束，現在察看舉動，尙無別故，此時且可相安
無事，俟將來倘有形跡可疑，再加防閑懲治。」孫士毅再告以黎
維禔雖無能爲，而其人既易簸弄可欺，則外間假其名義，潛萌異
志者自必不少，應遵旨將黎維禔送入內地安揷，方可杜煽惑而絕
釁端。但黎維祁仍不以爲然，優柔成性，毫無決斷，禍藏肘腋，
仍視同膜外，黎氏宗族對黎維祁多表不滿，清高宗亦稱其爲「所
謂天厭之者」，天命既去，事勢已不可爲。安南數十年來一切國
事，既由輔政鄭氏把持，官民不畏黎氏，而畏鄭氏。黎維禟在世
時，已不過徒擁虛位而已，並未辦理國事，是以黎維祁於用人行
政一概茫然不知，左右亦無一二得力舊臣爲之料理。而且，安南
連年戰亂，久經兵燹，用度匱乏，不得不取之於民，輿情不服，
從前爲鄭氏用事之人，無不伺隙而動。清高宗又稱「可笑，如此
之人何必護助」，「看來必致亡其國」。安南京北憲察副使吳蔣
燾曾上疏稱「兵貴神速，機有可乘，何必專倚外兵，動淹旬日，
方今諸路勤王，孰不願效死力。賊兵既退，即以大軍躡之，使狂
寇不暇爲謀，疾雷不及掩耳，清乂二處聞之亦必響應。文惠阻橫
山之南，文楚等孤軍無援，形格勢禁，不能相通，不出十日，可
以就擒。」但黎維祁未能採取主動，其文武諸臣亦無一人以出師
復讐爲言。十二月初十日，孫士毅接獲大學士阿桂字寄，命孫士
毅於收復黎城後令黎維祁加意自強振作，所有要隘地方，酌派可
信土官嚴密防範，齊心固守，孫士毅即可撤兵回至內地，不必在
安南久駐。孫士毅統領大軍遠行數千里，惟有因糧於敵，但安南

連年饑荒，敵糧已無可因。孫士毅給發糧價，命黎維祁隨地買食，黎維祁仍無力料理，清軍勢須自鎮南關起設台運送，計糧站七十處，夫役十五六萬，可是廣西地僻人稀，又久安耕鑿，不慣遠出，清軍收復黎城時用夫已四五萬名，出關人夫多染疾病，因此，俱已裹足不前，若欲添夫十餘萬名，僱募更難。是月十九日，清高宗命軍機大臣寄信孫士毅等稱，若俟孫士毅續調兵餉齊集後再由黎城起程進剿阮文惠，則已屆春雨時行之際，行軍艱難。此次安南內訌，阮文惠等攻破黎城，黎維祁已無寸土，眷屬顛沛流離，叩關籲救。孫士毅親率大兵出關，未及一月即收復黎城，敕封黎維祁為國王，並送回眷屬，就天朝字小存亡的體制而言，確已盡善盡美，清廷辦理軍務至此已可撤兵完局，否則窮追深入，稍涉阻滯，轉致欲罷不能。因之，清高宗命孫士毅趁巡查邊界之便，撤兵回粵㊹。阮文惠潛匿未獲，究為屬國逋逃，而且富春是占城故地，原非黎朝境土，自無煩天朝兵力久駐安南代為防禦外侮之理。是月二十七日，清高宗又命軍機大臣寄信孫士毅等云：

> 若將平定伊犁等一少半兵力，移至廣南，亦無難直搗賊巢。但黎氏近年以來，搆亂多故，而黎維祁又復懦怯無能，優柔廢弛，左右亦無可恃之人。安南雖屬彈丸僻壤，然立國已久，亦未必不關氣運。今其國運如此，看來天心已有厭棄黎氏之象。此時即阮惠等擒獲，而黎維祁不能振作自強，安知三五年後，不又有如阮文惠其人者復出，豈有屢煩天朝兵力為之戡定之理，即使不令黎維祁主持國事，而伊子若弟內又未必有勝於黎維祁之人。朕從來辦理庶務，無不順天而行，今天厭黎氏，而朕欲扶之，非所以仰體天心，撫馭屬國之道，朕不為也㊺。

　　乾隆五十三年十一月二十五日，吳文楚退回清花後，盛稱清軍聲勢壯大，阮文惠卻不以為然，笑稱「何事張皇，彼自來送死耳。」阮文惠為維繫南北人心，乃自稱帝於彬山，改泰德十一年為光中元年，並親率將士渡河北上，過乂安、清花徵兵至八萬名，按兵於壽鶴，先遣人馳書於孫士毅營，卑辭乞降。孫士毅自出關以後，所至克捷，而啓輕敵之心，疏於設防，且誤信其來降之誠，貪俘阮文惠之功，未能遵旨班師。當阮文惠率軍至三疊山時，黎維祁曾詣大營問計於孫士毅，孫士毅欲以逸待勞，不以為意，阮文惠因而得以長驅北上。乾隆五十四年（昭統三年）正月初二日，阮文惠軍已逼近黎城。是時，據孫士毅稱黎維祁來營哀懇，欲「挈母逃至內地，求大皇帝賞飯一碗，以全性命，斷斷不願再做安南國王」，經孫士毅大加呵斥，始「含淚而去」。孫士毅倉皇禦敵，命總兵張朝龍率精銳兵丁三千名分屯河泂、玉泂以拒之，因阮文惠人多勢盛，又令許世亨帶兵一千五百名前往接應。初三日，張朝龍於途次擊退阮文惠軍前隊，初四日，阮文惠軍復蜂擁而至，將張朝龍營盤四面圍裹，張朝龍與參將楊興龍等奮力衝殺，潰圍而出，阮文惠軍有進無退。初五日五更，阮文惠驅軍大進，親自督戰，以雄象百餘頭為前隊滿山遍野直前衝來，許世亨精銳來戰，大呼進擊，但清軍忽遇象群，馬匹四散驚逸，自相踐踏，阮文惠軍愈殺愈眾，將清軍四面密圍，清軍急不相救，入壘自守，四布鐵籤。阮文惠命兵丁以禾桿綑紮成束，亂滾而前，勁兵隨後推進，各壘同時潰走，阮文惠軍乘勝掩殺，許世亨見眾寡懸殊，即命其家人將提督印篆送出。《據欽定越南史通鑑綱目》稱，是時孫士毅「方在幕次，忽聞賊兵逼近昇龍，不知所為，遂拔壘渡河而走。」㊻但孫士毅具摺時則謂當清軍被圍時，孫士毅與許世亨等遂不復見面，孫士毅以「提鎮均係大員，

今雖殺賊甚多，並未敗衄，但既爲賊勢截斷，未卜凶吉存亡。若臣再攖鋒鏑，有關國體，遂率領副將慶成、德克精額、參將海慶帶兵三百餘名奪圍而出。」是年二月初六日，在撤回孫士毅公爵上諭中云：「孫士毅因黎維祁業經先逃，黎城難以久駐，應行撤兵，即帶兵先至市球江搶佔北岸，以待大兵之撤。」㊼易言之，孫士毅是不戰先逃，但《欽定安南紀略》卻諱稱「臣率同將弁，與提鎮等直赴前敵，許世亨以臣係總督大臣，非鎮將可比，設有疏虞，關係國體，再三勸阻，遂派副將慶成護送，並令千總薛忠，將臣等轡繩牽挽，臣用鞭打喝禁，誓欲奮往，薛忠不肯放手。臣復思許世亨之言，有關大體，因率領慶成等整隊殿後而出。」㊽似乎孫士毅曾誓與此役共存亡。又據孫士毅稱，黎維祁聞阮文惠親自督軍來犯黎城，「心膽俱裂，即手抱幼孩，隨同伊母逃過富良江」，使安南民心瓦解，是此次兵敗的主要原因。惟據《欽定越南史通鑑綱目》稱「辰帝方與士毅會于幕次，黃益曉、阮國棟、黎昕、范如松、阮曰肇、范廷僎、黎文張、黎貴適八人侍，適敗報至，士毅走，帝亦匹馬與士毅偕北，獨曰肇執靮以從，命黃益曉等馳歸內殿護太后、元子濟河，皇帝弟維祇扈皇妃宮嬪等至河津，橋斷不得渡，望西遁走。」㊾孫士毅亦謂黎維祁倉卒間「不及攜帶其妻」，易言之，首先棄城而北走者是孫士毅而非黎維祁。駐箚在富良江南岸的清軍三千名已由總兵尚維昇、副將邢敦行、參將王宣等率同土司岑宜棟前赴接應提督許世亨，孫士毅率慶成三百餘名欲渡浮橋，阮文惠軍三四千人來追，適總兵李化龍帶兵二百餘名隨後亦撤至江岸，孫士毅命其先過江佔住北岸，以便掩護孫士毅過江，李化龍行至橋心，失足落江淹斃，所帶弁兵見總兵溺水，更加慌亂。孫士毅急令副將慶成在後掩護，施放鳥鎗，孫士毅帶兵先由浮橋撤回北岸，隨即斬斷浮

橋，於是在南岸將弁兵丁已無橋可渡，只好回身殺進黎城，孫士毅卻稱「在北岸候至一日，毫無提鎮等消息，而對岸賊人，已多用小船四散渡江，各處上岸，截其後路，因所帶官兵只有數百名，勢難前後受敵，只得率同慶成等三員回抵市球江」。但同日，提督烏大經至富良江岸時見「竹筏橋業已沉斷，對岸火光四起」，足見孫士毅候至一日說法的不可信㊿。是役，提督許世亨、總兵尚維昇、張朝龍、參將楊興龍、王宣、英林、副將邢敦行、遊擊明柱、張純、王檀、劉越、都司鄧永亮、守備黎致明等員俱力戰陣亡。

　　乾隆五十四年正月初九日，孫士毅撤至諒山，因阮文惠軍追至壽昌江一帶，潰回兵丁已疲乏不堪，若久駐諒山，恐阮文惠軍「得覘虛實，不足以壯軍威」，而於十一日撤回鎮南關。總計廣西一路出關兵丁共一萬三千三百名，至二月知旬，查點前後進關兵數約八千名，陣亡及失蹤兵數多達五千餘名㈤。至於雲南一路，清軍深入安南三十餘站，正月初九日，烏大經將滇兵撤至宣光，然後分起「整旅進關」。廣西巡撫孫永清得官兵敗報後即令參將王立功帶兵三百名馳赴諒山接應撤兵，並於是月初十、十一等日將存積諒山的火藥、兵糧等運回內地。但自諒山以外直至富良江岸各台兵糧數千石因事出倉卒，站員凌雲縣知縣袁天逵及隨營試用府經歷張誠二員俱被戕害，所存糧石因搬運不及，而將其焚燒殆盡，以免資敵㈤。

　　孫士毅與許世亨出關征討後，所至奏捷，不及一月，即收復黎城，傳旨冊封黎維祁為安南國王。孫士毅本係文臣，清高宗卻屢讚孫士毅「素稱能事」，故特加寵任。而且，孫士毅冊封黎維祁，實與天朝字小存亡興滅繼絕體統攸關，厥功至偉，在漢大臣中有此全材者究屬不多，因此，當孫士毅兵敗退回內地後，清高

宗不但未治以失律之罪，轉爲憐惜，多方撫慰。孫士毅自以「調度乖方」以致兵敗，請旨革職治罪，清高宗於孫士毅奏摺內竟批諭云「何出此言！」是役，動用糧餉銀兩多達數十萬兩，孫士毅稱理應由其一人賠補，清高宗硃批云「何至如此」，孫士毅仍感不安，又請交銀四萬兩作爲兩廣軍營製補損壞帳房裝備之用，清高宗始准其請，「此或應爲，以全汝顏面，以愜汝志，亦無不可。」⑤因爲清高宗認爲安南雖係蕞爾一隅，然黎氏立國旣久，政令廢弛，氣數已盡，爲天所厭棄，而且，安南人情反覆，阮文惠率大軍連陷黎城，實非旦夕所能糾集，其中不乏反側之人，附從阮文惠，孫士毅不能留心偵察，竟爲阮文惠所乘，清軍終因衆寡不敵爲阮文惠所敗，尚非孫士毅調度乖方所致，所以僅撤回前封公爵及所賞紅寶石帽頂。但因孫士毅威望已損，不足彈壓，清高宗命其入京，以兵部尚書補用，改調福康安爲兩廣總督，馳赴鎮南關辦理善後事宜，海祿補授廣西提督，普吉保補授廣西左江鎮總兵。

六、阮文惠四度乞降與清廷政策之轉變

就中國與安南國力而論，清廷若厚集兵力四路會剿，的確不難直搗富春。從前準噶爾、回部及兩金川等地逼近邊陲，關係緊要，不得不用兵，而且地非卑濕，八旗、索倫勁旅，可以展其所長，所以不惜勞師費餉，先後底定，歸入版圖。安南僻在炎陬，向多瘴癘，水土惡劣，春夏秋三時，以秋瘴最甚，俗稱「木棉瘴」，又稱「黃茅瘴」，重陽後始能漸退，得其地不足守，即使收入版圖，照新疆之例治理，仍須多派大兵駐箚，然而安南貢賦所入，不敷支用，何況安南民情叵測，得其民亦不足治，歷代設立郡縣以後，不久即生變故，旋得旋失。福康安亦指出「該國地

方，南北三千里，東西二千里，程站既多，則師行難速，而彼中四時氣候，惟冬季三月，瘴癘不作，其餘春夏秋三季，則毒霧淫霖，不可觸染，與緬甸無異。若興師大舉，必須於十月進兵，十二月奏捷，次年正月班師，方爲萬全無患，倘此三月內不能蕆事，則一交春令，瘴氣大作，撤兵則前功全盡，留兵則傷亡必多，是安南之不必用兵，非因地利不便，人事不協，總以天時限之。」(54)誠然清廷實無意對安南大張撻伐。《欽定越南史通鑑綱目》謂阮文惠曾遣人向福康安謝罪乞降，又「多以金賄，懇康安爲之主張，康安既得厚賂，又幸其無事，奏請因而許之，毋開邊釁，請帝從之。」(55)清高宗諭稱安南既不值屢煩天討，莫若量寬一線，使阮文惠畏罪輸誠，不勞兵力，而可蕆功，方爲上策。但爲顧全天朝體面，不可輕易允其乞降。因此，清高宗命福康安抵鎮南關後，若阮文惠聞風畏懼，到關服罪乞降，福康安應大加呵斥，示以嚴厲，不可遽行允准，必俟其誠心認罪輸誠，籲請再三，情詞恭順，方可相機辦理。

阮文惠雖然連陷黎城，清軍敗退，黎朝覆亡，但人心尚未貼服，廣南阮福映的復興勢力仍然存在，阮文惠又與其兄阮文岳各不相容，且與暹羅搆兵，阮文惠如欲號召國人，取得合法的地位，必須經由天朝的承認與册封，可是阮文惠軍戕害天朝提鎮大員，得罪天朝，貫禍甚重，深恐清軍再討，乃於乾隆五十四年正月二十二日遣吳壬等齎乞降表文送至諒山，恐天朝不准，先令通事齎至鎮南關，表文稱願意投誠納貢，並送出天朝官兵。孫士毅等認爲阮文惠蓄意挾制，欲藉此嘗試，如准其歸順，方肯將官兵送出，「情殊可惡」，若遽將表文拆看，阮文惠將心疑清廷欲圖將就了事，不再用兵安南，所以命管關文武各員堅持釋俘爲和談主要條件，必須先送出官兵，然後奉表稱藩，孫士毅遂遣員將表

文擲還。清高宗認為僅將表文擲還，尚不足使其震懾畏懼，以堅其悔罪投誠之念，不僅須將官兵先行送出，且須將下手戕害提鎮兇犯縛獻軍前正法示眾，否則即命福康安統率大兵聲罪致討，「天戈所指，洗蕩無遺。」

二月初九日，阮文惠再度遣其臣阮有晭、武輝璞二員齎表到關呈送，孫士毅恐輕易允准，致啟狎視之心，不准其進關，而由左江道湯雄業在關前接見，並重提釋俘條件，隨後又將表文原封不動的擲還，經阮有晭等再三表示阮文惠悔罪自新的誠意，並籲懇湯雄業拆看表文，幾經堅持後湯雄業方肯拆視，表文情詞恭順，請納貢受封，湯雄業將表文「抬頭款式，陽為指示核正」，阮有晭表示接受清方所提出的條件，先於二月內將官兵送出後再行齎表求封，阮有晭隨即馳赴黎城稟告阮文惠辦理交涉經過，武輝璞則暫留諒山聽候清廷隨時指示⑤⑥。是月二十一日，阮有晭齎稟到關，懇求湯雄業在孫士毅前鼎力周旋，玉成其事，並許餽送禮物。二十二日，阮有晭等三度到關呈進表文，並將清軍五百餘人送至關前，內有廣東提標遊擊張會元及守備勞顯二員，孫士毅具摺時誤報陣亡，同時呈獻金銀二種，在降表內稱阮文惠已將殺死提鎮兇犯正法示眾。其後，阮文惠於第二次出官兵三十九名，第三次送出二十八名，第四次送出十八名。在廣西太平府及崇善縣內禁押的安南官民除牧馬鎮該騎阮遠獻在監病故外，其餘朱廷理等七名，亦奉旨放回安南。

三月十六日，福康安馳抵鎮南關後，一方面令巡撫孫永清駐箚距關九十里的受降城，孫士毅赴離關二十里的幕府地方辦理阮文惠受降事宜，另一方面命左江道湯雄業傳喚阮有晭等到關聽諭，阮有晭奉命後即從黎城趕至諒山，先遣通事到關呈稟請示到關日期，經湯雄業擇於三月十八日到關。阮有晭等帶領通事及隨

從二十餘人並備牛米油麵等物為贄見之禮，於是日己刻進關，湯
雄業在昭德台接見阮有晭、武輝瑨、阮寧直及通事等人，訂期納
降，阮有晭齎到表文副本一道，隨表呈進金銀及方物等。阮文惠
於表中自稱為西山布衣，並非竊據人國，其抗拒於前，輸款於
後，雖跡似抗衡，實不敢得罪天朝，故特遣其長兄阮光華之長子
阮光顯詣關求降，福康安將表文副本略加修改後發還令其照繕正
本。十九日寅刻，福康安飭令在關將士，排列隊伍，豎立旗幟，
並於昭德台擺設香案，預備受禮。阮光顯帶領隨從數百人候於關
外，福康安命湯雄業傳諭阮光顯帶領官員六人，通事一人，隨從
六十人進關。是日辰刻，湯雄業引導阮光顯進關，福康安於昭德
台後接收表文，阮光顯於談話中懇求進京瞻覲，並稱曾目睹正法
戕害天朝提鎮兇犯，福康安見其誠心悔罪，已不復深究，但須在
安南建立祠宇，春秋虔祭。阮文惠得罪天朝，並未肉袒求降，又
准其於乾隆五十五年八月清高宗八旬萬壽時親詣闕廷，輸誠納款。

　　阮文惠輸誠納款一事，既已定議，安南邊境不需多兵駐守，
四月初十日，清高宗命福康安等遵旨將廣東、雲南官兵分起撤
回。至於孫士毅受濕患病，力疾辦事，即行起程回南寧調養，福
康安身體雖素稱強壯，但恐不能服習水土，或生疾病，尤屬不
值，清高宗又命其不必在鎮南關久駐。清高宗御製「再書安南始
末事記」中指出清廷接受阮文惠乞降的原因云：

　　　蓋黎維祁之庸昏，孫士毅之失算，以致阮文惠復據安南，
　　　向固言之詳矣！然使孫士毅即早遵旨班師，而阮文惠亦必
　　　復來，是不過無傷我官軍之事耳。但甫經興滅繼絕之藩國，
　　　視其仍滅絕而弗救可乎？則是師猶無了期也。茲黎氏實因
　　　天厭其德，而自喪其國。而阮惠以獲罪王朝，震悚悔過求
　　　降，並請詣闕乞封，斯則不勞師而寧眾，與封黎氏無異㊲。

質言之，清軍討伐安南，敗固不佳，勝亦從此多事。何況阮文惠的氣象作爲，尚能樹立成業，與黎維祁懦弱無能迥然不同，所以册封阮文惠爲安南國王。易言之，「傾覆栽培，無非因材而篤。」

七、清廷册封阮光平與黎維祁之安插

乾隆五十四年五月初三日，清高宗頒給阮光平即阮文惠敕諭一道，並賞給珍珠手串等物。又命福康安傳諭阮光顯，准其由諒山起程進京，派左江道湯雄業等護送。五月中旬，阮光顯復由黎城返至諒山候命，福康安將敕書及珍珠手串等派員齎至鎮南關，湯雄業即遣人前往諒山，傳喚阮光顯到關接旨。在鎮南關外有仰德台一座，與關內昭德台相對，爲向來安南貢使接旨行禮的地方。是月二十五日，阮光顯等入關至昭德台，將敕書等捧回仰德台由阮有晭齎至諒山，另由諒山鎮守丁公彩送至黎城。是月二十七日，阮光顯等二十一人隨湯雄業於幕府營地方起程進京，福康安添派廣西新太協副將德克精額前往護送，福康安本人亦由南寧起程，於閏五月十一日行抵桂林，次日，孫永清隨後亦至。

黎維祁及隨從二十餘人因清軍兵敗撤回，亦於乾隆五十四年正月初七日奔至鎮南關敂關求納，孫永清即將黎維祁等收留入關，暫送南寧府安頓，隨後其親叔黎維桉由桐油隘入關，丁迓衡、丁令胤等十餘人由欽州龍門鎮入關，陳輝林、黎允、黎灝、潘啓德由鎮南關入關，閔阮俅、閔阮玩等由高平隘進入內地，其中潘啓德賞給都司銜俸，命其在提標學習，丁迓衡賞給守備職銜，阮廷沛、黃廷球、阮廷璉等分別賞給千總銜俸。至於黎維祁不知振作，庸懦無能，於册封爲國王後，又復棄國逃遁，失守藩封，因此，不准其赴京瞻覲，只能列爲編氓，但給衣食之資以存

活。惟南寧府鎮南關甚近，恐日久以後，安南民人往來與黎維祁
潛通信息，以致滋生事端，清高宗即命孫永清將黎維祁及其母子
從人等五十四名移至桂林省城安插，以便就近約束，雖酌給米、
鹽、薪、蔬以資養贍，但只能「足彼餬口而已，不必過優」，因
為清高宗認為黎維祁是「無用無恥之徒也」⑱。清廷鑒於安南難
民內投者日衆，不便令其聚集一處，以防滋事，廣西地方遼闊，
稽察難周，又命福康安將續行投進安南民人分處安插。其中黎維
袚等十人送至桂林，與黎維祁一同安插，潘啓德之弟潘啓錫及其
子潘孟賢等五人安置於潯州府城，與潘啓德同在一處，閉阮俅等
五十三人安置於鬱林北流縣，閉阮玢等三十六人安置於潯州府武
宣縣，丁迓衡等二十四人安置於全州地方，其餘則分別安置於平
樂、柳州等處。黎維祁等既分別安插於內地，仍舊蓄髮且服用安
南衣冠，實於天朝體制不合，清高宗又命福康安將黎維祁及宗室
舊臣等一體薙髮，改用天朝服色，以絕其回國之念，並傳諭阮光
顯進京時可由桂林經過，面晤黎維祁等人，表示不復扶植黎維
祁，以解除阮光平的疑懼。福康安抵達桂林後即傳到黎維祁等人
宣示諭旨稱「爾既履中華之土，即當從中華之制，一體薙髮改
服，不得仍循舊俗。」故自黎維祁以下五十四人俱一一薙髮改
服。福康安稱「不但毫無勉強，且各面有喜色」。惟據《欽定越
南史通鑑綱目》卻稱「康安回至桂林，託言夏天炎暑，暫且休
兵，俟秋調遣。又給帝曰師期不遠，嗣王當親率將屬前導，但安
南服色素為西山所侮，所行詭道，不若薙髮改裝以眩賊兵，俟復
國後仍從本俗，帝不虞其詐，遂勉從之。凡我國人前後至者，康
安亦悉令薙髮易服，即密奏言黎嗣王情願安居中土，無意乞
援。」閏五月十八日，阮光顯率官員二人，行人五名，隨從十名
抵達桂林，福康安即傳喚黎維祁等人與阮光顯相見，黎維祁謂

「我已爲天朝百姓，與他無可言語」，其舊臣黃益曉見阮光顯時無不「瞋目視之」，因彈壓兵丁甚衆，未露聲色，而阮光顯一見黎維祁卻「喜形於色，積疑頓釋」⑲。

六月初五日，阮光平命使臣黃道秀、陶裔二人齎送表文、稟帖及貢物等至鎮南關。其表文稱「自黎祚告終，干戈旁午，民墜塗炭，旄倪皇皇，日覬綏輯，幸得早有繫屬，即國內日就和寧，伏望聖德洞燭微情，逾格加恩，假臣封號，俾得奉有名分，憑藉天寵，鳩集小邦，實蒙聖天子覆載生成之德，自臣及其子孫世守南服，爲天朝之藩屛。」⑳易言之，安南造邦伊始，諸事未寧，如欲輯綏鎮撫，必須仰仗天朝封號，正名定分，取得合法的地位。阮光平又稱安南誤殺天朝提鎮大員，業經築壇奠祭，立廟於國都南郊，春秋虔享，以申事大之誠。阮光平又表示因恭逢清高宗八旬萬壽聖節，俟國事稍定，即入京瞻覲。清高宗覽奏，以其恭謹殷切出於至誠，決定册封其爲安南國王，所有應行頒給印信敕書等項命內閣照例撰鑄。

阮光顯由廣西進京路程與乾隆五十三年緬甸貢使經過路線相同，其一切供支筵宴事宜亦比照緬甸貢使成例辦理。六月初九日，阮光顯一行入湖北蒲圻縣境，湖北巡撫惠齡已先期派委漢黃德道孟鈺、武昌府知府穆通阿、武昌城守營參將勒福等馳往照料。是月十二日接至省城，湖廣總督畢沅率司道相迎，隨即演劇筵宴，並分別各賞給綵緞紗綢等物。同月十七日，入河南信陽州境，河南巡撫梁肯堂派南汝光道萬寧、汝寧府知府彭如幹等迎護，二十九日由彰德府起程至豐樂鎮，適漳河水勢突漲，船隻不能擺渡，七月初一日，水勢稍退，由彰德府知府李舟等伴送通河至直隸磁州，初六日，行抵正定，十三日，至省城，沿途各省督撫俱演劇筵宴，賞賜優厚。二十四日，抵達熱河行在，瞻覲行禮

後，即隨蒙古王公文武大臣入座觀劇。清高宗賞給阮光平玉觀音、玉如意、金絲緞、朝珠等物，賞給阮光顯磁羅漢、玉如意、金絲緞、銀盒等物，其副使阮有晭、武輝瑨及行人隨從等亦分別賞給如意緞盒銀兩等物。阮光顯於熱河觀見清高宗後即赴京師，所有頒給敕印亦交禮部齎捧回京。八月二十二日，留京辦事王大臣奉旨頒賜冊封安南國王敕印於太和殿前，阮光顯在丹墀下行禮祗領，大學士阿桂捧印，嵇璜捧敕，並由贊禮部郎照例贊禮，冊封阮光平儀式於是告成[61]。阮光顯等在京師留住二日後於八月二十四日起程回國，仍由陸路行走。

　　清高宗因頒給阮光平敕諭及御製詩章，乃命福康安派滿洲道府齎往安南，但廣西道府中並無滿洲人員，於是奏請改派正在廣東沿海審查案件的滿洲章京禮部員外郎成林前往黎城。成林奉命後即於八月初一日自廣州起程，二十八日抵鎮南關。因瘴氣未消，秋潦過多，且阮光平遠在义安，尚未起程，所以成林在關暫候[62]。九月十二日，阮光平特遣黎春材帶領人夫一千名，馬一百匹，衛士五百名，至鎮南關前迎候敕書御詩，黎春材進關至昭德台龍亭行禮接護，十三日，啟鑰出關，儀隊前後綿亙七八里，所過村舍，安南百姓扶老攜幼，夾路歡迎。二十二日，抵達距富良江六七里的嘉橘地方，阮光平遣其次子阮光垂率同吳文楚等文武百餘人來迎。成林原定於九月二十四日宣封授敕，因阮光平於八月二十八日始自义安起程，行至東城縣時因染傷寒病，不能力疾行走，暫留縣城調治，成林只得在嘉橘暫候。據成林稱「該國遠近夷民，至公廨前，遙望龍亭，吹呼叩頭者日凡數起。又有員目丁輔宰、艮名聞二人，年俱八十餘歲，欣聞敕命臨境，於數百里外跋涉前來，恭詣龍亭前，叩頭稱慶。其鎮目吳文楚即吳初及吳時壬等早晚謁見，甚為浹洽。」十月十四日夜間，阮光平趕至黎

城，次日，成林宣旨錫封阮光平爲安南國王⑥，成林於十七日起程返國，二十二日進關。阮光平遣陪臣阮宏匡等呈進謝恩貢品一份，又年例貢品一份，亦隨成林進關。成林臨別前曾向阮光平指示立國治民之道，阮光平「點頭稱善者再」，告別時阮光平「執手相送，甚覺依依」，並遣其子阮光垂率文武大員送至十五里外，吳文楚又遠送至二十餘里而別。

　　民事以稼穡爲先，稼穡又以節氣爲準繩。安南正當草創，首重授朔，但天朝對安南並無頒朔之例，安南又無深曉天文者，阮光平遂奏請清廷每年冬季頒發數十本曆書。清高宗爲體念遠人，特命禮部照朝鮮請領數目，將五十五年時憲書二十本令廣西巡撫發交左江道，由安南差官赴關祇領。同時因安南物產不豐，加以連年兵燹，農村凋敝，物力維艱，亟須通市，而且自清廷設禁以來，內地貨物，罕至安南，如藥材、茶葉等均爲中國輸入安南大宗貨物，其後因商旅絕跡，雖重價購求仍不可得，國用遂日形短絀，因此，阮光平又請將水口一關，仍舊開放，准令商販出入。清高宗爲表示體恤外藩一視同仁之意，又明降諭旨，命督撫開關通市，照常貿易。

　　當黎維祁內投後，其弟黎維祗仍在高平、邠呂、保樂等處號召黎氏舊臣及宗族等率義兵志圖恢復。清高宗鑒於黎維祁安置於桂林省城密邇安南，恐其舊臣假以爲名，滋生事端，乃於是年十一月初八日命福康將黎維祁及其舊臣民人全行分起解送京師，歸入漢軍旗下編一佐領，即以黎維祁爲世管佐領，以免仍遺後患。是時，黎維祁舊臣黎侗復率段旺等二十九人由寧明州赴隘店內投，福康安命左江道宋文型驗明收留，安插於慶遠府宜山縣地方，並命段旺等二十九人薙髮改服。但黎侗、李秉道、鄭憲、黎值等四人不肯薙髮，請求面晤總督。宋文型將黎侗等人帶往梧潯

地方，福康安面加詢問，黎佣覆稱「我係安南人，生死要在安南，非如他人企圖受用現成衣食。我心中自有作用謀爲，此來並不想留於內地，現在安南黎氏舊臣義士，願效死力，復仇討阮。諒山之北、太原、山西之海陽、清華等七八處，共有兵三萬餘人，舊主之弟黎維祇亦有兵萬餘人，分佈屯集，我此時只欲探聽故主消息，即復出關，別圖舉事。」⑥李秉道三人俱作同樣表示，尤其對黎維祁等薙髮改服「大有非議」。福康安既不許黎佣等謁見故主，乃請求速放其出關⑥。福康安奏請將黎佣等發往新疆安置，清高宗亦謂黎佣繫懷故主，欲別圖舉事，自不便遣送出關，致滋煽惑，但黎佣自隘店潛至內地，並非從諒山而來，其中恐另有情節，故命福康安將黎佣等四人護送進京以備垂詢。而且吳文楚亦稱「黎佣於未經進隘之先，在外布散謠言，有伊現投內地請兵，一俟國王進京，大兵即行出關，仍扶黎氏之語。」⑥清廷爲解除阮光平的疑懼，永杜後患，清高宗再命福康安遵旨速將黎維祁等送京安插，不過黎維祁等在廣西各府安插者共有三百七十六名，人數甚多，各旗佐領所屬，每佐領不過一二百人，若令黎維祁等全行入旗，不特房屋居地有所不給，而且人地生疏，一時聚集京師，生計亦屬不易維持。乾隆五十四年十二月十一日，清高宗命福康安將黎氏支屬親戚及曾任官職者約計百餘人，足敷編一佐領之數，分起送京，其餘從人及隨黎佣進關段旺等則送往江南、浙江、四川等省分隸督撫標下令其入伍食糧，藉資約束，漸歸民籍。至於潘啓德、丁迊衡、阮廷沛等前曾奉旨賞給都司、守備職銜，因言語不通，未諳營務，均一併送京歸旗，以驍騎校等官分別補用。如此安插後，其「不安本分，滋事潛逃者，就不難拏獲正法。」

　　黎維祁等奉旨解京，共分作四起：第一起爲黎維祁及其眷屬

共六十二名，委候補同知郭世玉、題陞右江鎭營守備胡俊鴻於乾隆五十五年二月初二日，自桂林省城護送起程；第二起爲丁迓衡等共二十七名，委題陞融懷營守備曾明於二月初六日護送起程；第三起爲潘啓德等二十四名，委賓州營千總譚會龍於二月初十日護送起程；第四起爲阮廷沛等五十六名，委題陞遊擊王炎、巡檢王德榮於二月十五日護送起程，總共送京四起一百六十九名，其餘發往江南閉阮俅等七十一名，發往浙江黃德鄧等六十八名，發往四川閉阮俅、段旺等六十三名，亦各間四五日陸續分起管押前進。黎侗旣堅欲復仇擧事，請求放回故土，淸高宗恐其回安南散佈謠言，藉端煽惑，命將黎侗等暫交刑部監禁。

　　安南自宋朝初年丁氏領有其地以來，其國王從未有自請來華詣闕者，阮光平自請躬詣京師，祝釐展覲，實爲創擧。淸廷對於一切接待供應及夫馬船隻等項亦開始籌備，賞給阮平光的衣服冠帶均開始織造。阮光平來華與尋常貢使不同。按欽頒儀注規定，阮光平沿途與地方督撫相見，一律使用賓主之禮。安南歷次進貢，俱遣使三人，另帶隨從二十名，阮光平係國王，其所帶陪臣酌增爲四五員，隨從三四十人，陪臣各帶隨從數人，總共不得超過六十人之數。乾隆五十五年二月，阮光平回富春省母，三月十五日後赴乂安，二十九日，自乂安起程，率其次子阮光垂暨吳文楚、鄧文眞等一百五十名於四月十三日行抵諒山。福康安派成林前往勞問，犒以羊、酒等物，是日辰刻，福康安率同文武官員至鎭南關昭德台等候，阮光平先遣夫役將貢品象隻送入關內，同日巳刻，阮光平率其子及文武各員至昭德台謝恩。因阮光垂在途間染患寒瘧，即由鄧文眞帶同三十餘人返回安南，淸高宗封阮光垂爲世子，並賞給玉如意等物。但阮光垂爲阮光平次子，其長子阮光纘在安南監理國事，六月初二日，淸高宗據奏後又命內閣擬撰

敕書，封阮光纘為世子。四月十三日夜，阮光平即在距鎮南關二十五里的幕府塘住宿，十五日，進關，十八日，福康安帶同阮光平等由寧明州登舟，二十六日，經伏波大灘，五月初二日，經梧州府城，五月初六日，由廣東肇慶府屬封川縣境抵廣州省城。據福康安稱「肇慶府為東西兩省扼要之區。廣東省城，向來恭接御賜物件，及使客往來，俱在南門馬頭迎送，其西面則為十三洋行，係西洋夷人到廣居住之所，該處地方寬敞，人煙輳集。」「海舶連檣，城隍壯麗，煙戶市廛，駢闐繁庶，且滿漢官兵眾多，氣象更為雄壯。」阮光平到省城時，「西洋夷人，爭來觀看」⑥。五月二十二日，阮光平等行抵南雄府城，由梅嶺入西境，經南安、贛州、吉安、臨江等府地方，一路水漲灘平，順流而行。六月初六日，抵南昌省城，初八日，起程改由陸路行走，經九江、黃梅等處，城鄉男婦，爭出觀看者「不啻數千萬人」。十七日，抵武昌省城，因天氣暑熱，每日早晚趁涼而行，中午歇息。二十一日，入河南信陽州境，二十四日，行抵許州。七月初一日，抵直隸磁州，奉旨將阮光平隨從內酌減人數，分為二起，其第二起隨從在後緩行，徑往京師，阮光平等為頭起，趕往熱河山莊。是月十一日，清高宗御卷阿勝境，阮光平與金川木坪宣慰司甲勒參納木卡等三十人，哈薩克汗杭和卓之弟卓勒齊等五人入覲，清高宗與阮光平行抱見禮，並賜御製詩章，又賞給冠帶袍馬金玉器玩等物。八月初十日，清高宗還宮，十三日，清高宗御太和殿，王公大臣、安南、朝鮮、緬甸、南掌等國使臣行慶賀禮，阮光平班次在親王之下郡王之上。因安南締造方殷，國事不能久曠，阮光平於祝壽禮畢後，即請旨回國。十一月二十九日，出鎮南關，十二月二十日，返回乂安，經此次長途跋涉，阮光平自謂安南已具「盤石之安，苞桑之固」。但阮光平抗拒於前，戕害天

朝提鎮大員，輸款於後，遠離國都躬詣闕廷，恐非阮光平的本意，實出清廷令其肉袒求降的安排，而且是時安南新造，人心未定，黎維祇仍率義兵志圖恢復，阮福映亦在暹羅仍不忘收復故土，阮光平與阮文岳兄弟之間既互不相容，阮文岳尚據廣南與阮光平相抗，在安南民間又紛紛謠傳清廷欲俟阮光平入覲京師即送回黎維祁令其復國，在此情形下，阮光平似不至輕離安南，置國事於不顧，因此，《清史稿》謂「其實光平使其弟冒名來，光平未親到也。」⑥⑧

八、結　語

　　阮光平自乾隆三十八年崛起於西山，繼滅廣南，連陷黎城，擊退清軍，至乾隆五十五年輸誠納款，入覲京師，前後歷時十七年之久。是時，安南始終處於南北紛爭的局面，惟其內部變化之引起清廷的重視則是在乾隆五十二年嗣王黎維祁咨請補頒國印以後的事。安南臣服中國已有悠久的歷史，清朝入關後，中國與安南仍然維持名義上的主屬關係。安南與朝鮮、緬甸、暹羅、琉球等屬邦同樣受中國禮部管轄，有一定的貢期，按規定的路線入境進京，貢使團的人數也有一定的限制，使臣覲見天朝皇帝必須行跪拜禮⑥⑨。然而，天朝對屬邦僅止於維持體制而已，於屬邦內政固然不加以干涉，對其國情亦素不過問。當黎王陪臣黎侗等於初次入關內投時，兩廣總督孫士毅曾將內地舊存安南地圖交其閱看，問以是否無訛，據黎侗稱，其中多有舛錯，與該國方向部位實不能一一相合。

　　黎朝傳國雖然較久，臣服清廷亦甚恭順，但王權下移，權臣擅國，操廢立之權，「置君如奕棋」。阮光平再陷黎城後，黎維祁棄城出奔，其眷屬窘迫內投，國破家亡，顛沛流離。清軍以春

秋伐叛之意，聲罪致討，擊敗阮光平，收復黎城，使黎維祁得以
復位。清廷濟弱扶傾、興滅繼絕的措施，不僅與天朝維持體制攸
關，也是王師弔民伐暴之舉，其於安南字小存亡之道，已是仁至
義盡，盡善盡美。阮光平三陷黎城後，清軍敗退，撤回內地，阮
光平抗拒於前，輸款於後，屢次乞降，誠心悔罪，清廷改封阮光
平爲安南國王。黎氏甫經興滅繼絕，變亂又起，清廷目睹其覆亡
而弗救，其原因固然是由於黎維祁懦弱無能，不知振作自強，失
守藩封，天厭其德，然而最主要的原因實受天時地利所限。安南
瘴癘盛行，水土惡劣，雨季又長，滿洲、索倫等勁旅不能展其所
長，東突西馳，兩廣官兵於林爽文之役作戰雖甚出力，究非精
銳。阮光平悔罪求降，詣闕請封，清廷旣可不勞師而息事寧人，
故不復用兵。是所謂「知進知退」，「順天行事」。

　　清高宗處理安南問題的態度，雖較積極，但仍未脫不干涉屬
國內政外交的傳統觀念。清廷旣不能有始有終地扶植黎維祁，阮
光平又未能徹底消滅廣南阮氏的勢力，阮福映潛匿暹羅，謀借外
國的援助以恢復故土。乾隆五十二年（一七八七），法國教士百
多祿悲柔（P.J.G. Piqneau de Behaine）攜阮福映之子赴法求援，
締結同盟條約，法國開始獲得插足安南的機會，中南半島從此多
事。法國已嘗試向中國撫馭屬邦的傳統方式挑戰，但是法國在安
南的活動並未引起清廷的重視，法國覬覦安南旣非一朝一夕，清
末中法越南戰爭，此時實已肇其端。

【註　釋】

① 國立故宮博物院典藏《宮中檔》，二七四一箱，一九二包，四七四
　　五三號，護理廣西巡撫印務布政使瑢齡奏摺；《大清高宗純皇帝實
　　錄》，卷一二○二，頁 11；鑄版《清史稿》，屬國傳，頁 1653，

阮鎧作阮堂。

② 《宮中檔》，二七七四箱，二〇五包，五〇八六七號，兩廣總督孫士毅、廣西巡撫孫永清奏摺。

③ 《大清高宗純皇帝實錄》，卷一二一二，頁 14。又同卷，頁 18。

④ 乾隆五十六年奉敕纂《欽定安南紀略》，卷一九，頁 16，乾隆五十四年五月初三日，錄福康安奏摺內據阮光平嫡長姪光顯稱阮光平兄弟四人，長阮光華，早歿，次阮光岳，即阮文岳，三阮光平，即阮文惠，四阮光泰，疑即阮文侶；日人水谷乙吉著《安南之民俗》，頁 167，阮文侶誤作阮文女。昭和十七年五月，育生杜弘道閣發行；陶鎔撰《中越關係史略》，以阮文惠爲阮文岳之子，見《中越文化論集》，頁 30。民國五十七年七月，國防研究院出版。

⑤ 蔣君章撰〈明遺民對越南建設與統一的貢獻〉，張福巒誤作阮福巒。見《中越文化論集》，頁 48。

⑥ D.G.H. Hall, "A History of South-East Asia," Copyright, 1955, St. Martin's Press. U.S.A.見黎東方譯《東南亞通史》，頁 16，民國五十年五月，中華文化出版事業社發行。

⑦ 魏源著《聖武記》，卷五，頁 186。民國五十九年六月再版，臺北世界書局印行。

⑧ 陳文爲等奉敕撰《欽定越南史通鑑綱目》，卷四四，頁 22。國立中央圖書館，民國五十八年元月影印本。

⑨ 一說阮福淳於黎顯宗景興三十八年九月卒於龍川，見岩村成允著、許雲樵譯《安南通史》，頁 156。一九五七年十一月，星洲世界書局有限公司出版。

⑩ 《欽定越南史通鑑綱目》，卷四六，頁 1 云：「太孫故太子維禕長子也，太子遇害，辰（時）方六歲，與弟維袖、維祗皆在收禁。及三府兵亂，相率迎歸內殿，人望咸屬。」案黎維禕係顯宗黎維禟第

四子，即黎維禕之弟。日人岩村成允著《安南通史》，後黎紀所列黎朝世系，顯宗有子二人，長黎維禕，次黎維禬。乾隆二十九年正月，黎顯宗立黎維禕為皇太子。《越南史通鑑綱目》稱，「太子少聰敏，博覽經史，優禮士夫，臣民莫不想望風采。鄭楹深器重之，以長女儷容郡主為之妃。太子常憤黎家失柄，慨然有收攬權綱之志。森長為世子，素以才地相忌。一日太子與森同在鄭府饋食，令同坐，楹妃阮氏止之曰，世子於太子有君臣之分，豈宜同坐，別為二。」乾隆三十四年三月，鄭森廢太子黎維禕而幽禁之。黎維禬出入鄭府，事森母阮氏甚謹。是年八月，鄭森立黎維禬為皇太子。乾隆三十六年十二月，黎維禕為鄭森所殺。《清史稿》謂乾隆二十六年黎維禕薨，王嗣子維禍以訃告請襲封。《明清史料》，庚編，第一本，頁 65，〈安南國王黎維禍告哀奏本〉，稱黎維禍先叔黎維禕於乾隆二十四年閏六月初八日違世，黎維禍以嫡姪承襲王位。

⑪ 《宮中檔》，二七二七箱，二一八包，五四三八〇號，乾隆五十三年六月二十四日，孫士毅奏片。

⑫ 《欽定越南史通鑑綱目》，卷四六，頁 4。

⑬ 同前書，卷四六，頁 16。

⑭ 《聖武記》，卷五，頁 186，載乾隆五十一年，「鄭棟死，子鄭宗、鄭幹內鬨，幹遣其臣貢整，請廣南兵以滅宗。」惟據《欽定越南史通鑑綱目》，鄭棟係西定王次子，於順治十三年晉封少傅。鄭宗、鄭幹疑即鄭森之子鄭楷、鄭檊，阮文惠入黎城，鄭楷敗走自盡；《宮中檔》，二七七四箱，二〇五包，五〇八六七號，乾隆五十二年五月初八日，孫士毅、孫永清奏摺，孫士毅等據黎維祁咨稱「安南輔政鄭棟專擅威福，乾隆五十一年五月，有西山土豪侵入國城，鄭棟出奔被虜、亡其國印。」同前檔，二七二七箱，二一八包，五四二八五號，乾隆五十三年六月十三日，孫永清、三德奏

摺，阮輝宿謂「五十一年六月，有西山土酋阮岳以誅鄭棟為名，令伊弟阮文惠攻破黎京，鄭棟戰敗奔逃，在路自盡。」同檔，五四二一五號，乾隆五十三年六月初七日，孫士毅奏摺，阮光宿稱阮文惠兵犯黎城日期在六月二十六日。如前引各檔，鄭棟似為鄭楷之誤，貢整即阮有整，又稱供靖。

⑮　《宮中檔》，二七七四箱，二〇五包，五〇八六七號，乾隆五十二年五月初八日，孫士毅奏摺。黎維祹之死，《清史稿》、《聖武記》等俱繫於乾隆五十二年。黎維祹廟諡顯宗，蕭一山著《清代通史》作獻宗。嗣孫維祁即位後，改元昭統。稻葉君山著《清朝全史》，誤以黎維祁為王子，昭統誤作紹統。

⑯　《宮中檔》，二七二七箱，二一八包，五四二一五號，乾隆五十三年六月初七日，孫士毅奏摺。阮文岳抵黎城時間，《欽定越南史通鑑綱目》繫於乾隆五十一年八月。

⑰　據廣西太平府知府陸有仁面向阮光宿等手寫問條稱阮文岳等於八月初七日遁去。同前註《宮中檔》。

⑱　《宮中檔》，二七七四箱，二〇五包，五〇八六七號，乾隆五十二年五月初八日，孫士毅、孫永清奏摺。

⑲　《清代通史》，第二冊，頁137，黎侗誤作黎侗。

⑳　《宮中檔》，二七二七箱，二一八包，五四二八五號，乾隆五十三年六月十二日孫永清、三德奏摺，安南陪臣阮輝宿稱「十二月初一日，阮岳偽將阮任復破黎京，供靖戰死。該嗣孫出奔山南，黎京為阮任所據。」案阮岳應為阮文惠之誤，阮任疑即武文仕，供靖即阮有整，又作貢整。

㉑　《宮中檔》，二七二七箱，二一八包，五四二一五號，乾隆五十三年六月初七日，孫士毅奏摺，阮輝宿等稱「嗣孫於正月二十五日赴山南等處調兵討賊。」；同前檔，五四二八五號，乾隆五十三年六

月十三日，孫永清、三德奏摺，阮輝宿稱「土民卷簪即倦坰與諒山藩目阮克陳搆隙，阮克陳敗遁，卷簪投結阮文惠，倚爲聲援。」

㉒ 《明清史料》，庚編，第二本，頁107，兵部〈爲內閣抄出廣西巡撫孫奏〉移會。

㉓ 《宮中檔》，二七二七箱，二一八包，五四一七九號，乾隆五十三年六月初一日，孫永清奏摺；同檔，五四一九七號，乾隆五十三年六月初四日，孫士毅奏摺；同檔，五四二八五號，乾隆五十三年六月十三日，孫永清、三德奏摺。

㉔ 廣西龍州斗奧隘距龍州一百二十里，在水口關之東北，其隘外深河一道，即水口關大河，爲中國與安南之界河。見《宮中檔》，二七二七箱，二一八包，五四二一五號，乾隆五十三年六月初七日，孫士毅奏摺。

㉕ 《宮中檔》，二七二七箱，二一八包，五四三三八號，乾隆五十三年六月十九日，孫士毅奏摺。

㉖ 同前檔，二七二七箱，二一九包，五四四七六號，乾隆五十三年七月初八日，孫士毅奏摺。案是時安南嗣黎維祁並未內投，因孫士毅奏報內列黎維祁之名，故六月十九日上諭稱嗣孫內投。

㉗ 同前檔，阮岳係阮文惠之誤。

㉘ 《大清高宗純皇帝實錄》，卷一三〇八，頁二五，乾隆五十三年七月庚午上諭；《宮中檔》，二七二七箱，二一九包，五四六三〇號，乾隆五十三年七月二十六日，孫士毅奏摺。案孫士毅奏摺恭錄七月初十日上諭，內有「其未經從賊者益思戮力前驅，已經從賊者亦各反戈相向」等語，清高宗實錄及欽定安南紀略俱加刪略，蓋清高宗對安南態度改變後，官書已多修改。

㉙ 《宮中檔》，二七二七箱，二二一包，五五一三三號，乾隆五十三年九月二十八日，富綱奏摺。

㉚　同前檔，二七二七箱，二一九包，五四四七七號，乾隆五十三年七月初八日，孫士毅、孫永清奏摺。阮文惠改名阮光平已見本日孫士毅奏摺，《聖武記》、《清史稿》、《清代通史》，俱謂乾隆五十四年正月孫士毅兵敗後，阮文惠叩關謝罪乞降，始改名阮光平。

㉛　《聖武記》、《清代通史》，黎維袖誤作黎維袖，黎維祇，《清史稿》誤作黎維祉。

㉜　《宮中檔》，二七二七箱，二二〇包，五四八三二號，乾隆五十三年八月二十一日，孫士毅奏摺。《大清高宗純皇帝實錄》，卷一三一二，頁25，牧馬土司閉阮律誤作閉阮律。

㉝　乾隆五十三年七月初八日，因廣西提督三德病故，命許世亨調補遺缺，即赴龍州奧隘一帶防守。見《欽定安南紀略》，卷二，頁1，是月戊辰上諭。

㉞　《宮中檔》，二七二七箱，二二一包，五五一〇八號，乾隆五十三年九月二十六日，孫士毅奏摺。

㉟　同前檔，二七二七箱，二二三包，五五四三三號，乾隆五十三年十一月初一日，孫士毅奏摺。

㊱　《明清史料》，庚編，第二本，頁104，《欽定安南紀略》，卷十一，頁3，俱誤作「孫士毅於十一月二十八日會同提督許世亨統帥大兵出關致討。」

㊲　《宮中檔》，二七二七箱，二二三包，五五五一六號，乾隆五十三年十一月初七日，孫士毅奏摺。案許昌義係廣東巡洋把總，曾帶兵四十名在洋遭風，漂至安義地方，由安南地方官送至黎城，由黎維襍出名，撥給口糧，將許昌義等送回孫士毅軍營。

㊳　同前檔，二七二七箱，二二三包，五五六〇八號，乾隆五十三年十一月十五日，孫士毅奏摺。

㊴　《明清史料》，庚編，第二本，頁101，吏部「爲內閣抄出上諭一

道」移會載是役中阮文惠被擒四百二十餘名；《宮中檔》，二七二七箱，二二三包，五五六六一號，乾隆五十三年十一月十八日，孫士毅奏摺；《欽定越南史通鑑綱目》，卷四七，頁 34，市球江作市枺江，張朝龍誤作張士龍。

㊵　《欽定越南史通鑑綱目》，卷四七，頁 35；《宮中檔》，二七二七箱，二二三包，五五七四五號，乾隆五十三年十一月二十三日，孫士毅奏摺；《明清史料》，庚編，第二本，頁 103，都察院〈為內閣抄出上諭一道〉移會，誤以十一月二十日冊封黎維祁為安南國王。

㊶　《欽定安南紀略》，卷二五，頁 13，乾隆五十四年十二月十一日，錄福康安奏摺。

㊷　同前書，卷二六，頁 2，乾隆五十五年正月初三日，錄孫士毅奏摺。

㊸　《欽定越南通鑑綱目》，卷四七，頁 38。

㊹　《欽定安南紀略》，卷一〇，頁 17，乾隆五十三年十二月十九日上諭。

㊺　《大清高宗純皇帝實錄》，卷一三一九，頁 27，乾隆五十三年十二月二十七日上諭。

㊻　《欽定越南史通鑑綱目》，卷四七，頁 41。

㊼　《明清史料》，庚編，第二本，頁 108，禮部「為內閣抄出兩廣總督孫奏」移會。

㊽　《欽定安南紀略》，卷一三，頁 3。

㊾　《欽定越南史通鑑綱目》，卷四七，頁 42。

㊿　《聖武記》，頁 188 載「孫士毅奪渡富良江，即斬浮橋以斷後，由是在南岸之軍提督許世亨、總兵張朝龍以下官兵夫役萬餘皆擠溺死。」惟許世亨等實係與阮文惠軍接仗陣亡，並非擠溺而死。據鎮南關外「長髮夷人」由黎城入關後稱「當日浮橋被賊砍斷，有數員

大官帶兵撤出無路可行，復帶兵回身殺進黎城，誅戮甚多，旋即爲賊所戕。」但砍斷浮橋者實非阮文惠軍，《宮中檔》，二七二七箱，二二六包，五六五二六號，乾隆五十三年二月十五日孫士毅奏摺，曾敘砍斷浮橋之經過，是摺亦見於《欽定安南紀略》，但已將浮橋被砍之文刪而不錄。《大清高宗純皇帝實錄》，卷一三二二，頁 18 亦稱「提督許世亨等在安南市球江以南，迎堵賊衆，因橋斷不能過江，殺賊陣亡。」

(51) 《宮中檔》，二七二七箱，二二六包，五六五二六號，乾隆五十四年二月十五日，孫士毅奏摺。

(52) 同前檔，二七二七箱，二二五包，五六二六二號，乾隆五十四年正月十四日，孫士清奏摺。

(53) 同前檔，二七二七箱，二二五包，五六三五一號，乾隆五十四年正月二十三日，孫士毅奏片。

(54) 《欽定安南紀略》，卷一七，頁 18，乾隆五十四年四月初五日，錄福康安奏摺。

(55) 《欽定越南史通鑑綱目》，卷四七，頁 43。

(56) 《宮中檔》，二七二七箱，二二六包，五六四九七號，乾隆五十四年二月十二日，孫士毅奏摺；《欽定安南紀略》，卷一五，頁 15，乾隆五十四年二月二十八日，錄孫士毅奏摺。

(57) 《大清高宗純皇帝實錄》，卷一三三五，頁 20，御製「再書安南始末事記」。

(58) 《宮中檔》，二七二七箱，二二六包，五六四八六號，乾隆五十四年二月十二日，孫水清奏摺

(59) 《欽定安南紀略》，卷二一，頁 13，乾隆五十四年六月初六日，錄福康安奏摺。

(60) 《明清史料》，庚編，第二本，頁 138，安南國小目阮光平殘奏

本；「欽定安南紀略」，卷二二，頁 1。

㉖　《清朝全史》，頁 97，謂阮光顯入京時，清廷未舉封冊之典，乾隆五十五年，阮光平抵熱河離宮時，清高宗始賜以帶冠封冊。案阮光平受封，係在乾隆五十四年十月十五日，由成林前往黎城昇龍宣旨冊封。

㉖　因黎城昇龍僻處安南東北，連年戰亂，殘破不堪，地運已盡，阮光平根據地原在廣南，且南圻舊阮勢力猶在，乂安爲南北適中扼要地點，若仍建都於黎城，距廣南遼遠，勢必鞭長莫及，因此，阮光平於三克黎城後，即在乂安經營新都，建立廟社。見《欽定安南紀略》，卷二三，頁 7。

㉖　《宮中檔》，二七二七箱，二三四包，五八六〇一號，乾隆五十四年十月二十四日，孫永清奏摺。

㉖　《欽定安南紀略》，卷二五，頁 11，乾隆五十四年十二月十一日，錄福康安奏摺。

㉖　《欽定越南史通鑑綱目》，卷四七，頁 44 亦云：「康安又召黎侗、黎允值、鄭憲、李嘉猷等數十人至廣西，誘令薙髮易服。侗等答曰，千里奔走應命之初意乎，我輩頭可斷，髮不可薙。」

㉖　《宮中檔》，二七二七箱，二三六包，五九一九〇號，乾隆五十四年十二月二十三日，孫永清奏摺。

㉖　《欽定安南紀略》，卷二五，頁 4；同書，卷二八，頁 21。

㉖　《清史稿》，越南傳，頁一六五四；中央研究院近代史研究所編，《中法越南交涉檔》，第七冊，「中法越南交涉檔大事年表」亦稱「乾隆五十五年（一七九〇），阮文惠遣其弟冒名來清朝祝釐，受封歸。」

㉖　王曾才撰〈中國對西方外交制度的反應〉，《大陸雜誌》，第四十一卷，第十期，頁 10。

清代清茶門教的傳佈及其思想信仰

一、前　言

在人類文化中，宗教信仰佔著相當重要的地位。研究宗教行為的人類學家認為宗教的存在，具有基本的功能，即：生存的功能；整合的功能；認知的功能。所謂生存的功能，是指宗教的信仰能彌補安慰人類在與自然奮鬥以求生存過程中所產生的挫折與憂慮心理；所謂整合的功能，乃指藉宗教的信仰，使人類社群生活得更為和諧完滿；所謂認知的功能則指宗教信仰能維持人類認知過程的持續發展①。

人類在求生存的過程中，經常遇到種種困難與挫折，譬如災害、疾病、傷亡等等，其中死亡是人生過程中所遭遇的最有破壞性的挫折，宗教信仰多能適時地給予人類某些程度的助力，使人類有信心的生存下去，宗教信仰就是植根於人類的基本需要，使個人擺脫其精神上的衝突，而使社會避免瓦解的狀態②。宗教信仰是在人和環境之間建立起一種聯繫，確認人與其周圍環境之間有一種密切的關係，任何形式的宗教信仰，都是在適應個人及社會的需要。

中國秘密宗教是指釋道以外未經立法的各種教派，俱屬於多元性的信仰結構，各教因未得到官方的認可，其組織與活動都是不合法的，所以遭到官方的取締，不能公開活動，只能在下層社會裡暗中滋生發展，對官方而言，各教派都是一種秘密性質的宗教團體。明清時期，一方面由於社會經濟的變遷，一方面各教派

有其社會的功能，因此，秘密宗教的活動，日趨頻繁，教派林
立，輾轉衍化，如雨後春筍，清茶門教就是乾嘉年間頗盛行的一
個教派，傳佈甚廣，本文撰寫的旨趣即在就現存清代檔案以探討
清茶門教的起源、流傳經過及其思想信仰，俾有助於清代秘密社
會信史的重建。

二、清茶門教的起源

　　清茶門教的活動，在雍正年間，已引起清廷的注意，清世宗
屢次密諭直省大吏訪察辦理，清高宗查禁秘密宗教更是不遺餘
力，教案層出不窮，惟清茶門教遭受清廷全面的取締卻是在清仁
宗嘉慶年間，從嘉慶初年川陝楚白蓮教起事至嘉慶十八年
（1813）直隸、河南等省八卦教之亂，教案疊起，各省奉命查緝
逃犯，清茶門教要犯屢經破獲，各教犯所供情節，有助於了解清
茶門教的起源。嘉慶二十一年（1816）五月間，在湖北襄陽縣屬
段家坡等處訪獲清茶門教要犯張建謨等人，據供稱乾隆五十年
（1785），有河南新野縣人張蒲蘭帶引直隸石佛口人王姓到張建
謨家，告以王姓世習白蓮教，後改爲清茶門教，又號清淨法門
③。直隸總督那彥成查辦灤州王姓教案內要犯王三顧，及咨緝的
教犯王珠兒、王景祥、王佐弼等，俱經奉天義州地方官拏獲，由
盛京將軍晉昌等隔別研鞫，王三顧供出籍隸盧龍縣民，年五十一
歲，係直隸灤州石佛口王道森後裔，遷居盧龍縣屬安家樓，世傳
清茶門教，與其胞兄王三省、王三聘分往湖北、山西傳教④。

　　張建謨所供清茶門教傳自直隸石佛口王姓與王三顧所供清茶
門教傳自王道森等語，是相符的。王道森，原名王森，《明史》
〈趙彥傳〉載：

　　　蘇州人王森，得妖狐異香，倡白蓮教，自稱聞香教主。其

徒有大小傳頭及會主諸號，蔓延畿輔、山東、山西、河南、陝西、四川。森居灤州石佛莊，徒黨輸金錢稱朝貢，飛竹籌報機事，一旦數百里。萬曆二十三年，有司捕繫森，論死，用賄得釋。乃入京師，結外戚中官，行教自如。後森徒李國用別立教，用符咒召鬼，兩教相仇，事盡露。四十二年，森復爲有司所攝，越五歲，斃于獄。其子好賢及鉅野徐鴻儒、武邑于弘志輩，踵其教，徒黨益眾。至是，好賢見遼東盡失，四方奸民思逞，與鴻儒等約是年中秋并起兵。會謀泄，鴻儒遂先期反，號中興福烈帝，稱大乘興勝元年，用紅巾爲識，五月戊申，陷鄆城，俄陷鄒、滕、嶧，眾至數萬⑤。

　　白蓮教源出南朝梁武帝時傅大士所創彌勒教⑥，起源甚早，元末韓山童即藉白蓮教聚眾起事，並以彌勒佛降生爲號召，王森傳習白蓮教後，自稱聞香教主，徒眾日夥，徐鴻儒起事後，遠近響應《明熹宗實錄載》載：

山東白蓮妖賊徒鴻儒反，攻陷鄆城縣。鴻儒，鉅野人，以左道聚眾，入教者飲以迷藥，妄言生當爲帝爲王，死當證佛作祖，轉相煽惑，自畿南、中州、晉、趙、淮、徐，在在有之，皆推鴻儒爲教主，僞稱中興福烈帝，以僞印傳旗敕，諸方一時並起，皆著紅巾爲號，旬日之間，遠邇響應⑦。

　　徐鴻儒起事失敗以後，白蓮教遭受嚴重的打擊。喻松青撰〈清茶門教考析〉一文云：

王森死後，其子王好賢和徒弟徐鴻儒于天啓二年起義失敗後，相繼被明廷捕獲處死。聞香教受到嚴重打擊，但仍在民間秘密流傳，大約此後即改名爲清茶門⑧。

　　清茶門教傳自直隸灤州石佛口王姓的說法，應屬可信，惟清茶門教的名稱究竟始自何時？其名號如何更易？仍待查考。

　　王道森一族，分為三支，長為王偉，次為王儒，三為王森，王森，後來改名王道森。明末清初以來傳教者，多屬王道森一支後裔。據直隸總督那彥成查抄的灤州石佛口王姓宗譜、盧龍縣安家樓王姓宗譜、盧龍縣闞家莊王姓宗譜的記載，第一代王道森共有三子，長子王好禮，次子王好義，三子王好賢，是為第二代。王好賢子王如綸為第三代，王如綸子王鹽為第四代，順治七年（1650），王鹽始由石佛口遷居安家樓。王鹽共有四子，長子王遹修，次子王遜修，三子王代，四子王德修，俱為第五代。王德修因屢遭族人連累，又由安家樓遷居闞家莊。王遜修生四子，長子王惕，次子王克己，三子王愷，四子王懌，俱為第六代，其中王愷出繼王遹修為子，生有二子，長子王英，次子王勉。王懌生四子，長子王秀，次子王苞，王子王廷俊，四子王栗，俱為第七代，其中王廷俊出繼王惕為子，王栗出繼王克己為子。王英生二子，長子王允恭，次子王允武。王廷俊生二子，長子王勤學，次子王勤業。王栗生五子，長子王三省，次子王三聘，三子王三顧，四子王三樂，五子王三畏。王秀生二子，長子王亨恭，次子王亨仲。王苞生一子，即王秉衡，俱為第八代。王允恭生四子，長子王時寶，次子王時措，三子王時玉，四子王時田。王勤學生子王九思，王亨恭生子王殿魁，俱為第九代⑨。王三顧又作王泳泰或王泳太，王秀即王錦文，又名王景文，王亨恭即王家棟，王秉衡即王書魯，又名王景曾，又名王三重，王三聘即王紹英，王勤學即王興建，王勤業即王淘氣，王時田即王國珍，又名王文生，王九思即王時恩，王時玉又名王老三。據湖北清茶門教要犯張建謨供稱：

嘉慶十五年九月間，又有王老三即王時玉至張學言、張建
謨家，聲稱伊家傳教已有九輩，乾隆五十年來傳教之王姓
是第七輩，人俱呼爲相公爺，相公爺之子是第八輩，人俱
呼爲大爺，伊即大爺之子，相公爺之孫，是第九輩，人俱
呼爲三爺，張建謨隨又拜王老三爲師⑩。

　王時玉爲王允恭第三子，外號王老三，人俱呼爲三爺，是第
九代，與王姓宗譜的記載是相合的，第八輩大爺即王允恭，第七
輩相公爺即王英。兩江總督百齡具摺時云：

緣吳長庚住居上元，秦過海即秦惝海，籍隸溧水，王添弼
與弟王順生籍隸安徽泗州，王殿魁故父王亨功，昔年曾至
江南、安徽傳習大乘教。乾隆五十七年，王殿魁由原籍灤
州來至江南，踵傳父教，改名清茶門⑪。

　日人澤田瑞穗氏編著《校注破邪詳辯》一書謂大乘教就是始
於王森的聞香教，徐鴻儒舉兵起事，可以稱之爲大乘教之亂⑫。
王亨功即王亨恭，爲王秀長子，原名王家棟，又名王來儀，因家
中堂名忠順，所以號爲忠順。王亨恭家族，素奉大乘教，王亨恭
至江南、安徽後，即傳習大乘教。惟因其族祖王敏迪等於雍正年
間犯案，其祖王懌改稱清淨無爲教，傳習三皈五戒，邀得河南杞
縣人王輔公爲徒，王輔公又轉招江蘇沐陽縣周天渠，通州人周受
南等人爲徒，俱傳三皈五戒，因入教之人以清茶奉佛，所以又稱
爲清茶會。王輔公立泗洲同族王三英之子王漢九爲嗣，王漢九自
幼隨其父吃齋。雍正七年（1729），王輔公身故，王漢九捐監
後，即開葷。乾隆二十四年（1759），王漢九因無子嗣，同妻汪
氏復行吃齋。

　乾隆二十九年（1764）九月，王亨恭因家道漸貧，又見其祖
王懌所奉清淨無爲教無人信奉，起意改立白陽教，自稱是彌勒佛

轉世，以惑衆斂錢，遂與其父王秀以行醫、看風水爲名，遊行各處。同年八、九兩月在京師會遇在鉅鹿地方賣帽生理的李尙升，王亨恭即邀李尙升入教，其後王漢九亦拜王亨恭爲師，在河南杞縣地方開堂傳習白陽教。乾隆三十六年（1771）十二月間，直隸盧龍縣安家樓地方拏獲教犯王栗等人，據王栗供稱王亨恭自稱係彌勒佛轉世，設立白陽教，又稱爲清茶會，假藉行善吃齋，向人佈施銀錢。乾隆三十七年（1772）二月間，王亨功、王漢九等在安徽泗洲被拏獲⑬。

　　嘉慶二十年（1815），王三聘即王紹英被獲後，供稱世代吃齋行教，稱爲「清茶門紅陽教」⑭。王秉衡則供稱，教中以大乘教、清茶門教的名稱分往外省傳教收徒⑮。兩江總督百齡提審王秉衡時，據供其族吃長齋已七、八代，所傳紅陽教，又名大乘教、無爲教，別號清淨門教⑯。王殿魁到江寧傳教時，稱爲清茶會，又名清淨門，供奉觀音⑰。嘉慶二十一年（1816）正月，湖廣總督馬慧裕具摺時指出王秉衡等「世習白蓮邪教，後改爲清茶教，別號清淨法門。」⑱山東拏獲龍天門教要犯張丙欽，教中傳習三皈五戒，直隸藁城縣民婦劉冀氏等所復興的龍天門教，地方官具摺時，亦稱龍天門教即清茶門教⑲，因直省奉諭查辦清茶門教，地方官遂將龍天門教牽入清茶門教案內辦理。

　　清茶門教是因教中以清茶奉佛而得名，又叫做清茶會。直隸灤州王姓自明季以來所傳習的教派叫做大乘教，雍正年間，因王敏迪犯案，自王懌改名清淨無爲教後，大乘教的名稱仍然繼續沿用，同時清淨無爲教也逐漸衍化爲清淨門教及無爲教的名稱，乾隆年間，王亨恭改立白陽教。惟因清茶門教的思想信仰與當時盛行的紅陽教相近，所以又叫做紅陽教，有時候合稱清茶門紅陽教。但是所謂白陽教、紅陽教等名稱，往往是地方大吏提審教犯

具摺奏聞時將清茶門教牽入三陽教案內，以加重其罪情。自從雍正、乾隆年間以降，嚴厲查禁「邪教」，各教派案件屢有破獲，清廷律例內明定白蓮、紅陽等教派的懲治條文，直省督撫一方面將清茶門教牽入白陽、紅陽教案內，一方面又將龍天門等教派牽入清茶門教案內，遂有龍天門教即清茶門教的說法。姑不論各教派的名稱如何輾轉牽引，但清茶門教自明季以降由直隸王姓歷代傳習蔓延多省以致教案層出不窮則是事實。清茶門教即清茶會，原名聞香教，其後又名大乘教。清初以降先後出現清淨無爲教、無爲教、清淨門教、白陽教、紅陽教等名目，嘉慶末年多稱之爲清茶門教。

三、清茶門教的發展

秘密宗教的發展，有其內在因素，各教派既有教名，必有教主，師徒輾轉傳習，一人傳十，十人傳百，轉相招引，信徒日衆，勢力龐大，滋蔓難圖。雍正、乾隆年間，已破獲清茶門教，嘉慶年間，直隸、江南、湖北、山西、河南等省所破獲的清茶門教犯尤夥。嘉慶二十年（1815）十月三十日，直隸總督那彥成奉到寄信上諭，令其派委幹員前往灤州及盧龍等處，將王姓族中傳教之人全數收捕，解至省城嚴行審訊，訊明後將爲首傳徒者問擬絞決，其爲從者分別發遣流徒。旋於盧龍縣安家樓訪獲自江南回籍的王殿魁及其子王朝萬即王秋兒，此外又拏獲王三樂、王三畏、王鳳吉、王來子等四名⑳。直隸司道等員查明石佛口王姓大小男丁共四十餘人，未習教者二十六名，已訪獲應行解訊者有王殿卿、王殿元、王交太、王訓四名，其餘均爲小口。安家樓大小男丁共二十餘人，未習教者八名，除王殿魁、王興建先已解訊外，尚有王亨仲、王時玉、王勤業、王福兒等四人。闞家莊大小

男丁共十餘人，除小口外，查明未習教者十二名。那彥成檢查乾隆三十六年王忠順案卷，敍有王道森玄孫王敏迪於雍正年間傳教犯事，以前無案可稽。此外查明郎文玉曾隨王逢太到過邯鄲、磁州等處，王逢太傳徒劉煥、郭太舉等人。據邯鄲教犯王克勤供稱自幼聽從其母楊氏傳習清茶門教，嘉慶五、六年間（1800至1801），往拜石佛口王度爲師，王度身故後，又拜其子王逢太爲師，傳授三皈五戒，向其禮拜，尊稱王逢太爲爺，幫給根基錢，又叫做福果錢，所稱「爺」，即係主上，以王姓爲爺，師徒相稱，王姓最尊㉑。各教犯審訊後，俱經嚴屬處治，其中王殿魁、王興建、王亨仲、王時玉等四犯是教首，均照大逆律凌遲處死，解至石佛口正法，王克勤等十二犯，被誘入教，俱發往回城，給大小伯克爲奴，王廷俊、王三省、王允恭、王懬邦即王喜、王度即王如青、王逢太六犯，在籍病故，俱刨墳戮屍，即在本地方梟示，統計省城三監教犯多達一百七、八十名，那彥成具摺奏聞後，於嘉慶二十年十二月二十五日奉旨，王殿魁、王興建、王亨仲、王時玉俱著即凌遲處死，解至石佛口正法，仍分別傳首江南、湖北、河南各犯案地方梟示，王克勤藏匿《三教應劫總觀通書》，情罪較重，改爲絞監候，解回直隸，入於嘉慶二十一年秋審情實辦理。

王輔公是河南杞縣人，拜王懌爲師、傳習三皈五戒，王輔公轉招江蘇沐陽縣人周天渠、江都縣人余廣、通州人周受南、安東縣人韓國璽等爲徒。王輔公旋立安徽泗洲同族王三英之子王漢九爲嗣，乾隆二十九年（1764）九月，王亨恭與其父王秀由開州前往河南杞縣王家樓，訪知王輔公已死，王漢九因訟事糾纏，王亨恭即至王漢九家，自言家世來歷，並責王漢九奉教不誠，以致連年涉訟。王漢九聞言驚異，王亨恭指出王漢九所供之佛爲過去

佛，王亨恭爲現在佛，能知過去未來，王漢九聽信入教，即拜王
亨恭爲師，傳授三皈五戒。王亨恭又指示王漢九將房門改向開
門，告以一年內即可得子，並令其勸人入教，隨願佈施，王漢九
當即送給王亨恭銀十二兩。王秀先行離去，前往他處行醫，王亨
恭則因目疾，旋即返回直隸龍盧縣原籍。王漢九隨後與其妻汪氏
復行傳習清茶門教，並勸其妻舅汪秉泰一同入教。乾隆三十年
（1765）十月，王漢九令汪秉泰返回祖籍汝州，勸其族人王湘等
人入教。次年四月間，王漢九果得一子，夫妻信教益加虔誠㉒。
乾隆三十七年（1772），王亨恭被正法後，河南的清茶門教並未
終止傳習，嘉慶十三年（1808），王允恭在河南新野縣傳教，有
張蒲蘭、喬成章、喬第五、鄭宗道又作陳宗道、張學曾等人拜王
允恭爲師，嘉慶十五年（1810），王允恭病故，其子王時玉於是
年十月間前往新野，張蒲蘭等五人仍拜王時玉爲師。嘉慶二十年
（1815）七月二十九日，河南涉縣知縣韓保萬赴鄉編查保甲，訪
獲縣民劉景寬及其夥黨張德等，據劉景寬供稱，與李秋元鄰村素
識，李秋元曾拜同縣人李延春爲師，入清茶門教，李延春由直隸
灤州石佛口王姓傳授，教首是王幅，後來是王九息接傳，傳授三
皈五戒。嘉慶十四、五年間，李秋元轉傳劉景寬、張德、李萬年
及其子李興、孫李太年等五人，逢會送給李秋元錢四、五百文不
等。嘉慶十七年（1812）五月，李延春身故，次午九月，李秋元
因滑縣教亂，官方查拏嚴緊，即將佛像燒燬，經卷埋藏解散。嘉
慶十九年（1814）三、四月間，李秋元、李興先後病故，次年七
月間，劉景寬因貧苦難度，起意復興清茶門教，傳徒斂錢，遂與
李太年等商允，捏稱王幅爲凡祖法師，王九息爲二法師，用黃紙
書寫牌位，供於家內，向李太年取得經卷，傳徒崔登魁、李萬祿
二人，七月初十日，李太年等至劉景寬家聚會念經，各送給劉景

寬錢二、三百文不等，旋被拏獲㉓。劉景寬依左道異端之術煽惑
人民為首絞監候律，擬絞監候，其餘張德等俱發遣新疆給厄魯特
為奴。

　　當王亨恭與王漢九在河南杞縣開堂傳教時，有湖北襄陽府民
人黃秀文、余仲文、楊蘭芳等先後入教。湖北咸寧縣人陳萬年，
向來吃齋，在隨州利山店開設煙舖，乾隆二十二年（1757）十一
月，王亨恭路過利山店，陳萬年會遇王亨恭，王亨恭勸令入教，
並稱若引他人入教，可以超度父母，自免災難，來世還有好處。
陳萬年聽信，因而同往京山縣素識的黃秀文家邀其入教佈施，應
允為其超度先人，並給紙條，上寫有大帶、小帶人數字樣，大帶
接引男人，小帶接引婦女㉔。

　　王殿魁在直隸被拏獲後供出其族人在湖北傳教者共有三人：
一名王書魯，小名叫三重，所傳大徒弟是武昌府草北門外打鐵的
李良從；一名王泳太，所傳大徒弟是漢陽縣城外種菜園的陳堯；
一名王興建，所傳大徒弟是漢口開香舖的黃四，武草府草北門外
種菜園的王世中。王書魯年五十五、六歲，圓臉帶赤色，大鼻
子，黃鬚，中等身材；王泳太年近五十歲，高身材，長臉有麻，
黃鬍；王興建年六十五、六歲，高身材，長瘦臉，連鬢白鬍等
語。清仁宗據奏後，即命軍機處寄信湖廣總督馬慧裕等派遣妥幹
員弁密速捕拏各犯，將為首傳徒者即定擬凌決，其餘從犯，分別
發遣流徒。嘉慶二十年十一月初五、六等日，馬慧裕先後奉到寄
信上諭，旋拏獲教犯多名，據李起貴供稱，籍隸江夏，年四十六
歲，在武勝門即俗名草北門外居住，其父李良從，原是打鐵生
理，父母在日，本俱吃齋，「聽說是清淨門」。王之玉先已拏獲
到案，據供稱是江夏人，年三十三歲，在武勝門外居住，其父王
世中在日，種菜園營生、父母均吃清淨門齋，王之玉亦隨父母吃

齋。嘉慶元年（1796），有一直隸王姓到家中，是王世中的師
父，稱他爲老太爺，嘉慶六年（1801）、十六年（1811），又到
家中兩次。此案人犯先後拘獲者，共二十餘名，俱供吐吃齋經
過。

　　王書魯即王秉衡，自直隸至湖北、江南傳教。據王秉衡供稱
乾隆五十二年（1787），同其父王苞到湖北江夏地方傳教，王苞
傳徒李尙桂夫婦、李應豪等人，王秉衡傳徒萬壽寺和尙魏延宏、
樊萬興等人。嘉慶十年（1805）十月，王秉衡到江南儀徵做生
意，傳徒柳有賢，柳有賢轉金悰有，金悰有又傳方榮升。嘉慶二
十年（1815）十一月，兩江總督百齡委派候補縣丞石生珮押解王
秉衡至武昌，湖廣總督馬慧裕等提訊王秉衡，供出於嘉慶十二、
十五、十八等年先後到過湖北。嘉慶二十年十一月二十六日，王
秉衡病重身故。王興建是王秉衡堂兄，於嘉慶三年（1798）起，
在湖北武昌、漢口等處傳教四次，先後傳徒王自玉、侯大化等
人，王自玉又轉傳徐治幗等人，侯大化又轉傳方文炳等人。王泳
太爲王秉衡堂弟，在湖北漢陽縣傳徒李朝柱等人。王亨恭犯案被
正法後，其弟王亨仲赴湖北京山縣傳教，先後傳徒徐爲淇等人。

　　乾隆五十六年（1791），王殿魁到江寧，吳長庚祖母吳張氏
拜王殿魁爲師，也到過淮安府吉安村徐二寧家，又到過溧水縣秦
過海家，均傳了教。王殿魁在淮安府山陽縣屬蘇橋地方開永昌號
糧食店，財東是山西汾州府介休人任盛元。嘉慶三年（1798），
王殿魁又到江寧，吳長庚拜王殿魁爲師。王殿魁被獲後供稱：

　　　我是直隸盧龍縣安家樓人，年五十二歲，父王亨功，于乾

　　　隆三十六年在安徽傳教犯事正法。母韓氏，亦已故多年

　　　了，妻劉氏，長子王潮萬，四子王奎子，在保定監禁。次

　　　子王滿定，三子王得子，現在江蘇山陽縣河下二十四五堡

蔡橋地方開糧食鋪。安家樓王姓族人，世傳清茶門教居
多。我七歲上，我父親正法，我于十二歲外，我祖母李氏
傳給我清茶門教，口授三皈五戒，給人供茶治病。乾隆五
十九年分，我祖母因家人馬二曾跟隨我父王亨功到過江南
傳教，就叫馬二跟我上江蘇、安徽傳教。我到江寧傳了秦
過海、吳長庚爲徒，又到淮安府傳了徐二寧爲徒，又到泗
州傳了王添弼爲徒。這都是我父親的徒弟，我到江南時復
收他們爲徒弟的。他們每年湊送銀兩，共有二三十兩至四
十兩不等。嘉慶八年以後，我就住在山陽縣河下二十四五
堡蔡橋地方，開糧食鋪，上年回至安家樓，至本年十月被
拿㉕。

清茶門教爲人供茶治病，王殿魁隨其父王亨恭至江南傳教，
王亨恭被正法後，王殿魁仍至江南傳教，所收徒弟都是其父王亨
恭的徒弟。

直隸石佛口王姓族人分爲東西兩院，東院人王如青次子王來
子前往山西傳教，此外王懷邦等亦至山西傳教。嘉慶十九年
（1814）閏二月，山西巡撫衡齡奉到諭旨，委派幹員訪拏在陽城
等縣傳教的要犯王紹英等人，據供王紹英籍隸直隸盧龍縣，與灤
州民王汝諧、王烈是同族弟兄，王汝諧的繼父王懷邦即王煒是長
門，王烈是二門，其父王栗是三門。王懷邦將教傳與河南滑縣民
王獻忠，王獻忠轉傳山西鳳台縣民孟克達，孟克達傳給王進孝。
其後王紹英因知王懷邦傳教獲利，亦欲傳教歛錢，在乾隆五十七
（1792）、五十九（1794）等年，藉看風水爲名，兩次到山西鳳
台縣，嘉慶四年（1799）十一月，王紹英再至陽城縣，勸令郭奉
文等多人吃齋入教，收爲徒弟，得過齋供錢，每次一、二千文不
等。嘉慶五年（1800）四月，王紹英回至盧龍，因其兄王三省在

湖北京山縣傳教病故，王紹英前往京山縣搬取靈柩。嘉慶十年
（1805）十月間，王紹英又到陽城縣北音村，有梁禰保等均願入
教，王紹英即收爲徒弟。嘉慶十八年（1813）十一月內，王紹英
繼室王延氏等被兵拏獲，梁禰保引王紹英赴各處躲藏，後來逃至
老洞溝被兵拏獲，王紹英等要犯依傳習紅陽教並無咒語例，發烏
魯木齊爲奴，仍照例刺字㉖。由於清廷嚴厲查禁清茶門教，直
隸、湖北、河南、江南、山西等省，教案多起，拏獲教犯衆多，
清茶門教遂遭受重大的打擊。

四、清茶門教的入教儀式

　　王紹英即王三聘在山西傳習清茶門教時，不食蔥蒜，每日向
太陽供水一杯，磕頭三次，供奉未來佛，口誦「天元太保南無阿
彌陀佛」，並念誦偈句㉗。孟克達傳教時，教人口誦「聖里佛
爺，凡里佛爺，治天治地佛爺，無生父母佛爺。」山西巡撫衡齡
在山西鳳台縣屬下犁川三岔口村查獲陳潮玉等傳習紅陽教，起出
如來瘟神各像。據陳潮玉供稱籍隸鳳台縣，向隨其父陳建在河南
泌陽縣地方行醫。陳潮玉之母韓氏娘家向從孟克達學習清茶門紅
陽教，每日早晚朝天供奉清水一杯，磕頭二次，朔望供齋燒香，
口誦「一柱眞香上金爐，求助獲福免災殃，免過三災共八難，保
佑大小多平安」偈言四句㉘，由此可知清茶門教的宗教儀式與紅
陽教有類似之處。

　　王殿魁由原籍灤州至江南傳習清茶門教，凡傳徒之時，口授
三皈五戒，三皈即一皈佛，二皈法，三皈僧，五戒即一不殺生，
二不偷盜，三不邪淫，四不葷酒，五不誑語，又以筷隻指點其眼
耳口鼻，令其徒弟持回設茶供奉，稱爲「盧木點杖」，作爲死後
吃齋憑據，轉生可以獲福㉙。王三顧傳教聚會的儀式是每月初

一、十五等日燒香供獻清茶，磕頭禮拜天地日月水火父母，拜佛
拜師，其傳教收徒時也用竹筷點眼口鼻，令其徒遵守三皈五戒
㉚。

　　河南涉縣拏獲劉景寬、李秋元等教犯，據供直隸石佛口王
幅、王九息至涉縣傳教，口授皈依佛、皈依法、皈依師，並戒
殺、戒盜、戒淫、戒酒、戒誑語句，令入教之人先在佛前受此三
皈五戒㉛。每年三月初三、七月初十、獵月初八等日，至李秋元
家三次聚會，懸掛彌勒佛圖像，供奉清茶三杯，並念誦《伏魔寶
卷》、《金科玉律戒》經文。據王興建供稱清茶門教相沿已久，
教人三皈五戒，每逢朔望，早晚燒香，供獻兩鍾茶，凡傳教者，
皆稱王興建爲爺，向其禮拜，送給銀錢。新野人張蒲蘭等曾拜直
隸王允恭爲師，入清茶門教，傳習三皈五戒，茹素念誦。王允恭
身故後，其子王時玉又至新野、鄭州，仍收張蒲蘭父子爲徒，口
授咒語，即「這杯茶甜如糖，師傅坐下講家鄉，只說凡事有父
母，誰知愼中有親娘」等句。孟縣人常進賢等曾拜王景益爲師，
亦入清茶門教，王景益傳授「酒色財氣四堵墻，迷人不識在裡
藏，有人跳出墻門外，就是長生不老方」四句咒語，又給徒弟劉
端合同紙一張，上書－源遠流長」四字㉜。

　　湖北清茶門教犯樊萬興等被拏獲後供稱每逢初一、十五，令
各徒弟在家敬神，用青錢十文供佛，名爲水錢，收積一處，候各
人師父來時收去。每逢師父起身時，另送盤纏錢，不拘多少，名
爲線路錢，說是一線引到他家，以爲來世根基，供養師父皈食，
轉世歸還，可得富貴。傳授三皈五戒時，用竹筷點眼，不觀桃紅
柳綠；點耳，不聽妄言雜語；點鼻，不聞分外香臭；點口，不談
人惡是非，遵依後，不許破戒，要磕七個頭，四個是報天地、日
月、水土、父母恩，二個是拜佛，一個是拜師。向師父磕頭時，

他並不起立，稱他爲爺，不叫師父。磕頭時並要兩手合攏，手指分開，磕到手背上，名爲安養極樂國[33]。張建謨拜王姓爲師時，即以「眼不觀花紅柳綠，耳不聽妄言雜語，鼻不聞分外香臭，口不談他人是非」等語勸令誦習。湖廣總督馬慧裕具摺時亦指出清茶門教的入教儀式：「凡入其教者，須遵三皈五戒，並稱之爲爺，向其禮拜，端坐不起。傳教者並用竹筷點眼耳口鼻等處，名爲盧木點杖，插在瓶內供奉，以爲故後到陰司吃齋憑據。」[34]清茶門教因傳佈甚廣，歷代相傳亦久，王姓族人分投傳徒，各支輾轉沿襲，傳授三皈五戒，供奉清茶，並吃長齋，不吃蔥蒜，但是各支的入教儀式，念誦偈句，聚會日期，不盡相同，各有特色，與紅陽、白陽教頗爲相近。各支的清茶門教所供的佛像，亦不相同，王殿魁在江南傳徒，主要是供奉觀音菩薩，王三聘在山西傳徒，是供奉未來佛，王九息等在河南傳徒聚會時，則懸掛彌勒佛。盧木點杖是清茶門教入教的重要儀式，《古佛天眞考證龍華寶卷》內有「盧伯點杖品」，文中云「十把鑰匙十步功，十樣點杖祖留行。」又「萬法皈一品」云「我衆生替祖代勞，開荒之教，找化人天，到無我點杖」，清茶門教的盧木點杖似即淵源於此[35]。

五、清茶門教的教義信仰

　　清茶門教的主要寶卷是《三教應劫總觀通書》，八卦教的《三佛應劫書》就是據《三教應劫總觀通書》作了部分的增改而來的，兩者當即一書[36]，《三教應劫總觀通書》簡稱《三教經》，此外如《九蓮如意皇極寶卷眞經》、《元亨利貞鑰匙經》、《皇極金丹九蓮正信皈眞還鄉寶卷》、《伏魔寶卷》、《金科玉律戒》等俱爲清茶門教重要的寶卷。

　　在直隸邯鄲縣教犯王克勤家中搜出的《三教應劫總觀通書》及抄寫寶卷內，以燃燈佛、釋迦佛、未來佛為三劫，有「青山石佛口」字樣，書中臚列三皈五戒。河南涉縣教犯劉景寬曾拜李秋元為師，聚會之日所念誦的寶卷是《伏魔寶卷》、《金科玉律戒》。在《伏魔寶卷》內臚敘關帝事跡，及善因自種，福慧自修等語。在《金科玉律戒》內有孝順父母，廣行陰德等句，均係勸人為善之詞，並無悖逆不法之語。王秉衡在江南儀徵傳徒柳有賢，柳有賢又傳徒金憬有輾轉傳徒方榮升，在方榮升家中起出抄白經本，內有「無生」、「真空」字樣。據方榮升供稱金憬有遺下應劫一書，以彌勒佛掌世為皇極，遂捏稱「太極退位，皇極當興」等語㊲。

　　據王克勤供稱《三教應劫總觀通書》是由石佛口王姓轉交張成甫，再由張成甫傳給王克勤的祖父，寶卷內有天盤三副：過去是燃燈佛掌教，每年六個月，每日六個時；現在是釋迦佛掌教，每年十二個月，每日十二個時；將來是未來佛掌教，未來佛即彌勒佛，每年十八個月，每日十八個時。未來佛降在石佛口王姓家內，經卷內有「石家第三郎」之語，不知應在何人？如有入教者，每年正月、十二月送師父根基錢一次，若逢未來佛出世，即得好處，共享榮華富貴，是以人皆信服。因寶卷內有「未來佛降生青山石佛口」字樣，所以王姓傳教之人，俱稱為青山主人，徒眾皆尊之為爺，寫信者尊為「朝上」，即係「主上」，磕頭禮拜，有主臣之分。直隸總督那彥成指出王姓族人世傳清茶門教，藉未來佛掌盤之說，以煽惑人心，釀啓異謀，毒流數省，害延累代，竟為各「邪教之宗」，「名為清茶，似無謀逆之跡，暗圖未來，實為謀逆之由。」㊳

　　王三顧在湖北傳教時指出世界上是過去、現在、未來三世佛

輪管天盤，過去是燃燈佛，現在是釋迦佛，未來是彌勒佛，凡皈依吃齋者可避刀兵水火之劫，各送給水錢、線路錢爲來世根基，可以富貴。王三顧聲稱其祖上現在天上掌盤，有一聚仙宮在西方，凡入教吃齋者身故以後度往聚仙宮，享清淨之福，免受刀兵水火之劫㊴。湖北教犯張建謨供稱王姓傳教時指出過去燃燈佛所管天盤是每四十日爲一月，六個月爲一年，現在釋迦佛所管天盤是每三十日爲一月，十二個月爲一年，未來彌勒佛所管天盤是四十五日爲一月，十八個月爲一年㊵。據教犯樊萬興供稱：

> 王秉衡等說起他是直隸灤州石佛口人，祖傳習教，從前有人吃齋的，只到他家祖先牌位前磕頭，就算皈依名下爲徒，送錢與他使用，後因犯案查抄，遷居盧龍縣安家樓居住，弟兄同族各自四出傳教收徒，捏說世界上是過去、現在、未來三佛輪管天盤；過去者是燃燈佛，管上元子丑寅卯四個時辰，度道人道姑，是三葉金蓮，爲蒼天；現在者是釋迦佛，管中元辰巳午未四個時辰，度僧人尼僧，是五葉金蓮，爲青天；未來者是彌勒佛，管下元申酉戌亥四個時辰，度在家貧男貧女，是九葉金蓮，爲黃天。他們王姓祖上即是彌勒佛托生，世傳清淨門齋，到他已有八代。此時吃的現在佛的飯，修的未來佛的道，將來彌勒佛仍要轉生到他家。凡皈依他吃齋的，可避刀兵水火之劫，免墮輪迴，不入四生六道㊶。

湖北人嚴士隴是方榮升的徒弟，嚴士隴被捕時在家中搜出《定劫寶卷》一本，據供方榮升曾說天上是彌勒佛管理天盤，將二十八宿增添「如會針袁辰蒙赤正眞全陰榮玉生昇花」十六字，減去「張井」二宿，共爲四十二宿，八卦重畫，四卦增爲十二卦，十二支增「元紐宙唇末醉」六字，爲十八支，又稱以支屬

干,既有十八支,應有九甲,以四十五日爲一月,以十八個月爲一年,遂私自重造萬年時憲書。方榮升聲稱時常出神上天,從天上看見現在星辰已改,天上換盤,人間亦當末劫,應廣勸人持齋,可避劫難。方榮升自稱爲無終老祖紫微星朱雀星下世,又稱燃燈佛爲初祖,坐三葉金蓮,釋迦佛爲二祖,坐五葉金蓮,彌勒佛爲三祖,坐九葉金蓮,現在世界是五濁惡世,彌勒佛治世,天下皆吃素,即換爲香騰世界㊷。

　　清茶門教的思想信仰,與紅陽教或白陽教頗爲相近。在石佛口二里許的圍峰山壽峰寺內查有《皇極金丹九蓮正信皈眞還鄉寶卷》一部,共二本,經內以「無極、太極、皇極」爲三教,有「九連如意,及過去、未來、眞空、無生、九宮、八卦、清陽、紅陽」等字樣,散敍經內,並有「無影山」之語,據當地人士稱「圍峰山」即呼爲「無影山」,壽峰寺即係王姓昔年所建香火廟,王姓累代傳教,倣照此寶卷編造「三教應劫分掌天盤」諸說,成爲各教派輾轉附會之宗。嘉慶二十年(1815)六月,湖北黃州府麻城縣拏獲孫家望,據供稱祖籍黃岡,於乾隆五年(1740),其祖上遷至河南光山縣喩家灣居住,孫家望平日卜卦算命營生,嘉慶八年(1803)六月,會見母舅戴添幅及蔡奉春等人,勸令吃齋。蔡奉春告以目下年成不好,要死人,此時是三個佛爺管天盤,先是燃燈佛管天盤十萬八千年,坐五葉青蓮台,名青陽會青蓮教,燃燈佛管滿,又是釋迦文佛管天盤,坐七葉紅蓮台,名紅陽會紅蓮教,釋迦文佛管滿,又是彌勒佛管天盤,坐九葉白蓮台,名白陽會白蓮教。孫家望即拜戴添幅爲師,口授「無量聖佛奉母欽命走萬天」等咒語㊸。青陽會即青蓮教,紅陽會即紅蓮教,白陽會即白蓮教,白蓮教就是因彌勒佛坐九葉白蓮台而得名。王殿魁亦供稱:

我家內並無經卷，止記得祖母講過，教內過去的是燃燈佛，九劫，一年六個月，一日六個時；現在是釋迦佛，十八劫，一年十二個月，一日十二個時；未來的彌勒佛，八十一劫，一年十八個月，一日十八個時，並相傳未來佛將來出在王姓。這都是哄動人，令人聽信的話。我們教內，徒弟都稱師父為爺，送錢名為朝上，所送錢文名為根基錢，並不知有元勛錢名色。徐二寧等因從前稱我父親王亨功為爺，所以都稱我為少爺。我家裡實無三教應劫九蓮寶卷等件，直隸委員已在我家搜查過了。再徐二寧、秦過海、吳長庚、王添弼是四個總徒弟。徐二寧名下尚有小徒弟徐萬芝、李洪，都住在山陽縣馬義店地方。秦過海名下小徒弟王大成，住江寧府朝陽門外孝陵衛地方，陳姓住江寧府旱西門內豐富巷，背包賣布生理。吳長庚名下小徒弟有王有華，也住豐富巷，開藤店。王添弼名下小徒弟盧家寬，六合縣人，不知住址。這徐萬芝等六個小徒弟，我在保定未經供出的。此外徐二寧等四個總徒弟有無另收徒弟之處，我不知道。再龍華會就是上供，後天就是未來佛，無生父母是無極，以前三會總收源是過去、現在、未來三會，統住一起為收源，續紅陽會是青陽、紅陽、白陽三教，未來收源、未來天盤、未來皇極，俱是彌勒掌教的意思。這也是我祖母口傳我的，是否出在九蓮寶卷經上，我不知道。我祖母李氏，家人馬二，俱不在多年了，是實⑭。

過去、現在、未來三世稱為三會，青陽、紅陽、白陽三教稱為三陽教。據王時玉供稱「那燃燈佛九劫，釋迦佛十八劫，彌勒佛八十一劫的話，是父親傳給我的，說是出在三教應劫書上，至

三教應劫及九蓮寶卷，我家裡並沒這兩種書。」㊺《三教應劫書》與《九蓮寶卷》是兩種寶卷，三世佛的內容是出自《三教應劫書》，因燃燈、釋迦、彌勒三佛輪掌天盤，濟度眾生，免遭水火刀兵的劫難，所以叫做《三教應劫》，三教或三佛所表達的就是天盤三副的意思，這是清代秘密教派頗為流行的信仰，三教或三佛的信仰，就是清茶門教的理論重點。

六、結　論

明清時期的秘密宗教，是起源於民間的各種信仰，並竊取佛道的經卷和儀式，而另立教派，佛家僧徒視之為異端，朝廷目之為邪教。所謂秘密宗教，就是指佛道以外未經官方認可的不合法教派，名目繁多，清茶門教是明末清初以來直隸王姓世代傳習的一種教派，流傳甚廣，王氏族人四出傳教，徒眾徧佈多省，傳徒習教成為王氏子孫的世守職業。清茶門教以直隸灤州石佛口、盧龍縣安家樓及闞家莊為根本，而蔓延於山西、河南、江南、湖北等省，其中直隸的信徒，分佈於邯鄲、威縣、平鄉、灤州、磁州、南和等州縣；山西的信徒分佈於陽城、鳳台等縣；河南的信徒分佈於滑縣、新野、涉縣、孟縣、鄧州等州縣，江南的信徒分佈於江寧縣、儀徵、溧水、六合、上元、准安府山陽、安徽泗州等州縣；湖北的信徒分佈於襄陽、隨州、江陵、漢陽、江夏、武昌等州縣。王姓子孫自明季以來，世代從事宗教活動，雖屢奉嚴旨查禁，尤其是嘉慶年間的嚴厲取締，清茶門教的發展遭受了嚴重的挫折，但是直到清末，王姓子孫仍在活動㊻。

清茶門教的教規，主要是三皈五戒，善男信女皈依清茶門教時，即由教首傳授三皈五戒，並令持齋茹素。其入教儀式，亦由教首用竹筷指點信徒的眼耳鼻口，口念清修誠條，並傳授咒語。

教中定期聚會，以清茶供佛，亦以清茶爲人治病，此即清茶門教得名的由來。王姓族人世代傳習清茶門教，在教中的地位非常崇高，信徒入教拜師磕頭時，教首並不起立，亦不答禮。教中稱教首爲爺，不稱師父、師徒之間猶如父子君臣，有崇卑之分。王姓教首對其徒衆的領導維繫，具有重要的功能與意義：一則具有引進師的意義，有變化之功；二則具有神祇代表的意義，在指其與神交通及經典解釋能力；三則具有家長地位，同教是一大家庭，對教首必須孝敬供養㊼。

　　清茶門教的劫運理論，主要是集中於《三教應劫總觀通書》、《九蓮如意皇極寶卷》等書。在佛經中，劫是一個時空的觀念，佛經把宇宙從其形成開始到末日爲止，分成若干階段，每個階段就是一劫，清茶門教對劫運的解說，從本質上看，和佛教並無二致㊽。世界經歷著過去、現在、未來三個階段，人世間也同樣經歷各種不同的變化。世界就是由過去、現在、未來三世佛輪管天盤，稱爲三劫，過去是燃燈佛，坐三葉或五葉青蓮台，叫青陽會青蓮教。在這個階段裡，共有九劫，一年分爲六個月，一個月有四十日，一日有六個時辰。燃燈佛管滿十萬八千年後又由現在釋迦佛掌管天盤，坐五葉或七葉紅蓮台，叫做紅陽會紅蓮教。在這個階段裡，共有十八劫，一年分爲十二個月，一個月有三十日，一日有十二時辰。釋迦佛管滿後，最後由未來彌勒佛管天盤，坐九葉白蓮台，叫做白陽會白蓮教，在這個階段裡，共有八十一劫，一年分爲十八個月，一個月有四十五日，一日有十八個時辰。青陽教、紅陽教、白陽教，叫做三陽教。

　　明清時期的秘密宗教，大都宣傳劫變思想，青陽、紅陽，分別代表過去、現在和未來三個階段，紅陽劫是世界最後一次大劫，經歷末劫以後便進入白陽時期的理想世界。由於明末萬曆年

間以降三陽教寶卷的翻刻與流傳，頗有助於三陽教思想信仰的傳佈。據《混元弘陽顯性結果經》云「混元一氣所化，現在釋迦佛掌教，為紅陽教主，過去青陽，現在紅陽，未來纔白陽。」《混元弘揚飄高祖臨凡經》序文內云「混元一氣所化，紅陽法者，現在釋迦掌佛教，過去青陽，現在紅陽，未來纔有白陽。」又云「燃燈掌青陽教，釋迦掌紅陽教，彌勒掌白陽教。」⑭三陽教的宗旨及教義，最能代表各秘密教派的共同思想信仰。嘉慶年間，江蘇上海縣拏獲無為教要犯徐幗泰等人，在家中起出《皇極經還老卷》，寶卷內有「無生父母、天外家鄉、白陽、紅陽、無影山埋名姓、龍華會、彌勒當極、暗生八卦、五盤四貴、暗釣賢良」等違悖語句。據徐幗泰供稱經內大意是說無生老母在天外家鄉，憫念失鄉兒女，救度殘靈，男婦吃素，出貲入教，即可將靈性逐漸復還，死後不墮輪迴。至於經內白陽會、紅陽會同赴龍華等句，據稱白陽是仙境，享清淨之福，紅陽是紅塵，享人間之福，齊赴散花會，叫做同赴龍華。無影山是天付之性，凡人不能看見，並非世上真有此山。當極是指過在燃燈佛、現在釋迦佛、未來彌勒佛輪流掌教之意⑮。

河南滑縣天理教要犯牛亮臣供稱「這教本名三陽教，分青、紅、白三色名目，又名龍華會，因分八卦，又名八卦會，後又改名天理會。」⑯據教犯董幗太供稱「林清習的是白陽教，又名榮華會。」⑰坎卦教要犯程毓蕙曾引王宗入教，傳授「真空家鄉，無生父母」八字真言，程毓蕙又告以「現在是釋迦佛掌教，太陽是紅的，將來彌勒佛掌教，太陽是白的。」⑱秘密宗教附會未來的太陽是白的，彌勒佛坐的是九葉白蓮臺，以符合彌勒教或白蓮教尚白的信仰。佛教講輪迴，自東漢已傳入轉生與來世思想，經歷元明清千餘年間，早為民間普遍習染，彌勒佛轉世之說，亦久

中人心。所以三世佛掌教三劫歷轉的理論，雖然俚俗不經，但一般民衆都深信劫運之說，認定人間實有此種劫數。彌勒佛掌教，雖未知何時可到，但必將到來，世人必須爲未來先作修積準備[54]。清茶門教反覆言及過去、現在、未來三世思想，世界即由燃燈、釋迦、彌勒三世佛輪流掌管，紅陽末劫，天下將大亂，災禍重大，皈依清茶門教，茹素拜佛，即可避兔刀兵水火之劫，紅陽劫盡，白陽當興，便進入理想的未來極樂世界。吃齋的信徒，身故以後，由王姓祖上度往西方聚仙宮，安享清淨之福，兔墮輪迴，不入四牲六畜，永無生死，清茶門教的時間、空間觀念是未來千福年理想世界的寄託。王氏一族，歷代爲教主，在地上與天上擁有救世的權威，此即清茶門教的特色[55]。清代清茶門教的盛行，正反映當時下層社會的群衆對現實社會的失望，及其對未來千福年理想世界的渴望與憧憬[56]。

【註　釋】

① 李亦園著《信仰與文化》（臺北，巨流圖書公司，民國六十七年八月），頁33。

② 馬凌諾斯（S. Malinowski）著，費孝通譯《文化論》（臺北，臺灣商務印書館，民國五十六年一月），頁59。

③ 《軍機處檔．月摺包》（臺北，國立故宮博物院），二七五一箱，三包，四七五五一號，嘉慶二十一年五月十八日，馬慧裕奏摺錄副。

④ 《軍機處檔．月摺包》，二七五一箱，二包，四七四二八號，嘉慶二十一年五月初三日，晉昌奏摺錄副。

⑤ 《明史》（臺北，中華書局，四部備要），卷二五七，列傳一四五，〈趙彥列傳〉，頁3。

⑥ 戴玄之撰〈白蓮教的本質〉，《師大學報》（臺北，國立台灣師範大學，民國五十六年六月），第十二期，頁 29。

⑦ 《明熹宗實錄》（臺北，中央研究院，民國五十五年九月），卷二二，頁 8，天啟二年五月丙午。

⑧ 喻松青撰〈清茶門教考析〉，《明清史國際學術討論會論文集》（天津，天津出版社，一九八二年七月），頁 1088。

⑨ 《清代檔案史料叢編》，第三輯（北京，中華書局，一九七九），頁 25，嘉慶二十年十二月十四日，那彥成奏摺搜拿灤州盧龍縣王姓宗族訊供情形摺附宗譜。

⑩ 《軍機處檔‧月摺包》，二七五一箱，三包，四七五五一號，嘉慶二十一年五月十八日，馬慧裕奏摺錄副。

⑪ 《軍機處檔‧月摺包》，二七五一箱，一包，四七二六四號，嘉慶二十一年四月十二日，百齡奏摺錄副。

⑫ 澤田瑞穗編著《校注破邪詳辯》（日本，道教刊行會，昭和四十七年三月），頁 198。

⑬ 《軍機處檔‧月摺包》，二七六五箱，八八包，一六四三三號，乾隆三十七年三月二十日，何焌奏摺錄副；一六二一四號，乾隆三十七年三月初一日，裴宗錫奏摺錄副。

⑭ 《清代檔案史料叢書》，第三輯，頁 2，嘉慶十九年閏二月十八日，衡齡奏摺。

⑮ 《清代檔案史料叢編》，第三輯，頁 6，嘉慶二十年十一月初三日，那彥成奏摺。

⑯ 《清代檔案史料叢編》，第三輯，頁 11，嘉慶二十年十一月二十六日，馬慧裕奏摺。

⑰ 《清代檔案史料叢編》，第三輯，頁 23，嘉慶二十年十二月初十日，張師誠奏摺。

⑱　《清代檔案史料叢編》，第三輯，頁 63，嘉慶二十一年正月二十八日，馬慧裕奏摺。

⑲　《軍機處檔‧月摺包》，二七五一箱，三包，四七六八九號，嘉慶二十一年，崇祿奏摺。

⑳　《清代檔案史料叢編》，第三輯，頁 9，嘉慶二十年十一月初三日，那彥成奏摺。

㉑　《清代檔案史料叢編》，第三輯，頁 28，嘉慶二十年十二月十四日，那彥成奏摺。

㉒　《軍機處檔‧月摺包》，二七六五箱，八八包，一六四三三號，乾隆三十七年三月十二日，何煟奏摺錄副。

㉓　《清代檔案史料叢編》，第三輯，頁 21，嘉慶二十年十一月二十七日，方受疇奏摺。

㉔　《軍機處檔‧月摺包》，二七六五箱，八六包，一五六〇三號，乾隆三十六年十二月十六日，富明安奏摺錄副。

㉕　《清代檔案史料叢編》，第三輯，頁 47，王殿魁供詞。

㉖　《清代檔案史料叢編》，第三輯，頁 4，嘉慶十九年閏二月十八日，衡齡奏摺。

㉗　《清代檔案史料叢編》，第三輯，頁 2，嘉慶十九年閏二月十八日，衡齡奏摺。

㉘　《軍機處檔‧月摺包》，二七五一箱，八包，四八四九八號，嘉慶二十一年七月十三日，衡齡奏摺錄副。

㉙　《軍機處檔‧月摺包》，二七五一箱，一包，四七二六四號，嘉慶二十一年四月十二日，百齡奏摺錄副。

㉚　《軍機處檔‧月摺包》，二七五一箱，二包，四七四二八號，嘉慶二十一年五月初三日，晉昌奏摺錄副。

㉛　《清代檔案史料叢編》，第三輯，頁 21，嘉慶二十年十一月二十

七日，方受疇奏摺。

㉜ 《清代檔案史料叢編》，第三輯，頁 72，嘉慶二十一年三月初八日，方受疇奏摺。

㉝ 《清代檔案史料叢編》，第三輯，頁 65，嘉慶二十一年正月二十八日，馬慧裕奏摺。

㉞ 《清代檔案史料叢編》，第三輯，頁 63，嘉慶二十一年正月二十八日，馬慧裕奏摺。

㉟ 《明清史國際學術討論會文集》，頁 1098。

㊱ 《明清史國際學術討論會文集》，頁 1105。

㊲ 《清代檔案史料叢編》，第三輯，頁 56，嘉慶二十年十二月二十五日，百齡奏摺。

㊳ 《清代檔案史料叢編》，第三輯，頁 30，嘉慶二十年十二月十四日，那彥成奏摺。

㊴ 《軍機處檔‧月摺包》，二七五一箱，一包，四七一三五號，嘉慶二十一年四月十三日，晉昌奏摺錄副。

㊵ 《軍機處檔‧月摺包》，二七五一箱，三包，四七五五一號，嘉慶二十一年五月十八日，馬慧裕奏摺錄副。

㊶ 《清代檔案史料叢編》，第三輯，頁 65，嘉慶二十一年正月二十八日，馬慧裕奏摺。

㊷ 《宮中檔》（臺北，國立故宮博物院），第二七二三箱，一〇〇包，一九六四二號，嘉慶二十年八月二十二日，百齡奏摺。

㊸ 《宮中檔》，二七二三箱，九八包，一八九四五號，嘉慶二十年六月十三日，馬慧裕奏摺。

㊹ 《清代檔案史料叢編》，第三輯，頁 50，王時玉供詞。

㊺ 《清代檔案史料叢編》，第三輯，頁 47，王殿魁供詞。

㊻ 喻松青撰〈明清時代民間的宗教信仰和秘密結社〉，《清史研究

集》（北京，清史研究所，一九八〇年十一月），第一輯，頁132。

㊼ 王爾敏撰〈灤州石佛口王氏族系及其白蓮教信仰傳承〉，《中央研究院近代史研究所集刊》，第十二期（臺北，近代史研究所，民國七十二年六月），頁19。

㊽ 《清史研究集》，第一輯，頁142。

㊾ 《校注破邪詳辯》，頁121。

㊿ 《軍機處檔・月摺包》，二七五一箱，八包，四八四五四號，嘉慶二十一年六月十六日，百齡奏摺錄副。

(51) 托津等撰《欽定平定教匪紀略》（臺北，國立故宮博物院），卷二六，頁22，嘉慶十八年十二月十六日，據那彥成奏。

(52) 《上諭檔》（臺北，國立故宮博物院），方本，嘉慶十九年十二月二十一日，董幗太供詞。

(53) 《欽定平定教匪紀略》，卷二九，頁7，嘉慶十八年十二月二十六日，據章煦奏。

(54) 王爾敏撰「秘密宗教與秘密會社之生態環境及社會功能」，《中央研究院近代史研究所集刊》，第十期（臺北，民國七十年七月），頁41。

(55) 淺井紀撰〈關於明清時代之聞香教與清茶門教——灤州石佛口王氏之系譜〉，《千年王國的民衆運動之研究》（日本東京，一九八二年二月），頁385。

(56) 拙撰〈四海之內皆兄弟——歷代的秘密社會〉，《中國文化新論》（臺北，聯經公司，民國七十一年十一月），社會篇，頁310。

建州左衛	二年建州衛	正統元年建州衛
凡察 二月奏 居隔朝 鮮彼其 侵撓請	建州衛	李満住 閣六月 奏乞移 居婆東 猪渡東 居佳逢 男古哈 納等朝 貢
李元黑 二月命 賫敕捕 馬朝貢新	里 正月以 故建州 衞指揮 同知水 乞居遼 東安樂 州字希 二月 珍珠及 馬	自指揮 同知升 指揮使 事升 職
李佐哈 正月來 朝貢新 馬	奴登失 散兄 二月以 孫 故建州 衞指揮 朝貢馬 同知水 乞居遷 朝貢馬	是年李滿佳又 攝都指 揮僉事。六月 建州衞 千戶阿 隆加等 朝貢
其頭目 都督凡	答兀子 龔職 火里石	
李元黑 李五哈缺即一 人釋前不同年或書指揮 揮同知或但書指揮則 省天通 例也		

清史館未刊建州表（局部）

清史館未刊紀志表傳稿本敘錄

　　我國歷史悠久，是因為我國有傲世的歷史體裁，完備詳密，沒有間斷。修史，應繼承修史傳統和修史體例。民國三年（1914），設置清史館，欲踵二十四史沿襲的舊例，纂修清史，為千秋信史之徵。清朝是我國歷代以來最後一個朝代，《清史稿》的纂修，就是我國傳統正史體例中的最後一個階段。民國十六年（1927）八月，初稿大致完成，歷時凡十四年。翌年，出書一百三十一冊，共印一千一百部。其中四百部由金梁運往東北發行，習稱關外本。後來清史館人員發現金梁對原稿私自增刪，而將留存北平的存書作了抽換，這些抽換過的《清史稿》，習稱關內本。

　　《清史稿》成於眾手，體例不一，繁簡失當，人名地名同音異譯，謬誤百出。但是，將《清史稿》的缺失，完全歸咎於《清史稿》的倉卒成書，未遑審訂，並不客觀。清史館檔案的內容，除了已刊《清史稿》排印本的原稿外，還含有大批未刊紀、志、表、傳內容不同的其他稿本，這些稿本因未經選刊，而被世人忽略。清史館中的稿本，因成於多人之手，紀、志、表傳各卷的稿本，優劣得失，參差不齊，不可以偏概全，其中含有頗多可信度較高的稿本，其史料價值，不可漠視。

　　本紀以編年為體，是傳統正史的大綱，始於開國之君，以一帝為一紀。本紀雖載帝王事蹟，但僅書其大事，其餘歷史事件，則詳於志書或列傳，本紀就是志書、列傳的綱目，年經月緯，繫日載事，日期必須正確，以便稽考。已刊《清史稿》各朝本紀疏

漏之處頗多，或是日期的錯誤，或者有月無日，或是人名地名的
同音異譯。國立故宮博物院校注已刊《清史稿》歷朝本紀，即先
取排印稿本逐字核對，然後取可信度較高的其他稿本互校，凡遇
歧異之處，即據實錄、黃綾本定本本紀等官書典籍進行考證，不
改動原文，而逐條作注釋案語，注明資料出處，以改正已刊《清
史稿》的謬誤。通過以稿校稿的校注工作，發現校刻不精、未遑
審訂，並非已刊《清史稿》最大的疏失。

　　已刊《清史稿》歷朝本紀是據清史館覆勘本或覆輯本排印
的。譬如已刊《清史稿·聖祖本紀》，共三卷，現藏清史館《聖
祖本紀》稿本，共十五冊，包括初輯本六冊，由鄧邦述、金兆蕃
同編；清本六冊，分由陳恩吉、隆培、劉恩林、董英等人繕寫；
排印本三冊，各冊末頁左下角書明「奭良覆輯」字樣，已刊《清
史稿·聖祖本紀》就是根據奭良覆輯本排印的。奭良覆輯《聖祖
本紀》稿本，是一種紅格本，版心居中有「清史卷」字樣，是已
刊《清史稿·聖祖本紀》的原稿，亦即已刊《清史稿·聖祖本
紀》的排印本。以現藏清史館排印本即奭良覆輯本校對已刊《清
史稿·聖祖本紀》，亦即以稿校稿，發現已刊《清史稿·聖祖本
紀》與清史館奭良覆輯本的內容文字，並無出入。奭良覆輯《聖
祖本紀》原稿，錯誤頗多，尤其是繫日不實，有月無日，與本紀
體例不合。已刊《清史稿·聖祖本紀》據奭良覆輯本排印，以訛
傳訛，不足徵信。現藏清史館鄧邦述、金兆蕃同編《聖祖本紀》
稿本，是初輯本，主要取材於實錄、清朝國史館纂修黃綾本《聖
祖本紀》等等，內容較詳，體例正確，日期可信，但未經選刊。
現藏鄧邦述、金兆蕃初輯《聖祖本紀》稿本內含有一篇附記云：

　　　　兆蕃等編輯各紀，自太宗以下，皆用長編體，務求詳備，
　　　　以待刪定。今覆勘簽識所指不宜書、不必書各條，皆甚允

當，他日刪定，當以爲則，且各紀皆當如是。惟兆蕃等編輯時，以實錄爲主，而舉本紀、聖訓、方略諸書互校，未敢一語旁采私家著述。今覆勘似以東華錄爲主，錄所未具，以爲出自私家所述，此兆蕃等不敢承者一也；原稿據事直書，絕不敢稍存軒輊，今覆勘處處求以褒貶，或曰頌揚，或曰不足，兆蕃等謹矢下筆時萬萬無此意，此兆蕃等不敢承者二也，願定稿時留意焉。

　　由前引附記，可以了解鄧邦述、金兆蕃等纂修初輯本，是以實錄爲主，並以聖訓、黃綾本本紀等互校，可信度較高。爽良覆勘時，諸多改動，以致與初輯本大相逕庭，遂失本來面貌。爽良覆輯本顯而易見的缺失，可以歸納爲：日期多錯誤、年月未詳考，敘事簡略，不合史實；有日無月，未繫干支；書法欠當，不合本紀體例。因此，出版可信度較高的本紀稿本，對研究清史可提供更珍貴的史料。

　　志書的體例，起源很早。《史記》的「書」，是以同類之事爲專篇，敘述其始終演變的痕跡，亦即專爲某一主題而特作一篇書。《漢書》以下各史多將書改稱「志」，譬如《史記》的「平準書」，《漢書》改稱「食貨志」。歷代正史的志，其篇目多寡不同，名稱亦異，內容更不盡相同。《明史》的志，共七十五卷，包括天文、五行、曆、地理、禮、樂、儀衛、輿服、選舉、職官、食貨、河渠、兵、刑法、藝文等十五類。清朝國史館沿襲《明史》分類，惟以「曆」字避清高宗弘曆御名諱，改爲「時憲志」。清史館纂修志書，大致沿襲《明史》及清朝國史館舊例，亦改曆志爲「時憲志」，五行志改爲「災異志」，併儀衛志於「輿服志」，另增交通、邦交二志，共十六類。現藏清史館志書稿本，就類別而言，除已刊《清史稿》選印十六類外，還有「儀

衛志」上、下各一卷,「儀衛志事蹟」二册,「國語志」共一百册。現藏清史館「天文志」稿本中含有王崇源、鄧傑臣輯,柯劭忞覆閱「月五星相距增星黃道經緯度表」上、下凡二卷,是新增「天文志」。現藏清史館「災異志」共二十三册,已刊《清史稿》選印「災異志」共五卷。現藏清史館各種志書稿本,俱書明纂修人員姓名。滿洲語在清朝稱爲國語,現藏清史館「國語志」稿本,共計一百册,分類標列滿漢單字,已刊《清史稿》未選印「國語志」,爲凸顯清史的特色,可以未刊「國語志」稿本爲基礎,並根據官書檔案等文獻將清朝滿文源流,詳加稽考,纂修成符合志書體例的「國語志」。

　　正史年表,其目的在補本紀、志書、列傳的不足。《史記》共立十表,或分國分年作表,或因事分別作表,按年月爲次,如網在綱,一覽無遺。《金史》除宗室表外,另有交聘表上、中、下各一卷,爲清史館交聘年表所本。契丹立國有其特殊背景,所以《遼史》的年表特別多,有世表、皇子表、公主表、皇族表、外戚表、遊幸表、部族表、屬國表八種。清史館纂修的年表稿本,品類頗多,册數相當可觀。已刊《清史稿》的年表包括皇子世表、公主表、外戚表、諸臣封爵世表、大學士年表、軍機大臣年表、各省總督年表、各省巡撫年表、各邊將軍都統年表、藩部世表、交聘年表等,合計五十三卷。清史館纂修的年表稿本,除了已刊《清史稿》年表排印本的原稿外,還包括建州表、宰輔表、總理各國通商事務大臣表、恩封宗室王公表、宗室王公功績表、外藩蒙古回部王公表傳、蒙古諸部表、滿洲管旗大臣年表、領侍衛內大臣表、侍衛處鑾儀衛表、前鋒步軍統領表、各省提督表、各省總兵表、八旗護軍統領表、八旗滿洲都統副都統表、八旗蒙古都統副都統表、八旗漢軍都統副都統表、各省駐防將軍都

統表、各省駐防副都統表等等，年表雖多，但未選刊。

現藏清史館「建州表」上、下各一冊，表中分列建州三衛的衛名及各級職官。「建州表」的內容，與明實錄的記載，彼此相合，已刊《清史稿》未選刊「建州表」，不能凸顯清史的特色。清史館纂修的武職年表，為數頗多，都是研究八旗制度及駐防制度的重要年表。中外交涉，辦理洋務，是清朝政府的當前急務；現藏清史館唐邦治纂修的「總理各國通商事務大臣表」，計一冊，就是清朝政府因應中外交涉問題而設置的機構之一。已刊《清史稿》雖立「邦交志」，卻未選刊「總理各國通商事務大臣表」，確為一失。

列傳的意義，是列事作傳，敘列人臣事蹟，以傳於後世。現藏清史館列傳稿本，除清朝國史館纂修的傳包及傳稿外，還有民國初年清史館纂修的各種列傳稿本，共計二十九類，《清史稿》選刊的列傳類別包括后妃、諸王、大臣、循吏、儒林、文苑、忠義、孝義、遺逸、藝術、疇人、列女、土司、藩部、屬國等列傳，共十五類。現藏清史館列傳稿本，除了《清史稿》選刊的十五類外，還有宰輔、疆臣、儒學、孝友、隱逸、逸民、卓行、醫術、貨殖、叛臣、逆臣、叛逆、四王、臺灣等十四類列傳稿本。江蘇川沙人楊斯盛從商致富，已刊《清史稿》將楊斯盛收入「孝義列傳」，清史館將楊斯盛等人另立「貨殖列傳」，符合正史體例。

江南長洲人張璐，專心於醫藥之書，已刊《清史稿》將張璐等人歸入「藝術列傳」。現藏清史館列傳稿本含有黃翼曾輯「醫術列傳」，共三冊；第一冊由馬駿良繕寫，列傳人物包括張璐、張志聰、薛雪、陸以恬、陸懋修等人。第二冊由徐廷樑繕寫，列傳人物包括喻昌、傅山、胥秉哲、李蒔、張序晟、章祖緒、柯

琴、尤怡、陳念祖、何世仁、郭宏羲、席上錦等人。第三冊由毓
良繕寫，列傳人物包括葉桂、王士雄、章楠、吳塘等四人。由此
可知清史館黃翼曾輯本將張璐歸入「醫術列傳」，內容頗詳，主
要是取材於張以柔進呈《醫通》疏、朱彝尊撰《序古今醫案》等
史料纂修成篇。

　　現藏清史館「藝術列傳」稿本，共十六冊，除已刊《清史
稿》排印本的原稿外，還有未刊稿本，分別由夏孫桐、黃翼曾、
史恩培、駱成昌等人纂輯。已刊《清史稿》將吳偉業、張際亮等
人收入「文苑列傳」，清史館另立「藝術列傳」。湖廣孝感人程
正揆，著有《讀書偶然錄》，共十二卷，《青溪遺稿》，共二十
八卷，俱見於「藝文志」，已刊《清史稿》查無程正揆列傳，清
史館史恩培纂輯「藝術列傳」程正揆傳稿，其內容如下：

　　　程正揆，字端伯，號鞠陵，湖廣孝感人。崇禎辛未進士，
　　　名正葵，選翰林。甲申後卜居於江寧之青谿，自號青谿道
　　　人。仕清，改正揆，官至工部侍郎，敏而多能，善屬文，
　　　工書畫，意有所到，授筆立成，若風雨集而江河流也。時
　　　推董其昌，風雅師儒，正揆虛心請益，其昌雅重愛之，凡
　　　書訣畫理，傾心指授，若傳衣缽焉。書法李北海，而丰韻
　　　蕭然，不為所縛。唐宋元明以來，士大夫詩畫兼者，代不
　　　數人。正揆晚出，兩俱擅長，詩與畫皆登逸品。順治丁
　　　酉，挂冠後，優游於棲霞、牛首之間，時以詩畫自遣。嘗
　　　論畫云，北宋人千邱萬壑無一筆不減；元人枯枝瘦石無一
　　　筆不繁，其論甚精。

　　順治十二年（1655）十月初四日，程正揆補工部右侍郎。順
治十三年（1656）七月十五日，程正揆免工部侍郎。由引文內容
可知程正揆善屬文，工書畫。唐宋元明以來，士大夫中詩畫兼擅

者，代不數人，程正揆的詩與畫都登逸品，清史館爲程正揆另立
「藝術列傳」，爲研究清初藝術史提供重要參考史料，已刊《清
史稿》未選印程正揆列傳，確實是遺珠之憾。

　　國立故宮博物院現藏清史館的內容，除了已刊《清史稿》排
印本的原稿外，還保存許多未經選印的紀、志、表、傳各種稿
本，以及清朝國史館纂修的清史稿本。清史館各種稿本的纂修人
員，多出身舊式科舉，嫻於掌故，優於辭章，其符合正史體例、
可信度頗高的佳作，並不罕見。修史諸公歷經十餘年的用心編
纂，益以當時檔案官書較爲集中，史料採擷，頗爲豐富，未刊稿
本，未嘗不可作史料觀。

　　民國六十七年（1978）十月，國立故宮博物院與國史館合
作，對已刊關外本《清史稿》進行校注，不改動原文，但予標
點，以稿校稿，以卷校卷。民國七十五年（1986）二月，《清史
稿校註》出版第一冊，至民國七十九年（1990）五月出版第十五
冊，總目錄、人名地名索引等作爲附錄，於民國八十年（1991）
六月出版一冊，共計十六冊。《清史稿校註》雖然問世，惟其美
中不足之處，是該書僅就清史館排印本進行校注，考異注釋，雖
然徵引未刊稿本，但是未能讓學術界窺見未刊稿本的全貌。基於
資源共享的精神，錢穆先生曾經指示，俟《清史稿》校注工作告
竣後，應當將清史館已刊排印本及未刊原稿整理出版，公諸社會
大眾。爲了彌補《清史稿校註》的不足，使已刊《清史稿》校注
工作正式告一段落，並爲纂修大型清史工程提供重要現成史料，
確實有必要將清史館紀、志、表、傳的未刊原稿，整理出版。

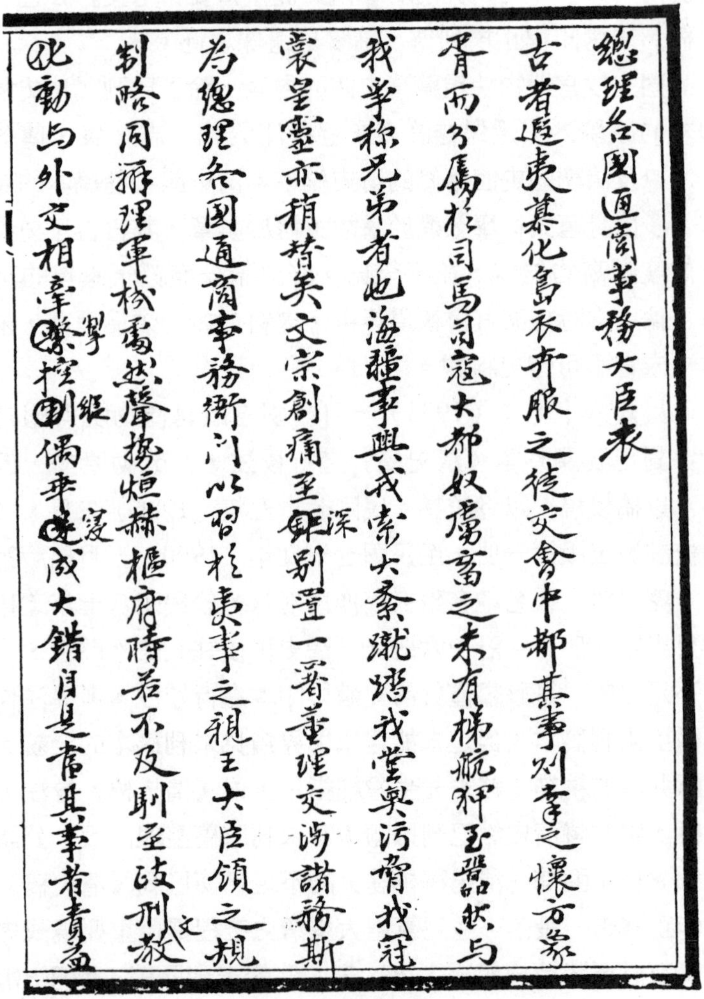

總理各國通商事務大臣表

古者遐夷慕化烏衣卉服之徒交會中都其事則掌之懷方象胥而分屬於司馬司寇大都奴虜畜之未有梯航狎至聘飲與我爭稱兄弟者也海疆事興戎索大紊蹴踏我堂奧污衊我冠裳皇靈亦稍替矣文宗創痛至深別置一署董理交涉諸務斯為總理各國通商事務衙門以習於夷事之親王大臣領之規制略同辦理軍機處然聲勢烜赫樞府時若不及則至政刑文教化動與外交相牽掣控制偶乖寖成大錯自是當其事者責益

清史館未刊總理各國通商事務

大臣表稿本（局部）

評介于本源《清王朝的宗教政策》

　　于本源是天津薊縣人，一九三三年生。一九五六年至一九五七年，在北京俄語學院留蘇預備部學習。一九五七年至一九六二年，就讀於中國人民大學哲學系。一九六二年至一九六五年，在北京大學哲學系爲研究生，畢業後留系任教。一九七四年至一九八三年，在中共中央組織部研究室工作。一九八三年後，在中國社會科學院世界宗教研究所工作，爲副研究員，並任副所長。在羅國杰主編《中國倫理學百科全書》中擔任《宗教倫理學卷》分卷主編。又在江流主編《蘇聯劇研究》中擔任前蘇聯宗教政策部分主編。在王兆國主編《當代中國的宗教工作》中擔任宗教研究部分主編，撰寫論文多篇。

　　探討清朝的宗教思想和宗教政策，有助於了解清朝政府如何認識宗教？在政治上怎樣對待宗教，並且如何協調和解決與宗教相關的問題。于本源著《清王朝的宗教政策》一書，分爲三編：第一編探討清朝尊天祭祖祀孔的宗教思想和政策；第二編探討清朝的佛道伊思想與政策；第三編探討清朝的基督教思想與政策。另有附錄，探討清朝宗教思想對前期民國的影響。

　　原書第一編包括第一章至第五章，第一章探討尊天祭祖祀孔的中國古代宗教，作者認爲祀孔制度的最後確定，標誌著尊天祭祖祀孔的中國古代宗教最終形成。原書指出尊天祭祖祀孔的中國古代宗教特點，有其歷史淵源和時代背景，它是至上神崇拜與多神崇拜並存，昊天崇拜的產生，就是至上神崇拜的產生，是由自發宗教到人爲宗教的重要一步，有其深遠的宗教意義和社會意

義。相信昊天決定著王朝更替，認爲它掌握著王朝的命運、興亡。將宗教活動列爲國家政治活動內容之一，這也是中國尊天祭祖祀孔的一個特點。

原書第二章探討清朝的敬天思想，作者指出，清朝政權建立後，即以尊天祭祖祀孔的古代宗教爲國教，清朝皇帝利用它表明自己的正統地位，利用它向臣民灌輸倫理思想，利用它團結內部，團結漢人。清朝皇帝繼承了以德配天的思想，認爲祖先有德，昊天才將國付與了他。清代歷朝皇帝明確地認識到農業對其帝國的重要意義，他們虔敬祭天，根本的思想，就是相信國運天賜，相信憑藉昊天意志而立國，因爲昊天能使風雨以時，穀豐民安。作者認爲清朝皇帝祭天有雙重社會政治意義：一是宣揚清朝建國是天眷的結果，是天命所托，祭天旣是報恩，也是顯示清朝的合法性；二是宣揚清朝諸帝都是有德之君，臣民自應感恩戴德，誠心服從。清朝皇帝不重休徵，但對咎徵卻甚爲驚恐，認爲咎徵是天譴，是上天示警。因此，將天人感應思想與政治緊密聯繫。

原書第三章探討清朝的祭祖思想，作者指出，清朝皇帝重視祖先祭祀，皇帝多親祀太廟，勒爲家法。與歷代不同的是太廟無祧，群帝配天，所有崩殂皇帝在太廟都有神位，但從來未祧。歷代帝王祭祖三年一祫，五年一禘，清朝只有祫祭，並無禘祭，而且祫祭也不是三年一祫，而是一年一祫。禘祭是祭始祖所自出之帝，以始祖相配。清朝是以太祖努爾哈齊爲始祖，而以上四祖爲所自出之帝，這些祖先是常年得到祭祀的，所以無需禘祭。功臣配享太廟，爲歷代所重視，配享太廟的王公大臣，另建有專祠。清朝重視功臣配享太廟，從根本上說是爲了藉公忠體國的一套說法，以激勵群臣效命，忠於國家。祭祖與配天活動，旨在宣揚清朝的神聖性，是另有它的直接社會作用，亦即藉此宣揚孝道，使

天下臣民普遍接受清朝所提倡的倫理道德，實行以孝治天下的理想。

　　原書第四章探討清朝的群廟群祀思想，作者指出，所謂群廟群祀，即指清朝太廟以外的各廟和祭天地社稷以外的祭祀。前者包括歷代帝王廟、陵園、忠賢祠堂和京城王廟。後者除自然神外，還有人神，其中也包括有些與祭天地有關的祭祀之神。作者指出，清朝對明陵的修葺、祭祀，表面上看是宗教意義的活動，然而實際上卻充滿著現實社會意義的內容。在宗教的祭祀形式之下，掩藏著清朝統治者的歷史觀，隱蔽著藉傳統思想以加強其政治統治的做法。清朝皇帝不分畛域，是要強調滿族自身入主中原統治中國的合法性。

　　原書第五章探討崇儒祀孔的基本思想，作者指出，清代歷朝皇帝都十分重視祭孔活動，除歷年遣官致祭外，還有皇帝親祭。在釋奠孔子的活動中，有很大一個特點，就是宣揚清朝帝王為聖王聖師，即學於孔道，師法孔子，施孔道於政，教孔道於民。或者說清朝帝王不僅認為自己是以孔道治世之君，還自認為是以孔道化民之師。清朝皇帝，特別是清初諸帝，他們學習儒家經典孜孜不倦，他們自認為聖人，繼承了孔子的道統。康熙皇帝強調道統與治統相維繫的思想，雍正皇帝進一步強調自己居帝王之位而行聖道，乾隆皇帝繼承了康熙皇帝、雍正皇帝的思想，從歷史的角度，說明列祖聖王聖師的地位。清初諸帝在祭孔活動中不遺餘力地強調學習聖道，其目的是顯示自己雖然是少數民族，但卻真正接續了從古到今的道統、治統，大清皇帝是既為聖王亦為聖師，是中華聖道聖治的維繫者。清朝的祀孔活動中所宣揚的思想，也頗有變化，其中明確地宣揚尊孔即敬天的思想，即宣揚儒學的神聖性，表明清朝為儒學的正傳，並企圖以揚儒抵禦西方的思想。

宗教信仰的長期存在是客觀的事實，構成宗教的基本要素，至少必須包括教派名稱、寺廟建築、組織結構、經卷教義、規範化儀式及神職性質的師徒關係等項。原書對宗教的定義，並未加以較明確的說明。尊天祭祖祀孔的活動，涉及到萬有信仰，有自然崇拜、祖先崇拜或偉人崇拜，是屬於多神崇拜，並未具備構成宗教的基本要素。尊天祭祖祀孔是清朝崇儒重道的具體表現，原書以尊天祭祖祀孔為中國古代宗教，認為「有清建朝即以尊天祭祖祀孔的古代宗教為國教」①，是有待商榷的。

原書第二編包括第六、七、八等三章，第六章探討清朝對待漢傳佛教及藏傳佛教的思想與政策，作者指出漢傳佛教是指自漢朝傳入中國的佛教，宋、元、明時期已逐漸衰落，清末雖有復興之論，但多為居士佛教，主要是佛學，且多與救國思想有關，而寺院佛教則一直處於衰落狀態之中。清朝繼承歷代傳統，確定不能以佛道作為治國的思想依據，靠信佛信道治理不了國家，要治理國家，必須要靠聖教的政治教化去治理，國家才能安寧。清朝皇帝對佛教的社會功用，認為雖可勸善，但也多有弊端，對於清朝自身統治是潛在的不利因素，他們從世俗和功利的角度出發，自然不會去思考臣民的宗教需要，不會考慮人們出家為僧為道的深層原因。清朝的佛教政策，就是在這種思想基礎上制定與執行的。清朝政府對佛教上層採取拉攏與打擊的兩面政策，為穩定大局，清朝政府籠絡佛教上層，有政治上的考慮。清初諸帝相信刊刻佛藏是有功德的，近則可以為父母求福，遠則可以為國延祚，並且藉刊刻佛藏而引導控制佛教。清朝政府限制新寺廟的興建和限制僧人數量的政策，主要是為了制止逃避差徭，其辦法是新修寺廟與出家為僧要經國家同意，而對稽察後未經批准又新建寺廟者，要依律治罪，對僧人不守清規者，令其還俗。其限制僧人數

量,主要是從發給度牒和限制出家年齡等方面進行的。

清朝對藏傳佛教的重視,是重視其在蒙古、西藏地區的政治地位以及在該兩民族的重大影響,根本是從政治上來考慮的,清初諸帝對藏傳佛教的政策,就是從國家政治出發去解決問題的。原書指出清朝在入關前後對藏傳佛教尤其是格魯派是採取了爭取拉攏的政策,清朝定鼎北京以後,對藏傳佛教的重視與拉攏主要表現在對待京城等地的喇嘛及部分旗人披剃爲喇嘛等問題上。清朝在統一中國以後對藏傳佛教基本上採取的是因其教不易其俗,齊其政不易其宜的政策,即保證了藏傳佛教在該地區的統治,同時繼承元朝政教合一的形式,將藏傳佛教齊之以政,清朝對西藏政教合一的形成,就是清朝掌握西藏政權的過程。清朝在西藏掌握了權柄以後,就提出了要革除政治弊端,以使轉世靈童的尋訪正常進行,目的在保持西藏局勢穩定的改革。

原書第七章探討清朝的道教思想與政策,作者指出,有清一代,道教正一派即天師派在進一步衰退之中,本來盛行於北方的全真派到了清朝已遍佈全國不少地方。全真派在南傳過程中與正一派出現了互相融合的傾向。清朝政府對待道教的政策,與對待漢傳佛教的政策,雖然大致相同,但骨子裡覺得道教近於巫,可以祈雨治病,也可以方術惑亂於民。與佛教相比較,清朝政府對道教的限制更嚴一些。道教有求雨之巫,並非正教,清朝皇帝對道教的肯定,與對佛教的肯定確實不同。

清朝入關之初,爲著統一全國,穩定局勢,而極需拉攏爭取各種社會力量。在清初皇帝眼中,道教還是可以爭取的社會勢力之一,其具體表現是對正一派領袖的召見、封旨、賜詩,重修正一派祖庭之居龍虎山等等,清朝對道教一方面是拉攏和利用,另一方面則是極爲嚴格的限制。對龍虎山外的火居道士,令其還

俗,實在不能還俗的老年道士,則不許招徒。

原書第八章探討清朝的伊斯蘭教政策,作者指出,在中國信仰伊斯蘭教的民族,不僅有回族,還有維吾爾、哈薩克、烏孜別克、塔吉克、塔塔爾、柯爾克孜、撒拉、東鄉、保安等十個民族。中國伊斯蘭教,與佛教、道教相比較,具有自身顯著特點,首先是它的宗教性與民族性的同一,對於絕大多數信奉伊斯蘭教的民族來說,他們的信仰歷史上就是全民性的。作爲一種信仰,清朝政府眼中的伊斯蘭教同佛教、道教差不多,但因它同儒家正統文化的距離更遠,所以伊斯蘭教的地位比佛教、道教還要低。清朝對伊斯蘭教的一般態度是堅持各行其道,不必強使伊斯蘭教信仰者改宗的政策,強調對穆斯林的一視同仁,堅持以儒學思想訓導回民,企圖使之歸於德化。清朝旣然將伊斯蘭教視爲佛道一類,所以對於正常的宗教信仰活動,也就被允許,大致而言,清朝對待伊斯蘭教的一般政策,是以社會的安定爲著眼點的。清朝政府的最大失誤出在對待伊斯蘭教的不同派別和教派矛盾的處理上。伊斯蘭教初傳中國,並無教派之分,明末清初,伊斯蘭教出現了庫布林耶、虎非耶、伊禪派和哲赫林耶等等,清朝政府單將哲赫林耶分出來,稱爲新教,其他教派則歸之爲舊教。原書所稱清朝的伊斯蘭教教派政策,就是指清朝政府對待新教和舊教之間矛盾的政策。清朝所稱新教爲甘肅人馬明心所創立的教派。雍正年間,馬明心曾赴麥加朝覲,並在阿拉伯地區學習伊斯蘭教經典和蘇非派功課。乾隆年間,他回國講學、傳教。他主張除了虔誠遵守《古蘭經》規定的念、禮、齋、課、朝五項功修之外,對傳統的中國伊斯蘭教的一些作法進行了一些改革。因此,在傳教過程中得到不少穆斯林的擁護,但馬明心遭到舊教的反對。因新教與舊教兩派矛盾的激化,而發生械鬥。清朝政府處理新舊教的矛

盾問題時，未能秉持公平態度，聲言要消滅新教，結果於乾隆四
十六年（1781）三月間引發蘇四十三起事案件，清軍殘酷鎮壓，
並殺害了馬明心。乾隆四十九年（1784），田五、張文慶等在
「爲馬明心報仇」的口號下又再度起事，接著又有石峰堡起事。
從清朝政府的許多言論和命令中，可以清楚地看出朝廷對待伊斯
蘭教新舊教派間矛盾的政策，並非一視同仁，而是實行存一派滅
一派的政策，哲赫林耶與華寺派即清朝政府所說新教與舊教因馬
明心在循化廳撒拉族地區傳教日漸尖銳引起矛盾時，清朝政府偏
聽一派片面之詞錯誤施行消滅一派的政策，才引發了蘇四十三起
事。作者指出，在乾隆皇帝看來，舊教人多，新教人少，舊教不
了解新教，而兩派又互相仇視，自相殘殺，利用舊教打擊新教，
正好坐收漁人之利，達到從中控制之目的，至少有助於朝廷的平
滅新教。清廷乘新教起事失敗，進一步削弱伊斯蘭教的力量，加
強對信奉伊斯蘭教地區的統治。乾隆皇帝不僅藉機裁去撒拉爾地
區，進而革去掌教名目，也限制了各地伊斯蘭教穆斯林的交往。
原書指出，「從材料看，撒拉十二工中的新教幾乎被清王朝斬盡
殺絕，但剩下的舊教，清王朝對之也並不放過，不許其與內地回
民結親，嚴格限制與內地做生意，切斷與內地回民的聯絡交往。
這一做法，已不僅是對付新教，而是對該地全體伊斯蘭教民的政
策，實際上，是對撒拉爾的民族隔離政策。」②誠然，由於清廷
處理伊斯蘭教新舊教內部矛盾政策的錯誤，而大大地抵消、削弱
與破壞了朝廷追求社會安定的整體的宗教政策。清廷處理新教與
舊教的矛盾問題，是把新教看成邪教而加以取締的。乾隆四十六
年（1781）五月二十三日，乾隆皇帝頒發有關辦理伊斯蘭教的諭
旨一道。節錄一段內容如下：

　　昨經降旨將分別辦理新舊教并移駐添兵善後事宜，傳諭阿

桂、李侍堯，自能妥商籌辦。此案用舊教而除新教，最爲
吃緊關鍵，蓋舊教相沿已久，回人等耳濡目染，習慣性
成，今欲去之，勢有不可，譬如僧道，未嘗非異端，亦勢
不能盡使爲民也，而新教則如白蓮等邪教，其平日雖亦拜
佛念經，而惑眾滋事，其名目斷不可留，將來辦理之法，
首先分別新舊名色，即其中有已歸新教而仍自認爲舊教者
是尚知畏罪避禍，查辦時亦只可因其避就量予生路，所謂
法外之仁，不得不網開一面也③。

　　清朝政府將伊斯蘭教中的舊教，與佛道相提並論，而將新教
視同白蓮教，並稱邪教，所以採取用舊教而除新教的政策。

　　原書第三編包括第九、十、十一、十二、十三、十四等六
章。原書指出，清朝初年，朝廷對天主教採取了容教政策，是爲
第一階段；康熙後期，發生了禮儀之爭，清廷採取了禁絕政策，
是爲第二階段；道光末年以後，基督教在西方列強的利用與保護
之下，在中國有了更大的發展，清朝政府被迫採取弛禁進而開禁
的態度，是爲第三階段。原書第九章探討基督教在華傳教概況和
特點，明末清初，天主教在中國已有了相當的發展，不僅有耶穌
會，而且有多明我會、方濟各會和奧斯定會，他們在福建、山
東、江南等地傳教，大致分布於三區：華北區，包括直隸、山
東、山西、陝西、河南、四川等省；中央區，包括福建、江南、
浙江、江西等省；華南區，包括海南、兩廣等省。天主教從雍正
朝至道光朝禁教期間，轉入了地下。十九世紀以後，天主教和基
督新教在中國傳教合法化以後得到了迅速的發展，具有越來越強
的政治意義，日益緊密地與殖民主義政治勢力糾合在一起，這一
特點在整個清朝都存在，並隨著西方列強侵略步伐的加快和清朝
的日漸衰落而表現得越明顯。首先它表現在天主教保教國問題

上,天主教向世界各國發展,在國外要由某個西方國家來保護,是靠西方各國的力量決定的,力量大的國家就會獲得保教權。基督新教出現後,沒有統一性的世界組織,分派眾多,甚至一國之內的不同派別,也互不統屬,但信奉基督教新教的各國也同樣利用宗教擴大其影響,而在外國的傳教士也都尋求本國政府的保護。這種情況,反映在清朝的有關傳教的事務上,清廷和地方官吏不僅要同教會或在中國的外國傳教團打交道,更多的是與教會的保護國或西方有關國家打交道。清朝政府在基督教開禁以後,對外國教會傳教士的有關規定,以一種政治形式寫在與各國簽訂的條約中,傳教士或基督教會在中國的特權是所在國或保教國向清朝政府要求來的,這一現實造成了傳教士在華傳教由清初小心翼翼到鴉片戰爭以後有恃無恐的巨大變化。每次重大教案的發生都使西方列強對中國的侵略加深一步,教會也在列強支持下得到更多特權。由於這種情形的存在,使清朝政府在處理基督教問題時,面臨極複雜的現狀。教皇要在中國爭得教會上的統治權,保教國要與教皇爭奪保教權,各列強又要利用教會爭取自己的利益。隨著天主教各國力量對比的變化,又有在華保教權上的爭奪,各種修會與西方各國又保持不同的關係,以及基督教新教在華的出現,而使清朝在處理基督教問題上更加複雜化。

　　原書第十章探討順康時期的基督教思想與政策,作者指出,順治年間,清朝政府對傳教士的重視,主要是他們的科學技術知識有較高的成就。順治皇帝是以儒學的標準來認識天主教的,即以儒識教,以人容教。在順治皇帝看來,天主教與儒學並不矛盾,至少與天道思想是相近或相同的。皇帝也認為傳教士其人有才可用,且忠於職守,所謂以人容教,就是因這些人有功於朝廷,所以容許他們所傳的宗教存在,這是順治、康熙時期對待天

主教的基本思想與政策，直至禮儀之爭事起，情況才發生變化。敬天、祭祖、祀孔，在中國不僅是一般禮儀，它涉及到中國傳統的倫理道德，由於多明我會反對利瑪竇等人的做法，他們認爲稱耶和華爲中國人的天和上帝是一種褻瀆，祭祖、祀孔是偶像崇拜，教皇判定耶穌會的傳教方式爲非法。由於禮儀之爭，使康熙皇帝改變了對天主教的認識，也改變了容忍天主教的思想。康熙皇帝與教皇使節的多次辯論，加深了他禁止天主教的決心。

　　原書第十一章探討雍正朝至嘉慶朝的基督教思想與政策，作者指出，康熙皇帝只是提出了禁止天主教的設想，實際上尙未眞正實行，雍正朝眞正開始禁止天主教。清朝政府要求將教堂改作公所、書院或廟堂等。作者認爲促使雍正皇帝決心禁止天主教的原因乃是由於他對天主教的認識，他認爲天主教是不利於清朝的思想統治和政治控制。雍正元年（1723），禮部議覆閩浙總督覺羅滿保奏請查禁天主教，雍正皇帝同意禁止天主教，但對傳教士還比較客氣，並無深惡痛絕之意，他仍然要求西洋人爲朝廷效力。雍正三年（1725），雍正皇帝接見巴多明、馮秉正、費隱三位傳教士，說了一大段話，反映他對天主教已有成熟的看法，他雖然認爲天主教是一種宗教，但它不同於佛教，天主教有統一組織，有教皇而下的等級制度，有爲其世俗統治辯護的神學思想。天主教在中國傳教，目的要使中國人民盡爲教友，要使中國天主教化。雍正皇帝將信奉天主教當作被教皇統治來看待，將天主教當作政治問題來看待。雍正皇帝認爲信教百姓惟傳教士之命是從，而傳教士又是聽從教皇的。倘若中國天主教化，百姓盡成了教皇的子民，哪還有中國皇帝的地位？雍正皇帝還認爲中國天主教化，也是中國統治思想的天主教化，是將儒家思想改爲天主教思想，而雍正皇帝所堅持的是國家正統儒教信仰。

雍正皇帝依據他對國際形勢的看法，他看出了西方及其宗教對中國將造成威脅，他認為天主教在中國的發展，威脅天朝的安全。在雍正皇帝的思想中，將天主教認作外來政治力量，教民是教皇政治力量的一部分，而整個天主教會又與西方國家是聯繫與統一在一起的。雍正皇帝對國際形勢和天主教的這一認識，正是雍正皇帝禁止天主教的思想基礎。當時中國的士大夫，從周邊國家被西方佔領的現實看出了西方國家與教會的聯繫，看出了印尼等被西方佔領與教會的關係，認為天主教在華傳教將給中國帶來危險性，同時也將教會與西方國家完全看成一個東西，和雍正皇帝的看法是一致的。

乾隆朝繼承了雍正時期的基督教思想和政策。乾隆皇帝認為天主教不僅與聖教相對立，而且有與謀逆者一體之嫌，從政策上講，總的和雍正皇帝一樣是禁止天主教的政策，允許傳教士在京行藝，但不得傳教，全國清查出來的天主教傳教士，採取遣送回國或留居京城天主堂的政策，對一般天主教教民依然要求退教，對查禁天主教傳教活動不力或有過失的官員，查明參奏，或傳旨申飭。由此可知乾隆一朝禁止天主教的政策，同以往相比，不僅更為嚴厲，其措施亦較前更具體了。

嘉慶九年（1804），澳門葡萄牙傳教士暗派華籍教民陳若望攜帶教皇敕書至北京，交與欽天監傳教士畢學源，令其轉任南京教區。陳若望返回澳門時，在北京傳教的德天賜託陳若望攜帶一封書信和一張直隸等北方傳教地圖，被官府查獲，牽連京城許多教徒，且又搜出多種傳教書籍，於是案件擴大，諭令在全國查拏天主教。因此，嘉慶一朝禁止天主教的活動達到頂點，稱天主教為邪教，禁教更為堅決，鎮壓更為嚴厲。清廷對在北京的西洋傳教士和天主教制訂管理西洋堂章程，共計十條，以杜絕在京城的

傳教活動。這十條規定首先是將傳教士進行監視,其住處有人看守,其行動有人跟隨,其信件令人繙譯閱看,其夏季四鄉採買草藥予以禁止,使其傳教失去了機會。此外,又規定傳教士的宗教活動,華人不得參與,將「敕建天主堂」字樣及教堂標示一律去掉,在教堂張貼禁教告示,重申信教退教的要求,警告擬信天主教者。原書指出,「如果說過去清王朝禁止天主教在全國實施,但卻在北京爲教士尙留有空隙,那麼這個規定則完全將其禁絕了。這樣,本來爲傳教才在欽天監服務的教士,也就失去了其爲清王朝服務的意義,此後,再沒有教士來中國服務,可以說,這十條規定也就結束了西方傳教士在華欽天監的工作。」④禁止天主教活動波及到外省,嘉慶十六年(1811),御史甘家斌又疏請嚴定西洋傳教治罪專條。隨著對天主教性質判定的變化,禁教政策也就愈來愈加嚴厲。

　　原書第十二章探討解禁過程中清朝的基督教思想與政策,作者指出,清朝對基督教的弛禁和解禁以及其基督教政策的變化,取決於其所處世界的形勢變化和自身力量變化,西方勢力不斷增強,清朝國勢不斷衰落,漸漸陷入深刻危機之中,西方列強利用清朝的這一危機發動了戰爭,逼迫清廷簽訂各種條約,清朝的基督教思想和政策就是在這樣的條件下變化的。在對基督教弛禁和解禁的過程中,清朝對基督教性質的認定改變不大,依然認其爲邪教,但清廷不得不承認基督教是西方列強在華利益的一個部分,不能不爲它同西方列強進行國際交涉。作者指出,容教時期也好,禁教時期也好,基本將基督教當作王朝內部的宗教之一來看待的,鴉片戰爭以後就不同了,基督教已經有強大的西方列強的政治軍事力量爲後盾。傳教士對中國的要求,不必由他們自己提出,已有列強代他們向清廷交涉,以武力逼使清廷就範。這種

變化使清廷在關於基督教的言論上出現了自相矛盾之處，有時稱其為邪教，有時又稱其為勸人為善之教。正因這兩面態度，所以在列強逼迫下，清朝雖然下了解禁諭旨，但並未認真執行。英法聯軍之役以後，清廷對基督教只好按列強要求，全面解禁，對其往內地傳教，給予開放。至此，清朝決定在華基督教政策的主權已經喪失。嗣後決定清朝基督教政策的，已經是在列強的手裡。基督教解禁以後，外國人不僅可以到中國各地自由傳教，並且可以購買土地房屋，建蓋教堂等等。西方的要求是逐步升級的，最初以享治外法權的理由，要求中國不得傷害西人，在通商五口建蓋教堂開始，進而要求清廷允許傳教士到各地傳教與置地建堂等，就基督教的政策而言，天朝已經失去了政治主權。

　　原書第十三章探討解禁後清朝的基督教思想和政策，作者指出，隨著清朝對基督教解禁政策的實行，不論是天主教，還是新教，都迅速在中國發展起來，清廷對基督教的政策，其思想概括起來可稱為不爭教思想，或非攻教思想，亦即不與基督教相爭相攻。兩江總督張之洞《勸學篇·非攻教》的中心思想是要朝廷、官吏、鄉紳與平民不要與基督教相爭，不要攻擊基督教，不要與之論爭，要自行聖教，自強不息，國家強盛了，中國自身的形勢改變，基督教就會變成與佛教、道教一樣的宗教，而對國家無礙了。張之洞對中國所處的惡劣國際環境有著敏銳而痛切的認識，希望各地官民都不要因為不實際的爭競言行而惹事生非，使自己陷入更被動的地位。清朝對解禁後的基督教，最緊要的問題是處理教案時所採取的政策，包括處理民教關係，處理發生教案地方官員，對處理列強因教案而提出的要求，例如因教案損失而提出的賠償要求，以及借教案提出的額外要求。

　　原書第十四章探討解禁後清朝基督教政策構想及群臣奏議，

作者指出，清朝對基督教實行全面解禁後，民教矛盾加劇，教案頻仍，引起中外的嚴重交涉。在這種情況下，清廷曾試圖制訂一個全面的基督教政策文件，其具體形式，就是同治十年（1871）的《總理衙門致各國公使書》，書中列舉八條，包括育嬰堂、禁止婦女入堂、遵守中國法律風俗、就案論案、傳教士領照、基督教吸收教徒、送遞照會、租買土地建堂及傳教士應遵守條款等等，反映了清朝的矛盾狀態，一方面清朝自認爲是一個主權國家，應該制訂出關於基督教的政策決定；一方面自己制訂出基督教政策文件，需要經過列強批准，反映了清朝未敢堅持主權。《總理衙門致各國公使書》所列各條款遭到列強反對以後，廷臣和封疆大吏們紛紛奏請朝廷訂定關於基督教的政策條款。由於國內教案頻繁，國際交涉棘手，使清朝的駐外使臣也很憂慮，所以他們也向清廷提出奏章，請求朝廷與列強訂立基督教問題專章。光緒二十一年（1895），英國傳教士李提摩太等上書李鴻章稱，有救中國目前和未來之策，總理衙門因勢利導，再制訂基督教的政策章程。宣統元年（1909），出使美國大臣錢恂曾兩上奏摺，彙報他在羅馬對天主教和基督教新教了解的情況。他建議對國內基督教進行調查，以備制訂政策，解決教爭問題。作者指出，「雖然清朝方面關心制訂基督教章程，對該教作出有關政策規定，但它只是希望夷人來就它的規範，而它的軌範是不可移易的天朝的專制統治，這同虎視眈眈地要攫取分割中國這塊肥肉的西方列強當然說不到一塊去。結果，直到清朝壽終正寢，雙方共識的章程並沒有制訂出來。根本原因是列強並不希望清朝政府對其在華的活動有任何限制。」⑤誠然，基督教在中國的傳教活動與西方列強在中國的利益，是一體的兩面，作者深入的分析，有助於了解基督教解禁後教案頻仍的癥結所在。

原書指出嘉慶年間所制訂的管理西洋堂章程十條是專門對在北京的西洋傳教士和天主教的，這十條規定也就結束了西方傳教士在華欽天監的工作⑥。作者的分析，尚待商榷。西學寄生於西教，清廷禁止天主教的過程，就是西學逐漸喪失其寄生體的過程。清廷一方面要求西洋科技人才入京效力；一方面禁止西洋人行教，其政策的矛盾性是極爲顯著的。當禮儀之爭發生後，康熙皇帝規定西洋人必須領取永居票，來華西洋人必須長期定居中國，不准今年來明年去。當教廷下令解散耶穌會後，耶穌會士紛紛呈請離華回國，於是引起清朝皇帝的不滿。乾隆三十九年（1774）七月初九日，因兩廣總督李侍堯奏聞西洋人岳文輝等人呈請進京效力，乾隆皇帝即降諭稱：

> 據李侍堯奏，現有西洋人岳文輝曉理外科，楊進德、常秉綱俱習天文，附搭商船到廣，情願進京效力，應否恩准之處，循例奏聞請旨等語。向例西洋人赴京效力之後，即不准其復回本國。近來在京西洋人內竟有以親老告假者，殊屬非理。伊等既有親待養，即不應遠涉重洋，投效中國。若既到京效技，自不便復行遣回，均當慎之於始。此次岳文輝等三人即著李侍堯詢問伊等，如實係情願長住中國不復告回者，方准進京，若有父母在堂者，即不准其詳報呈送，並著李侍堯於總督衙門存記檔案，嗣後凡有西洋人懇請赴京者，即照此詢明，分別奏辦，欽此⑦。

探討西學中斷，不能忽視內緣因素，教會內部的變化，就是一種內緣因素。乾隆皇帝認爲西洋人來華當差後，永遠不准復回本國。由於清廷不合情理的限制，自此以後，西洋人來華效力者遂裹足不前。乾隆四十三年（1778）九月初八日，軍機大臣于敏中遵旨寄信兩廣總督桂林等稱：「向來西洋人有具呈廣東督撫衙

門情願進京效力者，俱經該督撫等轉奏送京。近年以來，未見有續來者，或係該國本無人呈請，抑係曾經具呈而督撫不為轉奏，著傳諭桂林、李質穎即行查明，據實具奏。嗣後如西洋人呈請進京效力者，即為奏聞送京，不必拒阻。」⑧由此可知從乾隆後期以後，已經未見有續來中國入京供職的西洋人。由此可以說明在嘉慶年間制訂西洋堂管理章程以前，由於來華後必須終身居留中國的規定已使西洋人裹足不前。

原書附錄三章，分別探討辛亥革命後的宗教形勢及政策、清朝的祭孔思想對民國前期的影響、民國前期的基督教問題與清朝的思想影響。原書對辛亥革命後孫中山的宗教政策思想，袁世凱及軍閥混戰時期的宗教政策，辛亥革命至二十年代的宗教形勢，以及民國初年的祭孔尊孔思想等等，論述頗詳，有助於了解歷史發展的延續性，以及清朝宗教思想對前期民國的影響。但因民國時期的政治變遷及中外形勢的改變，都十分劇烈，涉及民國時期的宗教思想與宗教政策，有必要另成專書，分章論述，既有系統，亦符合學術著作要求。

于本源著《清王朝的宗教政策》一書所論述的宗教，僅限於佛教、道教、伊斯蘭教、基督教（包括天主教及基督教新教等）。宗教信仰的長期存在是客觀的事實，我國長期以來，不但有一部佛教史、道教史、伊斯蘭教史、基督教史，同時還有一部源遠流長錯綜複雜的民間秘密宗教史。所謂民間秘密宗教，主要是雜揉儒釋道的教義思想而產生的多元性新興教派，有其群眾性、複雜性的特點，但因各教派的組織與活動，都是不合法的，只能在下層社會裡暗中活動。明清兩代是我國民間秘密宗教最活躍的時期，教派林立，到處創生。戴玄之撰〈明末的秘密宗教〉一文已指出明末的民間秘密宗教，名目繁多，原文列舉四十餘種

不同的教派名目，除白蓮教、白雲教、明尊教、羅祖教及無爲教
等爲原有的民間秘密宗教外，其餘多爲新興的民間秘密宗教⑨。
日本學者澤田瑞穗撰〈衆喜寶卷所見的明清教門史料〉一文所列
教派名目共七十餘種⑩。澤田瑞穗在《校注破邪詳辯》一書附錄
教派名稱共一百五十餘種⑪。劉子揚撰〈清代秘密宗教檔案史料
概述〉一文，據北京中國第一歷史檔案館保存的檔案史料及有關
資料，將清代民間秘密宗教組織的名目，列舉一百零七種，文中
並注明各教派的異名別稱⑫。有清一代，檔案浩瀚，除北京中國
第一歷史檔案館等處所藏檔案資料外，臺北國立故宮博物院典藏
清代《宮中檔》、《軍機處檔》、《外紀檔》及中央研究院典藏
內閣大庫明清檔案等，都含有相當豐富的教案資料。根據海峽兩
岸現藏檔案，可以發現民間秘密宗教各教派的名目多達二百多種
以上，清廷也制訂取締民間秘密宗教的條例。直省地方大吏查辦
各類教案的文卷，仍多保存，包括中西天主教、基督教新教、伊
斯蘭教等等，對於探討清朝的宗教政策，提供了既豐富又珍貴的
直接史料，不容忽視，原書對清代新興民間秘密宗教未能作專章
討論，確實是遺珠之憾。

　　原書第十一章探討雍正時期的基督教思想與政策時，對宗室
蘇努案作了扼要的論述，作者指出，「蘇努爲康熙十三子」⑬，
蘇努一家被難，與天主教沒有必要聯繫，而是因爲捲入了宮廷中
的紛爭。作者的看法，符合歷史事實。但是，蘇努並非康熙皇帝
第十三子。康熙皇帝生於順治十一年（1654），蘇努爲清太祖努
爾哈齊長子褚英三世孫，他至遲生於順治五年（1648），年長於
康熙皇帝六歲。蘇努初襲鎮國公，累進貝勒，《清史稿・諸王
傳》記載頗詳。原書章節安排，頗爲嚴謹，但原書有前言，而無
結論，並不符合學術著作要求。瑕不掩瑜，作者對清朝的正信宗

教思想與政策，論述詳盡，具有不可忽視的學術價值。

【註　釋】

① 于本源，《清王朝的宗教政策》（北京，中國社會科學出版社，一九九九年九月），頁 32。

② 《清王朝的宗教政策》，頁 175。

③ 《勦滅逆番檔》（臺北，國立故宮博物院），上冊，頁 349。乾隆四十六年五月二十三日，寄信上諭。

④ 《清王朝的宗教政策》，頁 225。

⑤ 《清王朝的宗教政策》，頁 330。

⑥ 《清王朝的宗教政策》，頁 226。

⑦ 《宮中檔乾隆朝奏摺》，第三十六輯（臺北，國立故宮博物院，民國七十四年四月），頁 520。乾隆三十九年九月初三日，兩廣總督李侍堯奏摺。

⑧ 《清高宗純皇帝實錄》，卷一〇六六，頁 21。乾隆四十三年九月甲午，寄信上諭。

⑨ 戴玄之，〈明末的秘密宗教〉，《文壇》，二八五期（臺北：文壇月刊社，民國七十三年三月），頁 99。

⑩ 澤田瑞穗，〈衆喜寶卷所見的明清教門史料〉，《校注破邪詳辯》（東京，道教刊行會，昭和四十七年三月），頁 219。

⑪ 《校注破邪詳辯》，頁 255。

⑫ 劉子揚，〈清代秘密宗教檔案史料概述〉，《明清史》（北京，中國人民大學書報資料中心，一九八六年九月），K24，頁 47。

⑬ 《清王朝的宗教政策》，頁 205。

清史論集

目　次

(一)

(二)

(三)

(四)

(五)

(六)

(七)

(八)

(九)

(十)

(土)

(士)